宜宾学院"2021年度教材建设"资助项目（项目编号：JC202106）
宜宾学院"2021年校级教学改革与研究项目"重点项目（项目编号：JGZ202102）

小学教育技术

主　编：牟洁

参　编：周思其　许其鑫　胡洁　吴洪　袁宇

吉林大学出版社

·长春·

图书在版编目（CIP）数据

小学教育技术 / 牟洁主编 .— 长春 ： 吉林大学出版
社， 2021.11
ISBN 978-7-5692-9560-3

Ⅰ．①小… Ⅱ．①牟… Ⅲ．①教育技术学－小学－教
材 Ⅳ．① G40-057

中国版本图书馆 CIP 数据核字 (2021) 第 232021 号

书　　名：小学教育技术
　　　　　XIAOXUE JIAOYU JISHU

作　　者：牟　洁　主编
策划编辑：邵宇彤
责任编辑：张维波
责任校对：田　娜
装帧设计：优盛文化
出版发行：吉林大学出版社
社　　址：长春市人民大街 4059 号
邮政编码：130021
发行电话：0431-89580028/29/21
网　　址：http://www.jlup.com.cn
电子邮箱：jdcbs@jlu.edu.cn
印　　刷：定州启航印刷有限公司
成品尺寸：185mm×260mm　　16 开
印　　张：15
字　　数：340 千字
版　　次：2021 年 11 月第 1 版
印　　次：2021 年 11 月第 1 次
书　　号：ISBN 978-7-5692-9560-3
定　　价：49.00 元

前　言

随着我国教育改革的不断深化，国家教育部相继颁布了《中小学教师教育技术能力标准（试行）》《小学教师专业标准（试行）》《教师教育课程标准（试行）》以及新版义务教育课程标准，这对小学教师及其专业技能发展与培养提出了新的要求，各高等院校的小学教育专业迫切需要有关小学教师教育技术能力方面专业技能培养与实训的专用教材。在用人单位进行调研时，许多小学领导与优秀教师代表也提出要在继续教育中加强教育技术方面的专业技能实训，这就需要有面向小学教学实践应用的专门教材。

从小学教师专业技能中的教育技术方面来看，近二十年来，国内外虽然产生了不少关于现代教育技术方面的教材或论著，曾对专业教育及小学教师教育技术能力培养起到了很大的推动作用。但这些教材或论著，一是将同属于教育技术范畴且均有广泛应用的教具与课件人为分割；二是对小学阶段国家义务教育课程标准与部编本新教材的针对性不强；三是只单纯强调实例制作技能而忽略必要的理论铺垫与指导，缺乏有关创新设计能力的培养，没有体现出小学教师专业技能培养的基础性、系统性与实践性；四是没有适宜的、面向实践应用的教育技术能力培养与测评标准。因此，并不完全适合作为小学教育专业的教师专业技能培养与实训教材。

长期以来，受教材的影响制约，在对小学教育专业类师范生实施有关教育技术能力的培养与实训工作中，一直采取分段开设《现代教育技术》《自制教具设计与制作》《多媒体课件设计制作》《微课设计制作》等课程的方式。这种分段开设课程的方法虽然有利于针对性、集中性地解决问题，但也存在着诸多不足。一是多媒体技术对传统教具带来了巨大的冲击，使得在小学教育中极有应用价值的传统教具与简易自制教具被淡化，相应的教师专业技能培养被严重弱化；二是在教育技术技能的实训中，偏重于单纯的制作技术，往往是"为了技术而技术，为了课件而课件"，重形式而轻内容，忽略了各类教育技术在本质上都是为了有效实现教育信息存储、表达与传递这一重要任务；三是在专业技能的实训中，只重视了技术实体制作中对小学教学内容的直观化呈现，而忽略了教育技术的应用需要对教育信息进行深入分析、仔细选择、富有创新的"活化"处理与合理表达。此等状况，极大地影响了教师专业技能培养训练的实效性，也在一定程度上影响了小学教育专业的建设与发展。

因此，我们在分段开设《现代教育技术》《自制教具设计与制作》《多媒体课件设计制作》《微课设计制作》等课程以及整合学校核心课程《小学教具与课件设计制作》等的教学实践与理论研究基础之上，结合2020年新冠肺炎疫情期全国性网络线上教学、后续的线上线下融合教学等实际情况，以本校教师自编讲义与教材为基础，参考近年来国内外相关研究成果，组织相关专业教师编写了本书。

本书共八章，按"总—分—总"方式编排，主要包括小学教育技术的基础知识与基本理论、教育信息载体设计制作常用方法与技术、设计制作实例、成品评价、教学应用、能力标准等内容。本书以基本理论阐述为前导，以训练小学教育专业学生掌握教育技术基本理论、教育信息载体设计开发与制作、教育信息载体评价与教学应用等教师专业技能为重点，以"直观形象、生动有趣、开拓视野、启迪思维"地表达、传递教育信息为核心，紧密围绕小学教育信息的分析、选择、处理与合理表达这一主线，打通传统教育技术与现代教育技术之间的内在联系，将各类教育信息载体统一地纳入教育技术范畴，将小学教育专业相关课程内容进行适度交叉、整合，从基本理论、方法与技术、评价与应用等方面，系统地分析、阐明了在小学教学工作中有关信息化教育技术的基本理论与实践问题。

本书将同属于教育技术范畴的各类教育信息载体同视为教育信息存储、表达与传递的载体，是将传统教育技术与现代教育技术融为一体的大胆尝试，是对新颁布的《国家义务教育课程标准》《小学教师专业标准（试行）》《教师教育课程标准（试行）》、部编本小学教材等的及时跟进，是小学教育专业建设与课程整合、创建专业核心课程的新探索，并力求探寻将理论与实践相结合来实施小教师专业技能培养的新途径。本书的编写，在一定程度上满足了小学教育专业学生培养进程中相关项目的专业能力培养与技能实训教材需求，将有助于提升小学教育专业学生对教育技术的全面理解，并能根据小学学科教学的实际需要，设计制作简易教具、课件与微课，能合理正确地应用于各类形式的教学，强化实施素质教育的专业技术能力与水平。

本书由牟洁、吴洪、袁宇共同策划、构思，由牟洁副教授执笔第1.2.3.5章内容的编写及全书统稿、插图摄影与制图，周思其老师负责编写第4章，胡洁老师负责编写第6章，许其鑫老师负责编写第7章和第8章，吴洪副教授负责全书有关小学语文范例内容的编写、审校工作，袁宇副教授负责全书有关小学数学相关范例内容的编写、审校工作，宜宾学院教务处副处长张国平博士、教育学部科研办主任郑婉秋博士对本书的编撰工作提出了宝贵的指导意见。

本书在编写工作中，不仅有学校及教育学部部长何会宁博士、副部长刘伟博士等领导的大力支持与指导，而且得到了小学教育专业全体同事的鼎力相助与倾心协作，在此表示诚挚的感谢。同时，要特别感谢学校教务处的领导与老师们，在他们的帮助与指导下，本书获得了宜宾学院2021年度教材建设立项资助以及"2021年校级教学改革与研究项目"重点项目的立项资助。

在本书的编写过程中，得到了小学教育专业学生们的大力支持与热情帮助，特别是2018级2班的袁欢欢、2018级3班的刘啸吟、2019级3班的明兴彩、陈月等，他们还参与了部分资料收集整理、文稿修订等工作，在此对参与工作的学生们表示衷心的感谢！

本书编写中参考了大量的文献与网络资源，在此对这些作者表示衷心的感谢！

由于信息时代的教育技术不断发展，教育科学不断更新，加之我们学识有限、编写时间仓促，书中不妥、欠缺及遗漏之处在所难免，敬请各位同行与读者批评指正。

编者

2021 年 7 月 9 日

目　录

第1章 小学教育技术概述

随着社会经济、科技与教育的发展，基于教育信息有效获取、加工处理、表达与传递的各类教育技术，逐步从文本、实物、标本、挂图、模型等传统手段，发展到多媒体计算机、互联网络、AI人工智能等现代教育技术设备，对提高小学教学效率产生了强大的助推作用，成为小学教学活动中不可或缺的重要技术支撑，信息化教育技术已成为小学教师专业能力发展的重要课题之一。

1.1 需求与对策

在小学各学科的教学实践中，如何因地制宜地应用各种技术手段，准确、合理、灵活而高效地向认知积累尚浅、抽象思维能力有待发展的小学生呈示、传递教育信息，更好地吸引小学生的注意力、培养小学生的学习兴趣、激发学习热情，促进小学生正确认知、掌握技能并获得能力与思维的发展，一直都是小学教师不得不面对并且必须想办法解决的难题之一，这不仅是联接教与学、构建课堂教学结构的重要纽带，也是小学教师必须具备的专业能力，还是有效提高课堂教学质量的重要保证。

1.1.1 小学教师面临的现实问题

小学教师特别是新任职的教师，在教学工作中或多或少都会面临以下问题：

其一，常言道，万事开头难，教学亦如此。在初始的组织教学与引入新知阶段，由于年龄、环境等原因，小学生的自律性相对较弱，借助教师权威、依靠教师单纯的言语指令，并不容易迅速地调整好小学生的行为与注意力，不能让小学生尽快地进入课堂学习状态。那么，教师如何应用某种技术手段来呈示教育信息，才能有效吸引小学生注意力、激发起学习兴趣、引领小学生迅速进入课堂学习状态？

其二，基于多方面的原因，在课堂学习中，小学阶段学生的注意力一般不容易长时间地维持在同一水平上。因此，课堂教学进行到一定的时候，小学生可能会出现不同程度的认知倦怠、精力不集中、注意力分散等现象[1]。那么，教师应当如何适时改变以语言文字为主来呈示、传递教育信息的方式，才能重新激发小学生的学习兴趣、引起小学生的注意力？

其三，小学阶段的各学科教学中，应当如何根据实际情况，因地制宜地应用技术手段来呈示、传递那些远离学生的生活实际或认知积累、相对比较复杂而抽象、依靠单纯的语言文字也无法完全准确描述清楚、学生不容易直接理解掌握的内容，即如何将相对比较抽象的教育信息适度活化、化繁为简、化难为易，才能更好地引导小学生获得正确认知、形成概念、掌握方法、发展思维？

其四，对于那些需要小学生熟记掌握的内容，教师应当如何选择、应用适宜的技术手段来呈示、表达教育信息，才能有效地突出事物的主要特点、强调重点、活化难点，从而使小学生获得足够强烈的信息刺激、强化感知、掌握记忆要点与记忆方法，并进而形成长时记忆？

其五，对于技能性、操作性的内容，教师应当如何呈示相应的信息、进行操作演示或动作技能示范，才能帮助小学生准确地掌握动作过程顺序与操作行为要点、学会归纳总结与提炼并形成熟练技能？

上述五个问题，从教育信息角度归结起来讲，都指向了小学教师在教学过程中，应当如何根据实际需要，以何种有效的技术手段，向小学生"生动有趣、直观形象、化繁为简、化难为易"地呈示、传递教育信息的问题。从实质上说，都指向了教育技术的合理选择与灵活应用的问题，即如何合理应用技术来提高教育信息传递效率。

1.1.2　基于教学过程的分析

从教育传播学角度来看，课堂教学实质上是一个师生共同参与并依赖于教育信息及其传递而形成的教育传播系统，合理应用教育技术以实现教育信息的选择、呈示与传递则是其中的关键性因素[2]。

1. 课堂教学是一个需要技术支撑的教育传播系统

教育是一种特殊的传播现象，任何科目的教学，从实质上来讲，都是教育信息在相应的教育传播系统中的传递与反馈的过程。具体到课堂教学，则是由教师（教育信息选择与处理、控制和传播者）、教育信息及其传播载体、学生（教育信息接受和反馈者）等基本要素共同构成教育传播系统，图 1-1-1 所示为教育传播系统简示图。

① 肖潇.小学生课堂注意力失焦问题探析 [J].才智，2019(24)：80-81.
② 魏奇.教育传播学 [M].江西教育出版社，1992：86.

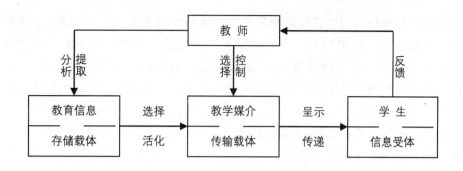

图 1-1-1

　　教育传播系统的运行过程（教学过程）中，教师需要借助一定的技术，将教材等各类教育资源中处于存储状态的教育信息加以选择、提取及活化，再借助各种媒介技术将教育信息呈示、表达并传递给学生，并通过一定方式接收学生的反馈信息以调控后续教学运行。该系统运行的目的，是使学生接受经过选择处理后的教育信息、消除不确定性，从中获得知识、能力与技能，形成某种情感、态度与价值观，促进认知结构的构建和获得思维发展，即该系统能促进人的发展，具有特定的教育功能。

　　因此，教师的备课或教学设计，实际上就是设计具有教育功能的最优化教育传播系统；而教师授课，则是操控教育传播系统正常、有序而高效地运行，实现教育信息的合理活化呈示与有效传递。很显然，设计需要技术，操控更需要技术。没有相应的技术支撑，是无法实现教育传播系统的合理构建与有效运行。

　　2. 教育信息是教育传播系统的关键

　　在教育传播系统中，最关键的系统要素是教育信息。因为教育传播系统能够具有教育功能，并不是由于有了教师和学生这两种主体角色，而是因为在师生共同参与构建的系统中，流动、传播并将师生有效联结起来的是特定的信息——教育信息。

　　首先，不同要素之间必须有特定的信息交流，才有可能相互关联、耦合而形成具有一定功能的系统。在课堂教学中，正是以教育信息为纽带，教师和学生才有可能以特定的信息传输与获取为目的而联结起来，构成教育传播系统。

　　其次，教育信息是一种特殊的信息，它是人类社会在有目的、有组织、有计划地传授知识与技能的活动中所传递的信息，它富含有使人在智、能、技、情、德等各方面获得发展的内容，其有效的传递可以帮助信息受体（学生）消除对世界与自身的不确定性，促进认知结构、思维与情感态度、价值观等方面发生变化，成为掌握相关知识与技能、适应社会需求的社会之人。可见，教育信息对人的发展成长具有特殊的功能价值，其有效传递能促进人的成人与成才。

　　再者，教育信息是人类对自然、社会及自身进行探索、总结、提炼、归纳、选择、重构而形成的，它本身主要是以抽象性、概括性的文字符号形式存储、传承，相对于抽象思维能力尚待发展的小学生而言，很难完全直接理解掌握。因此，教育信息是否能够得到有效活化，其呈示与传递是否生动有趣、直观形象、适度和准确，不仅直接关系到教育传播系统组织结构的合理性，也直接影响到教育传播系统的正常运行和功能的有效实现。

因此，可以认为，教育信息在系统中的存在和传递，是课堂教学中实现教与学相互有效联结的桥梁，是教育传播系统具有教育功能的关键所在。显然，作为合格的小学教师，必须掌握准确提取并在课堂教学中合理地活化呈示、传递教育信息的技术方法，以提高教学效率。也正因为如此，顾明远先生才指出，现代教育技术已成为除教师、学生、教材等传统教学过程基本要素之外的第四要素①。

3. 教育信息有多种呈示表达方式

在课堂教学的教育传播系统中流动、传递的教育信息，因载体媒介的不同，有多种多样、功能各异、各具优劣的呈示、表达方式，需要有相应的技术支持，才能提高传播效率。

（1）单纯语言文字

长期以来，语言文字符号是教育信息的主要呈示表达形式，在课堂教学中，主要依靠教师的口头言语讲授、黑板上的字符板书、教材等形式来传递给学生。这样构建起来的教育传播系统要素比较简单、投入成本低、易于大面积推广普及。但限于语言文字本身的高度抽象概括性、教师语言表达能力的局限性以及学生的认知储备与接受、处理能力等，教师并不容易做到生动有趣、直观形象而准确、全面地向小学生呈示、表达较为抽象而复杂的教育信息，对小学生的信息刺激较弱，并有可能带来接受理解障碍，因而其实际上的教学效率有限。

以唱片、录音磁带、CD光盘等为存储载体、借助相应的专用播放设备来重复再现声音音效类信息，是课堂教学中呈示教育信息的另一种形式，有助于构建教学情景，特别是对语言类的教学有重要的辅助作用，但购置成本相对较高，自行制备对人员、设备的依赖性强，有一定的技术障碍，应用范围也相对较为有限。

（2）实物器具

实物、标本、模型、实验演示器材等实物器具属于较为传统的呈示教育信息的方式，在课堂教学中能够较为生动形象、直观而真实地活化呈现相对抽象的内容，对小学生有较为直接而强烈的感官刺激，有助于激发学生的学习兴趣、帮助学生获得认知、形成概念、训练观察能力，使用操控方便、较易于普及，可由学校购买或教师自制，但有一定的购置、损耗成本，专用性强，信息容量相对有限。

（3）静态图像

静态图像是课堂教学中比较常用的一种教育信息呈示表达形式，包括教材上的插图以及配套的图册（如学生用地图册）、教师在黑板上随手绘制的简笔画（板图、板画）、各类教学挂图等。这种方式呈示表达的教育信息有比较好的直观性，能够较为真实地再现或模拟呈示远离学生生活实际的客观事物，对小学生有一定的信息刺激作用，使用成本较低、易于普及，但信息容量有限，不便于表达动态性、过程性的教育信息。

---

① 顾明远.教育技术学和二十一世纪教育[J].中国电化教育，1995，（08）：38-41.

此外，以幻灯片、投影片为信息存储载体，借助 135 幻灯机、折射式光学投影仪，既可以呈示文字，也可以直观化呈示静态图像类教育信息（部分投影动片可以模拟呈示较为简单的动态过程），相对而言，信息容量增大，但设备成本较高，受信息载体来源的限制较大，自行制备有一定的难度。

（4）多信道综合

以录像磁带、VCD 或 DVD 光盘等为载体，借助电视机、磁带录（放）像机、光盘播放机等来呈示动态的、声音与图像相综合的信息，直观、生动、形象且表现力强大，能够对学生产生强烈的信息刺激，信息容量大，对教育信息有较高的活化度，但成本高，受信息载体来源与技术的限制较大，教师一般难以自行制备。

以二进制数字化编码为基础的计算机辅助教学软件（课件）来存储信息，使用多媒体计算机、视频投影仪以及计算机网络等设备，可以用来直观、生动、形象、综合地呈示各种形态的教育信息，表现力强且信息容量大，对教育信息的活化度高，操控便捷，且由于普及较快，不少教师经过一定的培训都可以自制信息源，但设备购置与维护成本投入高，硬软件的更新换代较快。

上述各种呈示表达教育信息的方式，在教育传播系统中各有其适宜性与相应的功效，需要有不同的技术来支撑，才能实现合理应用。作为合格的小学教师，则必须能够根据实际需要，因地制宜地选择、合理应用对教育信息有较好活化度的技术方式，"生动有趣、直观形象"地呈示、表达教育信息，才能有效吸引小学生的注意力、充分激发学习积极性，帮助小学生突破信息接受与理解障碍、获得认知、形成概念、促进情感与思维发展。

1.1.3　基于教师专业需求的分析

从事任何一项职业，都需要具备与其上岗就职、胜任工作任务相对应的基本专业技能，各行各业皆如此，作为教师当然也不例外。

就教师职业而言，唐朝韩愈（768—824）在《师说》中明确指出"师者，所以传道授业解惑也"[①]。具体来讲，教师这个职业，传统的说法可以分解为传道、授业、解惑三个方面。其中，传道是指帮助学生学会辨明是非、省事明理直至悟道；授业是指帮助学生发展认知、蓄备未来所需的生存发展技能与能力；解惑则是指点迷津，帮助学生走出认知、情感与思维发展的困境。要做到这三个方面，作为教师，就必须运用一定的方法，来铺陈述事、化难为易、化繁为简、归纳提点，以帮助学生从无知到有知，从知之甚少到知之甚多，再由知而思乃至悟道。因此，教师就必须掌握那些在施教中用来实现"铺陈述事、化难为易、化繁为简、归纳提点"的技术方法和手段，这些技术方法和手段就是教师应当具备的专业技能。

从现实的角度来讲，作为一个合格的小学教师，在教学活动中，并非只靠教材课本文字或自己的语言能力来传递信息、达成教学目标，还要借助一定的技术方法与手段，提

---

① 韩愈，童第德选注．韩愈文选 [M]．北京：人民文学出版社，2000：52.

取并采用正确、丰富而典型的感性材料，"生动有趣、直观形象"地呈示、表达教育信息，吸引小学生注意力，培养学生学习兴趣并引导思维，帮助学生更好地获得认知发展。

捷克教育家夸美纽斯（1592—1670）在其《大教学论》中曾明确指出：知识的开端永远必须来自感官[①]。而美国实验心理学家赤瑞特拉在1967年也通过实验研究证实，人类所获取的信息，约有83%来自视觉，11%来自听觉，3.5%来自嗅觉，1.5%来自触觉，1%来自味觉[②]。因此，就感性材料来讲，虽然有多种形式，但其中最能让小学生产生直观感受而获得教育信息的，是能真实反映客观事物特征的实物、标本、模型、图像、影视等视觉化或视听综合的直观表达方式，即所谓"一目了然""百闻不如一见"。

就吸引与调动学生来讲，视觉化或视听综合的直观性地活化、呈示与表达教育信息，往往能给人眼前一亮、出乎意料、耳目一新的感觉，带给学生的信息刺激，肯定要远强于单一符号化的抽象语言文字，并能在一定程度上提高小学生的记忆效率。心理学的实验研究已经证实，如果单凭听觉学习，三天之后的记忆遗忘率可达到80%，单凭视觉学习的记忆遗忘率为50%，而视听觉并用则为18%[③]。此外，美国实验心理学家赤瑞特拉还做过关于知识保持即记忆持久性的实验，其结果是：人们一般能记住自己阅读内容的10%，自己听到内容的20%，自己看到内容的30%，自己听到和看到内容的50%，在交流过程中自己所说内容的70%[④]。这就是说，如果既能听到又能看到，再通过讨论、交流用自己的语言表达出来，知识的记忆保持效率将大大优于传统教学的效果。

就启迪引导思维来说，直观性强的感性材料具有更好的启发性，能有效地活化较为抽象的内容，更容易引导学生正确而全面地认识客观事物、理解抽象概括性知识、掌握观察与分析方法，进而获得思维的发展。

再从教育信息的本质来讲，教育信息是从人类生存发展实践活动中产生的，往往有其客观实际的源头。因此，教师应用适宜的技术手段，来选择、运用直观化的教育信息呈示方式，在很大程度上就是对教育信息源头的逆向回溯追踪，是以模拟或虚拟方式再现教育信息产生的源头，突破其抽象归纳以及语言文字化过程中可能产生的信息传递障碍，揭示教育信息形成与发展过程之中所包含的人类思维与智慧，并可借此来帮助小学生开拓视野、点燃智慧与创新之火。

因此，作为教师，需要掌握"生动有趣、直观形象"地呈示、表达教育信息的相关知识与技能，才能真正担负起"传道授业解惑"的重任。

1.1.4 相关规定与要求

正是因为"生动有趣、直观形象"地呈示、表达教育信息的技术对教学、对教师具有重要的意义，因此从国家到地方、从教育行政主管部门到开设有小学教师教育类师范专

---

① （捷克）夸美纽斯，傅任敢译.大教学论[M].北京：人民教育出版社，1984：156.
② 何克抗.CAI的理论基础和以学为中心的课件设计[J].四川教育，2001（01）：42-43.
③ 陈晓慧.现代教育技术[M].北京：北京邮电大学出版社，2009：51.
④ 何克抗.多媒体教育应用的重大意义及发展趋势[J].现代远距离教育.1997（01）：6.

业的高等学校，都以各种方式对小学教师此方面的专业能力素养与实践技能提出了明确的规定与要求。

1. 国家层面

1992 年，国家教委师范司曾颁布了《高等师范院校学生的教师职业技能训练基本要求（试行）》，1994 年 3 月颁布的《高等师范学校学生的教师职业技能训练大纲（试行）》中，第三部分"教学工作技能训练"明文规定，要"使学生了解教学媒体的种类和功能，掌握现代教学媒体的使用方法及常用软件编制的方法。能根据教学内容和学生的特点选择、使用教学媒体，设计制作教学所需的教学软件及简易教具"。

2004 年 12 月 15 日，国家教育部发布《教育部关于印发《中小学教师教育技术能力标准（试行）》的通知》（教师〔2004〕9 号）及附件《中小学教师教育技术能力标准（试行）》中，明确指出中小学教师应当"掌握常见教学媒体选择与开发的方法"。其中"常见教学媒体"，即包括了教具、自制教具与课件。

2011 年 10 月，教育部师范教育司、教育部考试中心颁布了《中小学和幼儿园教师资格考试标准（试行）》，在"一、考试目标"中明确提出，要考查申请教师资格人员从事教师职业所必备的"信息处理"能力；在"二、考试内容"之"（二）小学教师"中，要求考查"1.3.3 具有一定的阅读理解能力、表达能力、沟通能力和信息处理能力。"，以及"3.3.5 能运用现代教育技术进行教学。"。

2011 年 11 月 8 日，国家教育部发布的《教育部关于大力推进教师教育课程改革的意见》（教师〔2011〕6 号）及附件《教师教育课程标准（试行）》，针对小学教师职前教育课程，在"2. 教师教育知识与能力"中，要求培养小学教师"熟悉至少两门学科的教学内容与方法，学会联系小学生的生活经验组织教学活动，将教学内容转化为对小学生有意义的学习活动"，"了解与小学生学习内容相关的各种课程资源"，掌握"运用现代教育技术的技能"。

在 2011 版《义务教育语文课程标准》之"第三部分 实施建议"中，建议小学教师"灵活运用多种教学策略和现代教育技术，努力探索网络环境下新的教学方式"，识字教学中应"要运用多种识字教学方法和形象直观的教学手段，创设丰富多彩的教学情境，提高识字教学效率"[①]。同样地，在 2011 版《义务教育数学课程标准》之中也有相类似的建议与要求[②]。

2012 年 2 月 10 日，国家教育部发布"关于印发《幼儿园教师专业标准（试行）》《小学教师专业标准（试行）》和《中学教师专业标准（试行）》的通知"（教师〔2012〕1 号），在《小学教师专业标准（试行）》中，明确规定小学教师应当"具有适应教育内容、教学手段和方法现代化的信息技术知识"，能够"将现代教育技术手段整合应用到教学中"。

2012 年 5 月，教育部师范教育司、教育部考试中心颁布《中小学和幼儿园教师资格

[①]　中华人民共和国教育部 . 义务教育语文课程标准 [M]. 北京：北京师范大学出版社，2012：19-21
[②]　中华人民共和国教育部 . 义务教育数学课程标准 [M]. 北京：北京师范大学出版社，2012：51

考试大纲（试行）（面试部分）》，针对小学教师资格考试面试，在"三、测试内容与要求"之"（七）教学实施"中明确提出，要考查"4. 能根据教学需要运用教具、学具和现代教育技术辅助教学"的能力，并纳入具体的评分标准。

2014 年 5 月 27 日，教育部颁布《中小学教师信息技术应用能力标准（试行）》（教师厅〔2014〕3 号），提出"信息技术应用能力是信息化社会教师必备专业能力"，要"全面提升中小学教师信息技术应用能力，促进信息技术与教育教学深度融合"，并"根据教师教育教学工作与专业发展主线，将信息技术应用能力区分为技术素养、计划与准备、组织与管理、评估与诊断、学习与发展五个维度"，要求教师具备"应用信息技术优化课堂教学""应用信息技术转变学习方式"的能力，将基于教育信息获取、处理、管理、运用等的教育技术能力，扩展到了教师专业发展生涯的全维度、全过程，也对小学教师提出了更加全面的教育技术能力要求。

在 2018 年 4 月 13 日发布的《教育信息化 2.0 行动计划》（教技〔2018〕6 号）的基础上，教育部于 2019 年 3 月 21 日发布《教育部关于实施全国中小学教师信息技术应用能力提升工程 2.0 的意见》（教师〔2019〕1 号），明确提出"信息技术应用能力是新时代高素质教师的核心素养"，要着力提升"教师信息化教学能力"，"全面促进信息技术与教育教学融合创新发展"，更进一步提出了对小学教师信息化教育技术应用能力的要求。

2. 地方层面

除了上述国家层面的政策规定之外，我国各省区根据实际情况，也制定了相应的规定。

如北京早在 2002 年即颁布《北京市教师资格教育教学能力测试标准及办法》（京教人〔2002〕4 号），在"教育教学能力测试的标准"之"（二）小学教师资格教育教学能力测试的标准"中，明确规定有"4. 教学技能：教学思路清晰，结构合理；选择恰当的教学方法；运用教具和现代化教学手段；板书工整美观；提问时机适当；能较好地组织课堂教学。"

我国东部省区如浙江省，2002 年 4 月颁布的《浙江省教育厅关于印发浙江省教师资格认定教育教学基本素质和能力测试标准与办法（试行）的通知》（浙教人〔2002〕79 号）之《浙江省初级中学、小学教师资格申请人员教育教学基本素质和能力测试表》中，专门有一项是考核教师"根据教学需要，适时、适度运用教具和现代教育技术手段辅助教学"的能力水平。

我国西部省区如四川省，2004 年 11 月 5 日颁布的《四川省申请认定教师资格教育教学基本素质和能力测试办法（试行）》（川教〔2004〕297 号）规定，必须考核"运用现代教育技术和教具的能力。包括现代教育技术辅助教学，实验操作等方面的要求；其中，幼儿园和小学教师要有一定自制教具、玩具的能力。"

此外，各地开设有小学教师教育类师范专业的高等学校，对于小学教育专业师范生的培养、职业技能考核等方面，也有教育技术能力方面的相应规定与要求。

显而易见，教育技术应用能力的培养、训练与考核，已成为小学教师专业能力培养以及小学教师资格考核认定工作中的重要组成部分。

1.1.5 小学教师应对策略

综上所述，要想成为合格的小学教师，必须拥有教育技术能力，必须熟练掌握提取、处理教育信息，并在课堂教学与学习指导中向小学生活化呈示表达、传递教育信息的相关原理与技术方法，特别是在没有现成可用的设备器材的条件下，能够根据实际需要，因地制宜地合理选择、应用教育技术，才有可能实现在课堂教学中"生动有趣、直观形象、化难为易、化繁为简"地向小学生呈示、表达教育信息，从而更好地吸引小学生的注意力，激发学习探究的兴趣，帮助小学生更好地获得认知、形成概念、掌握技能并促进思维与情感的发展。

1.2 小学教育技术内涵

在小学的课堂教学或学习指导活动中，教师根据实际条件与要求，科学、合理地选择、使用各种各样的教育技术，将远离小学生的生活实际、学生不容易理解掌握的教育信息化繁为简、化难为易、化抽象为直观、变枯燥为有趣，不仅可以有效地吸引学生的注意力、激发学习探索的兴趣，而且能够帮助学生开拓视野、强化感知、形成有效记忆，还能够有效地引导学生发展观察能力、审美能力与抽象思维等能力。因此，教育技术既是教师活化处理与传递教育信息的重要帮手，又是学生能否获得有效发展的重要影响因素，在学校教学活动中占有非常重要的地位。长期以来，如何合理选择、灵活应用教育技术，都是教师个人专业水平发展的重要内容；同时，教育技术装备与信息化教育资源的配置、研制与应用研究，一直都是学校发展建设中不可或缺的重要内容，往往成为体现一所学校办学实力与办学水平的重要标志。

1.2.1 定义

教育与技术，从功能角度来讲，前者是人类自身的再生产，后者则是物质生产范畴[①]，本来是属于两个完全不同的领域，但基于对"效率"的共同追求，即都需要不断提高单位时间内的产量与质量，加之在发展进程中的相互影响与相互促进，才使得两个不同领域的专属词汇出现交叉，产生了教育技术。

1. 教育技术

教育技术作为特定指向的专用名词，从20世纪60年代开始，曾历经视觉教育、视听教育、教学技术等多个名称，直至美国教育传播与技术协会（AECT）于1972年才将

---

① 桑新民.教育究竟是什么？——对教育本质的哲学思考[J].华东师范大学学报(教育科学版),1987,(03): 31-38.

相关领域的实践和研究正式定名为教育技术，并提出了 ACET1972.ACET1977.ACET1994.ACET2005.ACET2017 等多个版本的定义。其中 ACET2017 版本的定义是：教育技术是通过对学习和教学过程和资源进行策略设计、管理和实施来加强知识、调解和提高学习和绩效的研究以及对理论、研究、符合伦理道德的最佳实践①。

我国的教育技术应用与研究起步于 20 世纪 20 年代的视听教育，长期以电化教育为名，至 20 世纪 90 年代才逐步转用教育技术的名称②。在国家教育部 2004 年 12 月 15 日发布的《教育部关于印发〈中小学教师教育技术能力标准（试行）〉的通知》（教师〔2004〕9 号）之附件《中小学教师教育技术能力标准（试行）》中的"附录：术语与定义"部分，提出了教育技术的定义为：教育技术是指运用各种理论及技术，通过对教与学过程及相关资源的设计、开发、利用、管理和评价，实现教育教学优化的理论与实践。

从上述国内外具有代表性的定义可以发现，教育技术并非只是关于某种教学方法或某种技术设备的单纯应用问题，而是以促进学习、提高学习成效为核心价值取向，强调以学习者为中心，依靠教育信息资源的有效传递，借助系统性的方法并综合应用于教育、教学的理论与实践。

2. 小学教育技术

小学教育技术属教育技术的分支之一，是小学教育与教育技术在教育信息化进程中的深度交叉与融合，对提高小学教学工作效率具有极为重要的意义。

概而言之，小学教育技术主要是指在小学教学工作中，针对实际需要，因地制宜地选择、设计、制作、应用和管理有关小学教育信息资源的研究与实践，是教育技术理论与方法在小学教育中的渗透与具体应用，是有助于提高小学教育成效、促进小学生成人成才的重要技术支撑。

可从以下四个方面来理解小学教育技术的定义：

其一，小学教育技术渗透于小学教育的各个方面，而不是只存在于课堂教学中。一方面，虽然课堂教学是小学教育的主战场，但小学生获得认知、掌握方法、发展思维及形成正确的情感、态度与价值观，却还受到了课外活动、家庭与社会的综合作用，特别是信息化时代的互联网络及影视传媒、电子游戏等的极大影响；另一方面，信息化时代的小学生，除了班级授课制模式下的教师"一对多"的广播式课堂教学，还可以通过多种信息技术设备，获得"一对一"的线上学习指导或自助学习。因此，如何合理借助信息时代的技术，打通课内课外、线上线下等多个施教渠道的联系，突破单纯以课堂教学为中心的陈旧理念，实现综合育人，提高教育成效，是小学教育技术研究与实践的重要课题。

其二，信息化时代，知识量剧增，为避免信息超载与信息干扰③，需要教师能够借助

---

① 李海峰，王炜，吴曦.AECT2017 定义与评析——兼论 AECT 教育技术定义的历史演进 [J].电化教育研究，2018，39(08)：21-26.

② 李龙.信息化教育：教育技术发展的新阶段（下）- 四论教育技术学科的理论与实践 [J].电化教育研究，2004(05)：32-36.

③ 罗玲.信息时代的信息超载影响及对策 [J].现代情报，2011，31(06)：36-38.

一定的技术，从海量的人类知识积累中，根据培养目标、课程标准、教科书、学生实际等，有效提取、加工处理、传递有助于小学生良性发展的教育信息并获得准确反馈。因此，教育信息的选择、设计、制作、应用和管理是小学教育技术理论与实践的重要内容。

其三，小学教育技术并非单纯只强调技术，而是既涉及理论，又需要实际的技术方法。因为，任何技术，无论其多有效，都有其应用的前提与条件，都存在着不同程度的应用局限性，都有其应用的适宜性。再好的技术，只有在相应理论的指导下，因地制宜地加以应用，才能发挥其应有的功效，否则会适得其反。2020 年春季，在我国"新冠疫情"期间，全国中小学生的线上教学实践中，出现的大量教师网络直播教学中"翻车"现象即可为例证[①]。因此，理论与实践高度统一，是小学教育技术有效应用的必要前提。

其四，无论采用什么样的技术，小学教育技术始终以提高教学效率为基本目标：一是在同样的时间内，让小学生能够吸引更多、更有价值的教育信息，获得更有效的良性发展与成长；二是在同样的时间内，能让教育信息得到最广泛的有效应用，能帮助更多的学生得到有效的成长与发展。因此，只要是能够有助于提高教育信息传递效率的技术，就是有价值的技术，就是可用的技术。

简言之，小学教育技术就是针对小学教育信息的有效表达与传递，提高小学教学效率的应用技术研究与实践。

1.2.2　学科属性

小学教育技术是在普通教育技术学的基础上，结合小学教育改革与发展的实际需求，以小学教育教学工作中所需要的教育信息的选择、存储、表达与传递为基本主线，将传统教育技术与现代教育技术融合为整体，而形成的交叉性应用型学科分支。

1. 小学教育改革与发展的需求

随着人类对自然、对自身的探索不断扩大与深入，自近代以来，人类创造、积累的知识从领域到容量迅速猛增，知识更新的速度越来越快，知识倍增的周期越来越短，需要人们学习掌握的新知识、新技能越来越多，包括小学在内的学校教育，都面临着"知识爆炸"带来的改革与发展新挑战[②]。

同时，教育效率的提高与否、教育功能的实现与否，归根结底，都受到教育活动中教育信息传递效率的影响，都依赖于教育信息是否能够得到有效的传递。由于教育信息是一种特殊的信息，具有显著抽象性，对于认知积累尚浅、经验与方法均有不足的小学生而言，在有效接收与消化理解教育信息时会存在不同程度的障碍。因此，小学教师需要借助有效的技术手段，转换小学教育信息的表达方式与形态，突破由于语言文字的抽象性可能带来的信息接收障碍，提高在小学课堂教学与学习指导工作中教育信息的传递效率。

因此，教育的需求变化，促进了小学教育与教育技术产生新的交叉与融合。

---

① 陈丽. 应对疫情，网络教学为何在初期"翻车"？[J]. 中小学数字化教学，2020(3)：1.
② 刘道玉. 知识爆炸与学习的革命[J]. 黄河科技大学学报，1999(01)：1-6.

2. 信息技术带来的冲击

从早期的视觉教育、视听教育发展到现代教育技术，各种形态的技术因其有助于教育信息的传递而不断融入教育领域，在推进教育改革与发展的同时，自身也在不断地丰富、更新与演化。特别是随着现代信息技术的迅速普及，在信息时代的小学教育教学中，教育技术也面临着从理论到实践的新挑战。面对信息时代技术选择的多样可能性、应用条件的差异性、信息超载与网络信息迷航的可能性①，如何根据实际因地制宜地应用技术，探究什么样的技术才能真正实现与小学学科课程教学的有机整合，理论如何支撑教育技术在小学教育领域内的有效应用等，都在不同程度上要求教育技术立足于小学教育的实际，来不断充实完善自身。因此，信息技术的发展带来的冲击，推动了教育技术在小学教育教学中的新探索与发展。

简而言之，信息时代提高了小学教育教学效率以及完善了教育技术发展的双重需求，催生了教育技术的新分支——小学教育技术。

1.2.3 研究对象与范畴

小学教育技术以小学教育信息为核心研究对象，重点探索小学教育信息的选择、设计、制作、评价、应用与管理等技术。

小学教育信息是在小学教育教学工作中，对小学生施教的具体内容。根据国家教育部2001年6月8日发布的《教育部关于印发〈基础教育课程改革纲要（试行）〉的通知》（教基〔2001〕17号）之附件《基础教育课程改革纲要（试行）》，以及2011年12月28日发布的《教育部关于印发义务教育语文等学科课程标准（2011年版）的通知》（教基二〔2011〕9号）等相关的课程标准，小学教育教学的主要内容包括品德与生活、品德与社会、语文、数学、科学、外语、体育、艺术（或音乐、美术）、综合实践活动等多个课程，各学科课程的内容既相对独立，又互相渗透，从不同的角度来促进小学生在知识与技能、过程与方法、情感态度价值观等方面的发展。

显而易见，小学教育教学的内容涉及科目众多、范围广、类型杂、形式多样且富有综合性，小学教师必须能够借助一定的技术手段，才能从既相对独立又互相渗透的学科内容中，准确而高效地选择提取、重构编制出对小学生成长最富有价值、最适宜于获取的教育信息。

借助一定技术手段而提取出来的小学教育信息，必须依赖具体形态的载体，才能有效存储并用于实际的教学活动。因此，小学教师需要以适宜的技术手段与方式，设计、制作出符合客观条件、符合小学生实际需求的信息载体，把小学教育信息加以编码、存储以备用。

而存储于某种载体中的小学教育信息，在用于具体的教学工作时，需要针对小学生的学情特点，以适宜的方式方法与进程来进行表达、呈示与传递，才能被小学生有效接收

---

① 张静，李建耀. 网络迷航现象的调查及对策研究 [J]. 江西社会科学，2008(12)：229-231.

并使其获得成长与发展。

存储有小学教育信息的载体，为便于可持续与推广应用，需要借助一定的技术，分门别类地收纳、存储，并随着小学教育的发展而进行不断调整、改进、充实和完善。

总之，小学教育技术所研究的不只是单纯的技术性问题，而是围绕小学教育信息这个核心，以提高教育教学效率为目标，着力于研究、解决小学教育信息的精准选择、合理设计、高效制作、恰当应用与妥善管理等多个方面的问题。

1.2.4　基本特点

小学教育技术主要有以下特点：

1. 复合共生性

小学教育技术是小学教育与教育技术两个方面的深度融合与交叉，既是小学教育理论转化为教育实践的技术支撑与依托，又是教育技术在小学教育中富有针对性的具体实践应用。因此，不能只重视某一个方面，而应当两者并重，要特别注意小学教育与教育技术的有机整合与共生。

2. 多样综合性

一方面，小学阶段以综合课程为主[①]，所涉及的教育信息内容有显著的综合性，在教学中需要多角度多渠道地向小学生提供有效的信息感知，往往会涉及多种技术的综合运用；另一方面，小学教育技术涉及小学教育信息获取、处理与应用的多个方面，既要考虑合理运用技术手段来选择、提取教育信息，又要考虑如何灵活运用技术来实现小学教育信息载体设计、制作、应用与管理的有效性。因此，不能单一地强调某一方面或者某一种技术，而应当注重多项技术的优化组合与综合应用。

3. 应用实践性

小学教育技术是为了提高小学教育效率的技术支撑与保障，是针对小学教育实践的具体需要，并在小学的课堂教学或学习指导等施教过程中，有着具体而明确的应用表现。因此，应当着力于具体的教学实践来考虑教育技术问题，要避免出现"唯技术论"的错误倾向而不顾实际需求地滥用技术。作为小学教师，应当立足于小学教育实践的具体需要，充分考虑技术的应用适宜性，根据条件，因地制宜地来正确对待与应用技术。

4. 探索创新性

实现某项小学课堂教学目标，或某一项小学教育信息的设计、制作、应用等，可能有多种实现技术方式方法与途径；而某一种技术，也有可能适合于多种小学教育信息的设计、制作与应用。在教育技术发展与应用历程中，虽然某种技术有其应用的适宜性与针对性，但从来就没有谁规定某项教学任务或目标达成只能使用某种技术，一切的技术应用都应当以能否因地制宜、能否有效提高小学教育信息的传递效率、能否真正帮助小学生获得发展为标准。因此，教育技术的应用不能固步自封、因循守旧、生搬硬套，而是需要在小

---

① 中华人民共和国教育部.基础教育课程改革纲要（试行）[J].学科教育，2001(07)：1-5.

学教育实践中大胆尝试、探索并勇于创新。

1.2.5　主要任务

对于小学教师而言，小学教育技术的任务主要涉及四个方面。

一是立足于国家义务教育课程标准、教材，在全面把握小学教育信息的基础上，探索有助于小学教育信息选择、提取、重构与编辑的有效技术手段与方式方法。

二是针对环境、自身等现实条件与实际需要，根据技术的适宜性，探索小学教育信息存储、表达载体的设计与制作技术方式方法。

三是结合学情，探索小学教育信息载体在实际课堂教学或教学指导应用中的有效技术方法与应用对策。

四是立足于未来的可持续发展应用或推广使用，探索小学教育信息载体的有效管理、不断改进完善的技术方法。

在上述四方面中，重点是研究小学教育信息载体的设计、制作与应用技术。

1.2.6　意义

小学教育技术的探索与合理应用，对小学教师、小学生以及小学的学校发展建设等都具有十分重要的价值。

对于小学教师而言，通过小学教育技术的系统研习与实践，可以不断加深对小学教育信息内容的理解与掌握程度，提高教学设计能力，扩展教育信息载体的设计制作水平，丰富具体实施教育教学的技术手段与应用能力，提升教育理念，促进专业发展，为成长为优秀小学教师而奠定坚实的技术应用能力基础。

对小学生而言，借助小学教育技术的合理应用，可以得到更加符合实际、切合身心发展需要的教育，能够有效地突破认知积累较少、时空环境条件受限、语言文字理解障碍等带来的信息接收障碍，扩展获得教育信息的感知渠道，发展信息接受与处理能力，获得思维与情感发展的有效引导，为后续的学习与可持续发展奠定良好的信息技术基础。

对小学的学校建设发展而言，通过全面而深入地推广与应用小学教育技术，可以不断丰富学校的教育信息资源，完善办学的软、硬件条件，拓展家校沟通联系与协作教育的信息渠道，提升学校信息化教育管理的技术手段与水平，有效促进教育教学效率与办学质量的提高。

因此，在小学教育教学工作中，应当重视小学教育技术的研究与应用。

1.3　小学教育技术发展概况

从教育发展的整个历程来看，小学教育技术是随着人类的社会经济、科学技术、教育科学等的发展而不断演进，未来还将会有持续的演化。

1.3.1 小学教育技术发展的五个阶段

从教育信息的载体与呈示表达、传递形态等来区分，小学教育技术大致历经了各具特点的五个发展阶段。

1. 原始萌芽时期

与原始教育相伴而生的教育技术，以经验传授为主，渗透于人类原始生活的各个方面。

（1）借助实物施教是最早的教育技术应用

原始社会相当于小学阶段少年儿童的教育活动，主要是在生存斗争、生产活动及祭祀礼仪等活动中，由年长者或知识技能掌握者向少年儿童以口耳相传、亲身动作示范、指导模仿等方式，传授各种经验性知识与技能，教学内容实用性指向明确，教学水平与效率较低[①]。在这样的生存、生产与生活技能的传递过程中，依托各类实用功能的实物器具来实施教育活动，是教育技术应用的原始萌芽形态。

（2）产生了原始图符类直观化教育技术

考古工作者在世界各地都发现了大量的史前原始图符类岩画，这些以巨大岩石、洞内岩壁等为载体的岩画，可能具有记录并向少年儿童直观传授识别猎物、集体围捕以及天文、气候、地形等知识与技能的意图[②]。

此阶段没有专用的教育技术装备，没有理论支撑，没有专门进行选择、设计的教育信息，教学内容无序化、不系统而生存生活实用性指向明确，教学水平与效率较低，也谈不上自助学习功能。此时期的施教者，除了肢体与口头言语、简单图符等表达、传递信息之外，各类原始武器、实际生产或生活、祭祀礼仪功用的物品、器具或自然之物，都是教育信息的主要载体形式。

2. 自制图像与实物教具时期

在人类社会进入农业文明时代，至近代工业革命早期，随着社会经济的不断发展，文字逐渐成形，产生了学校教育。从相当于小学生年龄阶段少年儿童的学校教育来看，各种形态的教科书是以文字作为存储、表达与传递教育信息的主要信息来源。由于文字本身是抽象的产物，因此，借助自制图像、实物教具等方式，来帮助小学生年龄阶段的少年儿童突破语言文字可能带来的认知学习障碍，是小学教育技术应用的早期形态。

（1）产生了早期教育技术应用实践与理论探索

我国北宋理学先驱、思想家和教育家胡瑗（993—1059），在其教学中提倡理论与实践相结合，他曾自制挂图，悬于讲堂之上，让学生直观辨析，以增强学生的记忆力和理解力[③]。

---

① 李尚卫，吴天武.普通教育学[M].北京：北京师范大学出版社，2010：71.

② 石华龙.史前岩画是图式交流的文本遗存[J].西北大学学报（哲学社会科学版），2012，42(01)：171-172.

③ 朱宾源，任一明.胡瑗教育思想的当代启示[J].沈阳教育学院学报，2008（3）：43-46.

我国南宋著名理学家、思想家、教育家朱熹（1130—1200）认为，8～15岁为小学教育阶段，在教育方法上强调运用直观教学方法，要力求形象、生动，能激发兴趣，并对这种教学方法进行论证，主张通过实物和各种图像进行教学，以及运用比喻性或故事性的直观形象化语言进行教学[①]。

（2）直观教育理论与自制教具的产生

自十七世纪在欧洲发生产业革命和科学技术革命，人类社会进入工业文明时代，新式学校逐步成为形式化教育的主体，新的学校教育制度出现。期间，有"直观教学之父"美称的捷克教育家夸美纽斯在《大教学论》中提出："知识的开端永远必须来自感官"，"在尽可能的范围以内，一切事物都应尽可能地放在感官的跟前……假如事物本身不能得到，便可以利用它们的模型图像"[②]，他把"直观性"作为一项教学原则正式提出，强调从事物本身获得知识，并且尝试自制专用挂图来教授字母发音与动植物知识、用皮革等制成学校专用的人体模型实施教学，首开西方近代学校直观教学之先河，为后续作为教育技术前身的视觉教育奠定了早期的理论与实践基础。

（3）直观教学理论逐步成形完善并广泛应用

经过夸美纽斯以及裴斯泰洛齐[③]、第斯多惠[④]、乌申斯基[⑤]等为代表的多位教育家不断实践与理论探索，直观教学理论体系逐渐成形、完善，并在教育界得到了广泛的应用，进一步丰富了早期教育技术理论与实践的发展基础。

此阶段，教师自制图像与实物化教具是帮助小学生突破文字障碍、提高教育效率的主要技术手段，形态上具有典型的教师个性化特征，在教育信息的呈示表达上侧重于事物原样模拟，以视觉直观为主要方向，信息活化度较低，有了一定程度的信息控制，无显著的自助学习功能，产生了早期的教育技术应用实践与理论探索。

3. 专用教育技术装备时期

近代科技发展、产业革命与工业化的不断深入，推动了教育大发展，出现了专用于学校教学的系列化、量产化的专用教育技术装备，促进了早期教育技术理论的推广应用。

在直观教学理论与技术逐步完善并广泛应用的同时，一方面出现了新的学科课程与教学内容，需要有专门的直观教具等教育技术装备来辅助实施教学；另一方面学生人数与班级达到一定的规模，单靠教师自己制作教具等教育技术装备已经远不能满足教学的要求。此外，工业生产技术不断发展提高，出现了专门面向学校教育来设计、制造专用教育技术装备的生产企业，出现了专用于教学的自然科学实验演示仪器、教学模型、标本、挂图等，从而形成了比较完整的学校教学中专用的教育技术装备体系。其中，有不少教育技

① 刘清.朱熹教育思想浅论[J].大学教育，2012，1（12）：20-21.
② 夸美纽斯，傅任敢译.大教学论[M].北京：人民教育出版社，1984：156-157.
③ 杨汉林，杨佳.教育的现实诉求：呼唤裴斯泰洛齐教育思想[J].河南大学学报（社会科学版），2012，52（04）：123-129.
④ 第斯多惠.德国教师培养指南[M].袁一安，译.北京：人民教育出版社，1990：118.
⑤ 代其平，沈小碚.乌申斯基的教育心理学思想新探[J].现代中小学教育，1989（01）：30-33.

术装备沿用至今，依然在小学课堂教学中发挥着重要的作用[①]。

在此阶段，进一步推广了以直观教学为主的早期教育技术理论与实践应用，教育技术装备来源从教师自制发展到专业化、商品化大批量生产，教育信息载体形态上逐步呈现出实物模拟态且日趋多样化、系列化，在教育信息的表达传递上，随着技术与文化的发展而渐次丰富，有较强的通识性、普及性与一定的信息活化度，并按教育目标与需求有了一定程度的信息控制，无自助学习功能。

4. 视听电器媒体时期

从 19 世纪末至 20 世纪初的第二次产业革命时期，由于工业技术的迅速发展，对各类技术人才的需求急剧增加，人们越来越重视实用课程和更新、更有效的教学方法，收音机、幻灯机、折射式投影仪、留声机（电唱机）、电影以及后来出现的录音机、电视、录（放）像机等新的视听电器以其独特的信息传输与活化表达功能，引起了教育界的重视并有相应的教育实践探索与理论研究，电子视听设备逐步进入学校的教学活动中，表现出很强的教学功效，成为提高教育教学效率的重要技术设备，小学教育技术进入了视听电器媒体时期[②]。

与国外相比，我国在 20 世纪 20 年代就有上海、南京等少数地方的部分学校开始将幻灯机、电影、无线电广播等视听电器设备应用于教学，1932 年，在南京成立"中国教育电影协会"，1935 年，江苏镇江民众教育馆大会堂被命名为"电化教学讲映场"（此为我国最早使用"电化教学"一词），1936 年，上海出版《电化教育》周刊，1937 年，上海商务印书馆出版发行了陈友松（1899—1992）的我国第一本电教专著《有声教育电影》，1949 年 5 月，杜维涛译著《视听教学法之理论》由中华书局出版。但由于历史的原因，晚至 20 世纪 70 年代末期，随着改革开放、经济重建、教育复兴，才有以电化教育为名的视听教育。到 20 世纪 80 年代中后期，幻灯机、投影仪、录音机、电视与录（放）像机等视听电器设备已渐次进入学校，成为小学辅助教学的重要教育技术装备。直到 20 世纪 90 年代，我国才逐步开始转为使用教育技术的名称[③]。

这一时期，在继续沿用部分专用直观化教具的同时，视听电器设备逐步成了小学实施辅助教学的主要载体形态，载体来源上演变为电器工业专门化、部分设备学科通用化、"硬软件"分离，信息表达、传输功能上有了较好的信息活化度，教育信息呈示与表达趋向于影音化，信息容量大幅度增加，通识性与专业性并重，初具多媒体综合集成效果，也有了较好的信息设计与控制，并有了较好的学习者自助学习功能。

5. 智能信息化时期

世界上第一台电子计算机（ENIAC, electronic numerical integrator and computer, 电子数字积分计算机，又称埃尼阿克）诞生后[④]，计算机以惊人的速度迅速发展，其强大的

---

① 刘济昌 . 教具理论研究导论 [M]. 北京：教育科学出版社，2011：11.

② 李龙 . 信息化教育：教育技术发展的新阶段（上）[J]. 电化教育研究，2004（04）：6-7，18.

③ 傅钢善 . 教育技术发展轨迹探讨 [J]. 电化教育研究，2005(09)：22-26.

④ 郑英元 . 第一台电子计算机 [J]. 数学教学，2013(08)：49.

数据处理能力与便捷的人机交互功能，吸引了大批教育研究者的关注，并有不断的实践探索与理论研究，推动小学教育技术进入了智能信息化时期。至今，在各级学校、各种教育培训中，使用多媒体计算机与网络、配合视频投影仪作为来存储、处理、呈示表达教育信息，实施辅助教学，已经成了一种常态，也是学校教育技术装备建设的重要内容。

我国将计算机应用于辅助教学的起步稍晚，20 世纪 70 年代末期才在北京、上海等少数地方启动，至 1986 年才成立全国计算机辅助教育学会。20 世纪 90 年代中后期，随着国家经济实力的不断提升、计算机不断普及，基于计算机的辅助教学、网络教育等才在我国多数城市地区有了一定程度的推广与普及①。

在这一阶段，多媒体计算机辅助教学系统、网络化教学系统迅速发展为小学辅助教学的重要载体形态，载体来源上演变为现代信息技术专门化、设备通用化、硬软件分离，表达传输功能上信息活化度大幅提升，教育信息数字化，信息容量剧增，通识性与专业性并重，信息设计与交互控制便捷而性能强大，富有多媒体集成效果，并有了极强的学习者自助学习功能，为小学教与学带来了革命性变化。

上述五个发展阶段，主要是从教育信息的载体来源、载体形态、信息活化度、表达传输功能、信息控制、理论支撑等方面来综合考量、界定的。从五个阶段的考察可以发现，随着人类社会及教育的发展，从生产生活器具发展到教育技术专用设备、从实际单体物品到多媒体集成化与虚拟呈示，小学教育技术逐步演化成为提高教育教学效率的重要支撑。其间，显而易见的是，无论技术装备如何发展演化，"直观形象、生动有趣、化繁为简、化难为易"地活化呈示、表达、有效传递教育信息，始终是小学教育技术理论与实践探索的核心问题，而不是单纯的设备器材技术水平问题。因此，在当今计算机与网络逐步普及的背景下，如何认识、理解教育信息，以及教育信息的选择、呈示、表达与传递，将始终是小学教育技术理论与实践应用探索的重中之重。

1.3.2　小学教育技术发展演化的基本特点

总体上看，历经五个发展阶段的小学教育技术，具有以下三个显著的演化特点。

1. 以信息技术演变为主线

从教育技术的原始萌芽至当代的智能信息化，小学教育技术的发展始终围绕教育信息这个主题对象，从教育信息的选择提取、加工处理、表达呈示与传递的技术上，历经了教育信息"符号化→直观化→影音化→数字化"的演化过程，基于教育效率提高的信息技术演变，始终是小学教育技术发展的主线。

2. 发展过程中的选择性

随着人类社会科技的进步，新技术不断涌现，但并非所有的技术都能进入小学教育实践，而其中最有利于优化教育信息及其表达、传递的技术，往往被有选择地纳入了教育活动中，用于提高教育效率，成为小学教育技术的有机组成部分。

---

① 王建华，盛琳阳，李晓东 . 计算机辅助教学实用教程 [M]. 北京：高等教育出版社，2004：5

3. 发展演化的非替代性

在小学教育技术发展进程中，新技术的进入，并不是对旧有技术的完全否认、抛弃与全面替代。基于技术的适宜性，在同样的成本前提下，某些旧有的技术也有可能更易于使用来解决教学效率问题。因此，在小学教育技术演化过程中，新旧技术是长时期地并存、累积与交融，不同发展阶段的技术，会同时出现在同一课堂的时空中，共同发挥着提高教育效率的作用。

1.3.3　影响小学教育技术发展的主要因素

从上述五个阶段教具演化的历史及三大特点来看，小学教育技术的发展演化主要受到了社会经济、科学技术、教育科学三大因素的影响与制约。

1. 社会经济发展

人类社会与经济的发展，带来教育发展环境与需求的变化，在推动教育发展的同时，不仅产生了对教育技术的需求、推进了教育技术的发展，同时也提供了必要的经济条件。

在早期人类的生存发展活动中，借助实际的生活生产器具、工具、武器、礼器等来传承相应的制造与使用技能、方法，使得实际的生存、生产与生活器具在功能上扩展出了提高教育效率所需要的教育信息表达与传递功能。因此，人类社会的生存与发展需要，是教育技术起源与发展的原始动力。

每一次人类社会的重大变革，都为教育技术的发展起到了推波助澜的作用。特别是三次社会大分工、三次产业革命，一方面出现了新的技术应用，另一方面则产生了新的知识与技能的教育传播需求，推动了教育的新发展，催生了专门的小学教育，诞生了专用的教育技术装备，并促使教育技术装备不断地多样化、系列化与更新换代。

人类社会生产力与经济水平的不断提高、物质财富不断积累，不仅为教育的发展提供了必要的物质经济条件，也为研制、推广和更新教育技术提供了不可或缺的经济保障。

2. 科学技术创新

科学技术的不断创新，在提升人类生产能力、改善生活水平的同时，也为小学教育技术的演化发展提供了直接或间接的物质与技术条件。

一方面，科学技术的新发展、新成就，产生了新的科技传播需求，不仅直接推动了小学学科教学内容的更新，也促进了教育技术的更新与发展。

另一方面，科学技术的更新发展，带来了多种新技术设备、新产品，其中不少的产品由于具备了承载、传递与活化教育信息的强大功能，如电影、幻灯机、投影仪、电视机、计算机、智能手机等硬件设备，配合具有相应教学内容的软件支持，本身就可以直接作为教育技术装备来使用。

3. 教育科学探索

身处教育大系统之内的小学教育技术，受到教育自身演进的直接影响，也会随着教育科学的不断探索发展而演进。

从原始教育到现代教育，从长幼传授、师徒传习到专门学校乃至网络教育的出现，人类长期持续而又不断丰富的教育实践活动，学校教育系统的不断完善、终身教育的提出与实践，为教育技术的持续发展提供了必要的平台和空间。

完善教育功能、提升教育水平、提高教育效率的需求，不仅使教育科学的探索研究不断深化、拓展，产生丰厚的教育科学理论成果，也为教育技术的演化发展提供了坚实而多样化的理论与实践支撑。

正是由于上述三方面因素的相互作用，小学教育技术才逐步演化发展，并在教学中继续担负着"直观形象、生动有趣、化繁为简、化难为易"地活化呈示表达、有效传递教育信息的重要功能。

1.3.4 小学教育技术的未来发展趋势

演化是客观世界永恒的主题，小学教育技术也不例外。随着社会经济、科学技术与教育科学三大因素在未来持续不断的变化，小学教育技术也将会出现新的演变，预计将会有以下三个方面的发展趋势。

1. 信息技术与学科整合不断深化

随着信息技术的不断更新发展与普及，教育信息选择提取、呈示表达与传递技术将全面融入学科课程教学系统的各要素之中，信息技术化设备将有可能成为新的教育信息资源载体，取代传统的纸质教科书而成为新型教材，成为教师的教学工具、学生的认知工具、主要的教学媒体，既能满足班级授课，也能适应小组学习，还可以支持个别化自主学习，信息技术将既是学习的对象，又担负起学习手段的功能，实现信息技术与学科教学的高度融合[①]。

2. 虚拟现实与人工智能技术的不断融入

21 世纪计算机技术迅猛发展，虚拟现实技术（virtual reality，简称 VR）与人工智能技术（artificial intelligence，简称 AI）逐步从理论探索、技术实践走向现实应用，并展现出强大的教育应用前景。现有的探索与实践发现，虚拟技术、人工智能技术与现有教学模式的融合应用，是教育技术促进教学创新发展的重要途径，在教学中的应用从"创新"和"融合"的两个视角，将越来越多用于解决"教"与"学"发展中的难题，是提高教育教学效率的可行之路[②]。

3. 以学习者为中心的应用与研究将成为主流

长期以来，班级授课制模式下，以教师为中心、无法有效实现因材施教，一直是小学教育实践与研究的难题。随着信息技术的不断发展，教师将不再是唯一的、单纯意义上的教育信息传播者。依托信息化技术设备，一方面教师将能更精准地把握学生的学情，做到精准施教；另一方面学生也可以在教师指导下，借助信息化技术设备，通过适应学习软

---

① 严月娟 . 美国信息技术与学科教学的融合及其启示 [J]. 教学与管理，2014(07)：82-84.

② 王运武，张尧，彭梓涵，王胜远 . 教育人工智能：让未来的教育真正拥有"智慧"[J]. 中国医学教育技术，2018，32(02)：117-125.

件等的支持，立足自身实际来自定步调、自助学习并获得学习评价。以学习者为中心的教育技术应用，将在未来的小学教育中成为常态[1]。

　　总之，自古就有的小学教育技术发展到今天，虽然外在的形态在不断演变，教育信息的呈示、表达与传递从口耳相传、图像器具实物化，发展为数字化、虚拟化与多媒体集成化，但其有助力于提取、活化呈示、表达与传递教育信息的功能却更加明确、显著，不仅成为辅助教师教与学生学、提高教学效率的重要帮手，也是学校特色建设的重要内容。因此，我们应当更加重视对小学教育技术的研究、开发与应用，让小学教育技术在教育教学中发挥出更好的作用。

1.4　小学教育技术理论基础

　　没有正确的理论基础作为指导，实践有可能偏离正确的方向，甚至带来意想不到的灾难性后果。伴随教育实践而产生并逐步发展的小学教育技术，也需要在正确的理论基础指导下开展理论探索与应用实践，才有可能真正实现其应有的功能与价值。总体上讲，视听教育与传播理论、学习理论、系统科学理论等三大理论群共同构成小学教育技术理论探索与实践应用的理论基础[2]。

1.4.1　视听教育与传播理论

　　作为小学教育技术理论基础之一的视听教育与传播理论，主要包括直观教学理论、视觉教学理论、戴尔经验之塔理论、教育传播理论等。这些理论基于不同的角度，不同程度地揭示了人类获得信息、发展认知的生理基础与心理学规律，是小学教育技术最直接的理论支撑，具体指导着小学教育技术的理论探索与实际应用。

　1. 直观教学理论

　　历经我国古代的胡瑗、朱熹及近代西欧的夸美纽斯、裴斯泰洛齐、第斯多惠、乌申斯基等多位教育家长期不断的实践与理论探索，直观教学理论体系逐渐成形、完善，并在教育界得到了广泛的认同与应用，至 19 世纪初期，直观教学开始在欧洲流行，并迅速传到美洲大陆，直观教学成了教育者有意识的教育行为。

　　直观教学理论重视视觉化教育信息资源的选择与应用，强调在教学中充分利用真实事物、标本、模型、图片等作为教育信息的感官传递物，并通过一定的方式方法来向学生呈示、表达教学信息，以提高学习的效率[3]。

---

① 何永红 . 智慧教育背景下学业质量评价的设计：以学习者为中心 [J]. 教育发展研究，2019，39(24)：28-32.

② 尹俊华，庄榕霞，戴正南 . 教育技术学导论 [M]. 北京：高等教育出版社，2011：76-86.

③ 俞子恩 . 自然主义教育时期直观教学思想的内在逻辑及其理论意义 [J]. 延边大学学报（社会科学版），2018，51(01)：126-133，144.

2. 视觉教学理论

以美国视觉教育专家霍本、韦伯等为代表的学者提出了早期的视觉教学理论，该理论认为：视觉媒体能提供具体、有效的学习经验，应用视觉化的教育技术，可以使学习从生动、直观向抽象思维方向发展，符合人类认识发展过程的规律；视觉教具的分类应以其所能提供的学习经验的具体程度为依据，霍本、韦伯等按照"具体→抽象连续统一体"的思想，将典型视觉教育技术应用的分类为：现实世界→模拟的现实→图画的现实→图解的符号→词语符号；视觉教育资源的使用要与课程有机结合，才能发挥其应有的功效[①]。

3. "经验之塔"理论

美国视听教育家戴尔于 1946 年出版了《视听教学法》，提出了"经验之塔"理论。他认为，对学生的学习来讲，有的经验是直接方式获得的，有的则是间接方式获得的，按抽象程度来看，各种经验大致可分为三大类（抽象、观察和做的经验）、十个层次（参见图 1-4-1）。

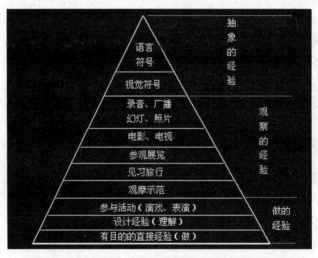

图 1-4-1 戴尔"经验之塔"[②]

戴尔认为："经验之塔"塔基的学习经验最具体，越向上越抽象，应根据不同教材和方法所提供的学习经验的具体程度，将学习经验进行分类。作为教师，应根据学生需求和能力、教学任务性质来选择合适媒体的理论指南；"经验之塔"的经验分类基础、具体或抽象的程度与学习的难易无关，各类学习经验是相互联系、相互渗透的，因此，教学中应充分利用各种学习途径，使学习者的直接经验与间接经验产生有机联系。教学应从具体经验入手，逐步抽象，防止"言语主义"（从概念到概念的做法），学习间接经验应尽可能以直接经验作为充实的基础，同时也要适时引导学生向抽象思维发展；每个人的经历都受时空限制，位于"经验之塔"塔腰阶层的视听教学媒体，能为学习者提供一种戴尔所谓的

---

① 陈晓慧. 现代教育技术 [M]. 北京：北京邮电大学出版社，2009：35-36.
② 陈晓慧. 现代教育技术 [M]. 北京：北京邮电大学出版社，2009：36.

"替代经验"，有助于突破时空的限制，解决教学中具体经验和抽象经验的矛盾，弥补各种直接经验的不足[①]。

戴尔"经验之塔"为小学教育技术理论探索与实践应用提供了具体的理论指导，首先，它指明了教学应当从具体到抽象，然后才能发展成为概念；其次，它可以帮助教师找到教育技术在小学教学中的位置，即它所使用的教学层次，可以指导教师很方便地把新的教学手段加入到"塔"的适当位置上；其三，提醒教师注意教育技术必须与课程相结合，不能在教学中盲目使用、滥用教育技术。

4. 教育传播学理论[②]

美国学者拉斯韦尔（1902—1978）、罗密佐斯基等提出教育传播学，主要理论观点有：教学是信息传播与反馈的双向互动过程，依赖于教师（信息传播者）、学生（信息接受与反馈者）共同参与。教学中的传播过程是一个连续动态的过程，可以分解为多个连续的阶段或环节。如我国学者南国农、李运林提出的教学传播六阶段模式，从传播学角度分析说明了教学过程所涉及的各种要素：教育者、教育信息、受教育者、媒体、通道、环境等，构建了教育传播系统的一般模型，指明了教育信息传播的基本模式、基本功能，阐明了教育传播的特点：明确的目的性、内容严格规定性、信息接受者特定性、媒体与传播通道的多样性，总结提出教育传播的基本原理即共同经验原理、抽象层次原理、重复作用原理、信息来源原理、最小代价律和媒体选择原理。

1.4.2 学习理论

支撑小学教育技术的学习理论，主要包括行为主义学习理论、认知主义学习理论、建构主义学习理论等。这些理论从不同的角度与层面阐明了学习产生的机制、学习过程的实质与条件、学习的内在规律、有效学习方法等问题，对小学教育技术理论探索与实践应用中所涉及的教育信息资源的选择、信息表达与设计等具有重要意义。

1. 行为主义学习理论[③]

行为主义学习理论又称为"刺激—反应"理论，是学习理论的主要流派之一，该理论主要观点是：

（1）学习是刺激与反应的联结（S-R）

俄国生理与心理学家巴甫洛夫（1849—1936）首先发现条件反射机理，解释了学习现象最基本的生理机制；行为主义心理学创始人约翰·华生（1878—1958）则提出了"刺激—反应"学习理论，认为人的学习是塑造行为的过程，符合"频因律""近因律"。

（2）学习是尝试错误的过程

美国心理学家桑代克（1874—1949）认为，学习即形成"刺激—反应联结"，是经过

---

① 姚丕荣. 现代教育技术 [M]. 北京：教育科学出版社，2015：17-19.

② 陈晓慧. 现代教育技术 [M]. 北京：北京邮电大学出版社，2009：39-45.

③ 陈晓慧. 现代教育技术 [M]. 北京：北京邮电大学出版社，2009：22-24.

多次试误之后，由刺激情景和正确反应之间的联结构成的。在试误学习中，影响刺激与反应能否建立联结，主要依赖练习律、准备律和效果律三大法则。

（3）学习成功的关键依靠强化

斯金纳提出了操作性条件反射学说，认为学习是刺激与反应的联结，是一种操作性条件反射，学习的成功要靠及时的强化，提出了程序教学思想，归纳出五大基本原则（积极反应、小步子、及时强化、自定步调、低错误率），创制了程序教学机。

根据行为主义学习理论的主要观点，在小学教育技术实践应用中，应当重视包括教育技术手段在内的各种外在环境条件的影响作用，小学教育技术应当能为小学生提供适度的信息刺激，教育技术手段的应用需要能适度重复，并注重及时反馈与强化。

2. 认知主义学习理论[①]

认知主义学习理论源自格式塔学派的认知主义学习论。该理论认为，学习是组织的一种"完形"，是对事物式样和关系的认知，学习就是一种突然性的顿悟。

美国心理学家布鲁纳提出了"认知—发现"学习理论，认为学习是主动形成认知结构的过程，强调对学科基本结构的学习，学习者应通过主动发现来形成认知结构。发现学习是指学生在学习情境中，经由自己的探索寻找而获得问题答案。发现学习有三个重要观点：直觉思维是发现学习的前奏。学习情境的结构性是有效学习的必要条件。探索中发现的正误答案同具反馈价值。

美国心理学家奥苏贝尔（1918—2008）提出认知同化理论，强调认知—接受学习，认为应当以成就动机驱动为前提，基于"先行组织者"，通过认知结构中新旧知识的"同化"或"类属"，实现有意义的接受学习。

加涅提出信息加工理论，具体描述了信息加工模式，并将学习过程划分为动机、了解、获得、保持、回忆、概括、操作、反馈八个阶段。

按照认知主义学习理论的观点，在小学教育技术实践应用中，应当以学生已有经验、能力等学情为前提，来考虑教育信息资源与技术应用，同时应注重教育信息的组织结构，并需要重视教育信息资源与技术应用中的启发性。

3. 建构主义学习理论

建构主义学习理论是在瑞士心理学家皮亚杰（1896—1980）的儿童认知发展理论、前苏联心理学家维果茨基（1896—1934）的智力发展理论、布鲁纳的认知发展理论等基础上逐步发展形成，其主要理论观点是：学习者是学习的主体；学习是学习者主动地建构内部心理表征的过程，是与外部环境相互作用过程中，通过同化与顺应，主动而差异化地产生对新信息的意义建构和对已有知识的重组；学习内容具有相对性；提倡认知学徒式教学、随机通达教学、情境性（抛锚式）教学、支架式教学[②]。

按照建构主义学习理论的指导，在小学教育技术实践应用中，应以学生为中心，从

---

① 陈琦，刘儒德. 当代教育心理学 [M]. 北京师范大学出版社，1997：79-94.
② 王建华，盛琳阳，李晓东. 计算机辅助教学实用教程 [M]. 北京：高等教育出版社，2004：14-15.

学生的生活实际空间中来考虑教育信息资源的提取与构建；教育资源与技术的应用，要重视情境性教学，不能脱离实际；应当合理应用教育信息资源及相应技术，在良性竞争的背景下实施交流合作与互助协作学习。

1.4.3　系统科学理论

系统科学是介于自然科学与社会科学之间的横断科学，是以整体的观点、原理与方法来研究自然、生命、社会等的共性规律，其理论主要包括信息论、控制论、系统论、突变论、耗散结构理论、协同论等，这些理论主要研究事物整体与部分、结构与功能、整体与环境的相互关系，揭示事物运动发展、演化的基本规律与特性[1]，是小学教育技术理论探索与实践应用的方法论基础。

总体上讲，视听教育与传播理论、学习理论、系统科学理论三大理论群，共同构成小学教育技术的理论基础，并与现代课程、教学理论相配合，支撑着小学教育技术的应用实践、理论研究与发展。因此，小学教师应当全面、深入地了解上述理论，并在实践中注意灵活应用。

练习与思考1

1. 什么是小学教育技术？
2. 学习小学教育技术有何价值意义？
3. 简述小学教育技术发展的历史。
4. 小学教育技术的理论基础有哪些？

---

[1]　刘济昌.教具理论研究导论[M].北京：教育科学出版社，2011：185-192.

第 2 章　小学教学媒体

　　小学教学涉及科目众多、范围广、类型杂、形式多样且富有综合性，如果单纯依靠教材、教师的语言来表达、传递教育信息，其传递效率是可想而知的。因此，从小学教育技术角度，必须借助适宜的教学媒体，作为小学教育信息存储、呈示与传递载体，扩展延伸教师的功能，帮助小学生有效地突破语言文字有可能带来的信息接收障碍，有效地提高教学效率。

2.1　媒体

　　有助于帮助人们消除对事物不确定性的信息，不可能自动地直接进入到人的头脑里，而是需要通过各种不同的物质工具来携带、承载、传递信息，才有被有效接收。这种用来携带、传递信息的各种物质工具，就是所谓的媒体①。

2.1.1　媒体含义

　　从传播学角度，媒体是指信息在传递过程中，从信息源到受信者之间承载并传递信息的载体、工具、渠道、中介物以及相应的技术手段。在当今信息时代的语境中，媒体主要包括两层含义：其一是指承载、表达并传递信息的各种符号编码系统，如语音、文字、图形与符号、图像与动态影像、有线与无线电信号、计算机程序编码等；其二则是指储存和传递信息的各类物理实体，如书本、挂图、相片或底片、投影片、电影胶片、录像带、计算机软件存储设备及其相关的显示演播设备等②。

　　而媒介则通常是指具体用于存储、传递和呈示展现媒体信息的物理介质或传播装置

---

①　魏奇.教育传播学[M].南昌：江西教育出版社，1992：36.

②　尹俊华，庄榕霞，戴正南.教育技术学导论[M].北京：高等教育出版社，2011：111-112.

等，其表征更为具象而个体化①。

2.1.2　媒体分类

从传播学角度，媒体可以分为多种类型。根据原国际电报电话咨询委员会（CCITT）的定义，媒体可分为感觉媒体、表示媒体、显示媒体、存储媒体、传输媒体五大类别②。

感觉媒体主要是指人类通过自身的感觉器官，如听觉、视觉、嗅觉、味觉、触觉等能直接接收感知到信息的媒体，主要包括声音、文字、静态或动态图像、气味、冷暖、软硬等。

表示媒体是指传输感觉媒体信息的中介，即用于数据交换的编码。如图像编码（JPEG、MPEG 等）、文本编码（ASCII 码、GB2312 等）和声音编码等。在计算机中，使用不同的格式来表示媒体信息。

显示媒体是指显示感觉媒体的设备，一是输入显示媒体，如话筒、摄影、摄像机、扫描仪、光笔、鼠标、键盘、U 盘以及触摸屏等；二是输出显示媒体，如显示器、扬声器、喷绘写真机、打印机等。概括起来，主要是指用于通信中电信号和感觉媒体间产生转换用的各类媒体。

存储媒体又称为存储介质，是指信息存储的物理载体，如穿孔纸带、磁带、磁盘、光盘、U 盘、ROM、RAM 等。

传输媒体是指承载信息并将信息进行传输的媒体，包括用于有线传输的同轴电缆、双绞线、光缆；用于无线传输的微波、无线电、激光、红外线等。

此外，多媒体是指融合了两种或以上类型媒体元素的信息交流和传播媒体。

2.1.3　媒体的基本要素

无论何种媒体，本质上讲，都主要由物质载体、符号编码、信息内容三大基本要素构成③。

1. 物质载体

没有具体而实在的物质载体，再丰富、再强大的信息内容都无所依附、无法传播。物质载体是媒体能得以存在的基本前提，是媒体最基本的构成要素。

2. 符号编码

某一物质载体之所以成为媒体，是因为其负载有特定形式、规则或约定的系统化的符号编码，如声音长短、音量音调、形状、强弱等，可以被信息接受者识别、译读、接收。只有依托相应的系统化符号编码，媒体才能承载、传输信息。

---

① 王洪亮.媒体设计概论[M].北京：中国传媒大学出版社，2015：3.
② 张晓燕.多媒体通信技术：第 2 版[M].北京：北京邮电大学出版社，2015：1.
③ 申凡.传播学原理[M].武汉：华中科技大学出版社，2012：191.

3. 信息内容

媒体必须包含有具体的内容、含义，才能在传播活动中担负起中介的作用，帮助信息接受者消除对事物不确定性，实现其信息传递的功能。

总之，物质载体、符号编码、信息内容是媒体的三大基本构成要素，三者相辅相成，缺一不可。

2.1.4 媒体的基本特点

作为信息传播的依托，媒体主要具有以下五大特点[①]。

1. 物理实体性

无论何种媒体，都是具有相应物理属性的实体，既有形状、大小、重量、质地等外在的实体表现，又有光波、声波、无线电波等内在的物理特征，是真实客观的物质存在，是信息能够得以存储、传递的物理基础。

2. 中介联接性

媒体的中介联接性，一是指其居间性，即从系统构架上是介于信息传播源与信息接受者之间；二是指桥梁性，信息传播源与信息接受者可以通过媒体发生信息交流、形成关联，体现出纽带联接作用。

3. 信息承载性

媒体能以某种特定的物理方式以及相应的编码系统，记录、存储、负载、运输相应的信息，这即是媒体存在的前提，也是媒体最基本的使命。

4. 保真还原性

作为中介的媒体，只能是对信息传播源发出的信息内容含义进行原样存储、传输，保持原有信息内容的含义能被信息接受者接收，而不能对原有信息进行扭曲、变形、变异处理，否则即为信息失真，会导致传播错误、混乱而失真、失效。

5. 传播扩张性

媒体不仅可以使信息传播源与信息接受者之间形成点对点的联系，还可以通过重复、迁移等应用方式，以点对线、点对面等方式，使其所承载的信息，在空间、时间等方面，让更多更广泛的信息接受者获得同样的信息，实现信息传播的扩张。

2.1.5 媒体的主要功能

加拿大传播学者马歇尔·麦克卢汉（1911—1980）曾指出，媒体是人体的延伸[②]，意思是说，媒体可以有效地扩展人体自身的感官功能，扩展人获得信息的可能性与效率。如书籍、挂图、模型等从视觉来讲，是人眼视觉功能的延伸，能扩展人的视野与视界，让人

---

① 邵培仁.传播学导论[M].杭州：浙江大学出版社，1997：227-229.
② 中国社会科学院新闻研究所世界新闻研究室.传播学（简介）[M].北京：人民日报出版社，1983：13-15.

看见时空距离过于遥远、尺寸规模过于宏观或微观的事物，获得眼前并不存在实际事物的视觉信息；而广播、无线电等相当于是人耳听觉功能的延伸，能让人听清遥远地方的声音，获得眼前没有的实际事物的声音信息；电视电影则是相当于视觉、听觉功能的同时同步延伸，让人能接收到更丰富、更全面的信息。

具体讲，媒体主要具有存储、呈示与传递功能[①]。

1. 存储功能

物质实体化的媒体，借助其符号编码系统，具有存储相应信息的功能。不同的媒体，因物理实体与符号编码系统的不同，在存储功能上有容量大小、持续时长等方面的差异。

2. 呈示功能

存储于媒体中的信息，能够以一定的形式，借助各类媒体元素来呈现表达。受编码系统的影响，不同的媒体，有不同的呈示表达技术方式与渠道，在呈现信息的容量大小、层次丰度、持续时长、刺激强弱等方面各有差异。

3. 传递功能

媒体所呈示表达的信息，通过声、光等各种传递通道，能够让信息接收者获得相应的信息，以消除对某事某物的不确定性。可传递信息，是媒体最主要的功能，也是媒体在传播系统中的价值所在。

2.2　小学教学媒体

具有存储、呈示与传递功能的部分媒体，因其能够在教学中有效地提高教育信息的传播效率，被有选择地应用到了教学中，成为教学媒体，这是小学教育技术的物质基础。

2.2.1　教学媒体

1. 定义

所谓教学媒体，泛指用于存储、呈示表达与传递教育信息的各种媒体，是学校教育教学资源的重要组成部分之一。

2. 分类

（1）以发展历史分类

根据发展时间先后的不同，教学媒体通常可分为传统媒体、现代媒体。传统媒体主要包括口头语言、文字符号、印刷材料、图片或挂图、黑板、模型和实物等，现代媒体则包括幻灯机和幻灯片、投影器和投影片、录音机和录音带、电视机、录放像机及磁带、VCD 或 DVD 及光盘、计算机与多媒体投影仪以及教学软件、网络资源等。

---

① 翟铭.跨媒体信息传播原理与技术[M].北京：文化发展出版社，2018：6.

（2）以感官差异分类

按媒体作用于人的感官不同，可将教学媒体分为视觉媒体、听觉媒体、视听媒体以及交互式多媒体等。

3. 特点

从教育传播学角度看，教学媒体主要具有以下特点。

（1）表现性

教学媒体能够具体而直观地表达、呈现客观事物在时间、空间、运动特性以及表征声音、颜色等方面的特性，具有比单纯语言文字符号更强大的直观活化表现力。

（2）再现性

教学媒体可以不受时间、空间的限制，能根据需要，将其所存储的教育信息，适时地重复再现，信息内容前后完全保持一致。

（3）传播性

教学媒体能够把教育信息按需要传递到不同接受者的空间范围，还可让接受者在不同的时间来接收获取。

（4）可控性

教学媒体能够根据教育教学的实际需要，控制教育信息呈示的角度、方式、内容、时机、时长等，扩展信息呈现表达的丰度与层次。

4. 功能与作用

总体上看，教学媒体可以有效地存储、表达与传递教育信息，能向学习者提供丰富的信息感知与适度的信息刺激，可以按需要来分步骤呈示教育信息，以科学地优化控制教学过程，合理地应用有助于提高教育教学的效率。

因此，教学媒体不仅可用于在教学中设难置疑、引起思辨、创设情境、激发动机，也可以用于向学习者提供事实、呈现过程、举例验证、提供示范、形成表象、建立经验，还能用于演绎原理、建构概念、突出重点、突破难点、归纳总结、启迪思维。此外，还有开阔视野、欣赏审美、陶冶情操等作用，对提高教育教学效率具有不可忽视的强大功能[①]。

2.2.2 常用小学教学媒体

只要是能用于小学教育教学活动，能有助于小学教育信息的有效存储、表达呈示与传递的媒体，都可以作为小学教学媒体来应用。

1. 传统教学媒体

在小学教育教学中应用的传统教学媒体，主要以视觉媒体为主，包括卡片、图片与挂图、实物、实验器具、模型等，通常又统称为传统教具或教具（如无特殊说明，均使用教具的说法）。

---

① 杜士珍.现代教育技术基础[M].武汉：华中师范大学出版社，2000：62-64.

传统教具的制作主要涉及图像绘制、教具设计与制作等技术。

传统教具的主要功能特点：一是成本低，制作技术要求不高；二是有一定的即时性与亲和力，能有效打破时空限制、对接受者要求低；三是针对性强、表现直观、生动形象；四是传达的信息量少而模糊，有一定的认知理解难度。

虽然存在着一定的局限性，但在社会经济有待发展、教育技术力量还相对较薄弱的部分乡镇或乡村小学，各种类型的传统教具依然是不可或缺的教学媒体资源，特别是自制简易教具在小学教育教学工作中发挥着重要的作用。

2. 现代教学媒体

在小学教育教学中应用的现代教学媒体，主要包括电子听觉媒体、电子视觉媒体、电子视听媒体、交互式多媒体等。

（1）电子听觉媒体

常见的电子听觉媒体主要包括收音机、唱片留声机、磁带录音机、CD 机、插卡播放机、语音教学系统等。目前，除了便携式插卡播放机还在小学语文、英语、音乐教学中有所使用外，其他的电子听觉媒体已被淘汰而不再使用。

电子听觉媒体的主要功能特点是：能提供真实、标准、典型而稳定的声音示范，扩大声音类优质教育信息传播范围与教学规模，原样复现性强，重复利用率高，不够直观，有一定的认知理解难度。

电子听觉媒体主要涉及录音、音频剪辑处理等技术。

（2）电子视觉媒体

电子视觉媒体主要包括 135 胶片幻灯机、折射式投影仪、实物投影仪等。目前，功能较单一的电子视觉媒体已基本被淘汰，退出了小学教育技术的应用范畴。

电子视觉媒体功能特点是：传达的信息量丰富，可扩展优质信息资源传播，复现性强，利于个性化教学，针对性强、表现直观但动态性弱，成本较高，有较高技术要求，教育信息传递通道单一而有一定的认知理解难度。

电子视觉媒体主要涉及反转片摄影制作技术、投影片绘制技术。

（3）电子视听媒体

电子视听媒体主要包括电影、电视与放像机、光盘影碟机等，主要涉及影视频拍摄、制作与编辑处理等技术。

电子视听媒体的主要功能特点是：传播范围广、复现性强，信息容量大、表现力强、层次丰富、动静结合、信息刺激强，利于构造情境，但成本高，技术要求高。

目前在小学教育教学工作中，电影、磁带录放像机、光盘影碟机已基本淘汰，只有液晶电视机尚在部分学校配合多媒体计算机，作为大屏幕视频输出设备来使用。

（4）交互式多媒体

交互式多媒体主要包括台式多媒体电脑、笔记本电脑及多媒体投影仪、平板电脑、智能手机、电子白板、网络教学系统等，其主要功能特点是：经济与技术成本高、应用要求高且更新换代发展迅速，数字化与系统集成化程度高，传播范围广，可控性、共享性、复现性强，智能化、交互性良好，信息容量巨大且层次丰富、表现力超强、信息刺激强，特别是智慧教室的兴起，更带来了教与学的革命性变化。

交互式多媒体主要涉及数字化教学资源处理、多媒体课件、学习网站设计与制作等技术。

随着我国"校校通"①、"班班通"②等工程的不断推进，以电子白板、多媒体电脑与网络应用为主的交互式多媒体，已逐步开始在我国各地小学有了一定程度的普及应用。

2.3 小学教学媒体选择

当前，在小学教育技术的实际应用中，既有各类传统教具，又有现代教学媒体，类型丰富多样、功能特点与优势各异。因此，在实际的教学工作中，小学教师应针对实际情况，因地制宜地考虑教学媒体的合理选用③。

2.3.1 小学教学媒体的需求判断

并非所有的教学内容、教学环节都需要使用教学媒体。如果教师以精准的言语讲授或讲解即可取得良好的教学效果，则大可不必再使用其他教学媒体，否则就是画蛇添足、滥用教学媒体，还有可能带来教学时间的不必要损耗，甚至对小学生产生认知超载或认知干扰。因此，小学教师应根据实际的教学目标、教学内容，结合媒体功能、教学对象、教学条件等，来综合考虑教学媒体选用的必要性与可行性，做好准确的需求判断。

1. 教学目标要求

在小学教学中，不同的学科课程，有不同的教学目标，对小学教育技术与媒体的选择及应用有着不同的要求。因此，小学教师应当根据实际的教学目标，来考虑是否需要以及选择何种教学媒体。

2. 教学内容特点

小学不同的教学内容，各具信息表征特点，有着不同的媒体表达适宜性，对教学媒体的选择也有不同的要求。因此，小学教师应当根据教学的实际内容特点，来合理评判教学媒体的选用需求。

3. 媒体功能优势

不同的教学媒体，具有不同的功能价值，有不同的信息表达优势。因此，小学教师应当针对各类教学媒体的功能优势，来灵活考虑选择与应用需求。

---

① 教育部.关于在中小学实施"校校通"工程的通知 [J].教育部政报，2000(12)：566-567.
② 李宏非.开创教育城域网环境下班班通·堂堂用新格局 [J].中国电化教育,2009(05):111-112.
③ 尹俊华，庄榕霞，戴正南.教育技术学导论 [M].北京：高等教育出版社，2011：118-119.

4.教学对象特点

不同学段的小学生，有不同的认知积累基础与学习接受能力，对传递教育信息的媒体有不同的兴趣喜好与倾向。因此，小学教师应当充分考虑小学生的学习心理与学习行为方式特点，根据实际学情，针对性地考虑是否需要选用适宜的教学媒体，才能有效发挥教学媒体的功能。

5.现实教学条件

是否需要以及选择应用何种教学媒体，教师不能盲目行事，而必须要考虑实际的教学环境、资源条件等是否具备，同时还要注意教师本身是否具有相应的操控应用能力。

总之，小学教学媒体的需求判断，不能单凭想当然、过于理想化或随心所欲，而应当立足实际情况，从上述五个方面来综合考量，才能准确判定是否需要选择适宜的教学媒体，这样才能让教学媒体充分发挥其应有的功能，促进教育教学效率的提高。

2.3.2　小学教学媒体选择的基本原则

根据实际，确定了需要在教学中使用教学媒体之后，小学教师在具体选择何种类型的教学媒体时，应当遵循最优决策、有效信息、优化组合三项基本原则[①]。

1.最优决策原则

关于媒体的选择，美国传播学家施拉姆提出了决定媒体选择概率的公式，是选择媒体的最优决策的依据，其基本公式如下：

$$媒体选择的概率（P）= \frac{媒体的功效（V）}{需付出的代价（C）}$$

媒体的功效 V 是指教学媒体在教学过程中为了达到预期的教学目标，所起作用的大小程度，也就是我们通常所说的媒体在教学中的使用目标。需付出的代价 C 则主要是指媒体经济与技术成本、教师进行与媒体使用相匹配的教学准备、操控使用媒体所需要的时间与精力、学生对媒体的接受反应时耗与适应度等的综合成本。一般而言，所需付出的代价 C 越小，功效 V 越高，那么，该媒体被选择的概率 P 就越大[②]。

据此，在小学教学工作中，应当以教学目标的高效实现为前导，以最小代价或最低教学成本付出作为基本参照，来评判、选择最适宜的教学媒体，而不能盲目地赶时髦，一味地追求所谓技术的先进。

2.有效信息原则

选择小学教学媒体，必须保证能有效地存储、精准表达呈示教育信息，实现教育信息的有效活化传递，并能被小学生有效地接受，才能实现教学媒体的最佳功效。因此，小学教师必须在系统性地精选教学内容的基础上，针对小学生已有的认知基础、认知结构特点，以有效、有用为前提，根据媒体的功能优势，来选定最适宜的教学媒体。同时，应尽

---

① 赖麟.现代教育技术 [M].成都：四川大学出版社，2014：100-101.
② 喻国明.受众注意力的吸纳模式：施拉姆公式的启示 [J].青年记者，1999（5）：4-5, 9.

可能考虑所选用的教学媒体在使用中不会对小学生学习聚焦带来干扰，避免出现认知超载或信息干扰的可能。

3. 优化组合原则

由于不同的教学内容具有不同的信息表征特点，有着不同的媒体表达适宜性，而且不同的媒体有不同的功能优势，不同学段的小学生对媒体有不同的认知接受倾向，对教学媒体的持续关注度也有不稳定性，简言之，没有任何一种教学媒体能够做到完全适用于所有教学场景与教学需求。因此，小学教师在具体选择教学媒体时，应以教育信息传递效率最优化为目标，考虑选择多种不同功能特点的教学媒体加以有机组合，才能够从不同层面或角度向小学生提供丰富而有效的信息。

2.3.3 小学教学媒体选择的工作流程与内容

在实际工作中，小学教师可参考下述步骤，来具体实施教学媒体的选择工作。

1. 一般程序

教师在全面分析课程标准与教材、把握教材内容的基础上，先行确定知识点与知识结构体，提炼形成教学目标，做出媒体需求判断，然后确定媒体的使用目标（即学生学习预期达成的目标），再选择适宜的媒体类型，最后再确定媒体所需表达呈示的具体内容。

2. 类型确定

根据设定的教学目标与内容，立足于现有的条件，选择适宜的教学媒体类型，确定具体的媒体与形式。

3. 选择教学媒体的内容

根据实际，确定通过媒体将要表达的具体内容，以及以何种形态来具体表达呈示教育信息。

4. 填写教学媒体选择工作表

最后，将前述相关工作成果内容，依次填写入教学媒体选择工作表（参见表2-3-1所示），作为后续工作的依据。

表2-3-1 教学媒体选择工作表

课题名称							
知识点	教学目标	媒体作用	媒体类型	媒体内容	资料来源	使用方式	使用时间
1							
2							
3							
…							

此外，教师也可以参考上表，用分项文字陈述的方式，来表达教学媒体的选择工作。

2.4　小学教学媒体的应用

不同的小学教学媒体，具体的使用操作与应用方法有较大的差异，但从有效提高教学效率角度来看，在教学应用中都必须遵循五大基本原则。

2.4.1　科学性原则

1. 遵循教育与心理科学规律

在教学中，教师必须以教育与心理科学理论为指导，根据教学目的要求、小学生当前的层次与能力水平等，适时、适度、恰当地选择、控制教学媒体使用方式方法，而不能随心所欲地滥用。

2. 使用过程科学、准确、规范

要注意教学媒体的使用过程、步骤应当规范、严谨，教育信息的呈示方法正确，做到前后有序、有条不紊且操作控制得当，不能出现操作性错误。

2.4.2　针对性原则

1. 根据现有条件来选择

选用什么样的教学媒体，以及用何种方法来操作使用教学媒体，不能一概而论，而必须针对学校现有的教学条件、教师个人能力水平等，进行综合判断、选择。

2. 针对实际需要来选择使用

在实际的教学中，教师应针对教学中那些抽象难懂而不易理解掌握的重难点、需要调动起小学生某种情感或引导激活思维的时候，以营造学习情境、活化信息、直观易懂为目标，来选择、使用教学媒体。

2.4.3　系统性原则

1. 系统考虑并综合使用

在实施教学时，应从整体的角度出发，适度考虑小学生的参与性，系统地考虑将多种教学媒体有机地结合起来，取长补短、互为补充、综合应用。

2. 系统化呈示教育信息

使用教学媒体时，应注意客观、全面而系统地呈示教育信息，保证信息呈示有适宜的角度与足够的层次丰度，并应针对重难点的教学而有所侧重。

2.4.4　可视性原则

1. 以视觉刺激为第一要素

视觉是小学生获得感知、获取信息的主要信息通道。因此，在使用教学媒体时，要把提供合理有效的视觉刺激放在第一位，应将抽象内容尽可能地通过教学媒体来直观地呈现，力争帮助小学生达成"一目了然"地获得认知、发展思维的目标。

2. 兼顾所有学生

使用教学媒体时，要注意面向所有小学生，应保证教室内处于不同位置、不同角度的每一个小学生都能看得见、看得清教学媒体所呈示的信息内容以及相应的演示过程。

2.4.5 灵活性原则

1. 灵活把握使用时机与方法

在教学中，应根据教学的实际情况，特别是小学生当前的学习心理状态，灵活地选择教学媒体呈示的时机与方法。

小学教学媒体的使用，并非需要在教学的全过程中都使用，而要注意把握好使用的最佳时机。一般来说，在教学伊始，为更好地将小学生从课间的"耗散无序"状态迅速地引导、转入到"有序"的课堂学习状态，可以考虑运用教学媒体来吸引小学生的注意力；在教学运行一段时间后，小学生出现了疲劳与懈怠时，也可以考虑操作教学媒体、改变教育信息呈示内容，来重新刺激、调动起小学生的学习积极性。

此外，在小学生的心理状态由无意识向有意识转化时、心理状态在有意注意与无意注意互相转化时、心理状态由抑制向兴奋转化时、心理状态由平静向活跃转化时、心理状态由兴奋向理性升华时、心理状态进入"最近发展区"而充满求知欲望时、鼓励学生克服畏难心理时等等，都是有可能发挥教学媒体功能的最佳应用时机。

2. 多方式有机结合

教学媒体是教师向小学生直观化呈示教育信息的手段，但并不是小学生获得教育信息的唯一手段。因此，教师在教学中使用教学媒体时，不能排斥呈示教育信息的其他方式，既要注意教学媒体的灵活搭配，更要注意与口授讲述、板书以及小学生参与性、互动性活动等各种方式的有机结合，让小学生能够以更多的角度、更丰富的渠道来获得教育信息。

以上五项原则，教师在教学中应注意综合应用。同时，应特别注意，从来就没有万能的教学媒体，所谓技术最先进的教学媒体也并非就是最佳的选择，小学教师必须结合实际，因地制宜地选用。

总之，小学教学媒体是小学教育技术的物质基础，种类多样而功能各异，其选择与应用是教与学构成最优化教学系统的重要桥梁，是小学教育技术的直接体现，教师应当从教学实际需求与目标出发，针对小学生的学情特点，灵活选用适宜的教学媒体，才能提高教育教学效率。

练习与思考 2

1. 为什么说"媒体是人体的延伸"？

2. 教学媒体的主要特点与功能是什么？

3. 小学教学媒体主要包括哪些种类？

4. 在小学教学工作中，应当如何选择教学媒体？

5. 在教学中如何应用，才能有效发挥小学教学媒体的功能价值？

第3章　简易教具技术

教师自制的简易教具虽然属于传统教育技术范畴，但以其外在形态、内部结构及功能等，同样可以担负起教育信息存储与传播的功能，是小学教育技术与应用的重要内容，也是小学教育信息资源配备的重要部分，在小学教学工作中依然发挥着重要的作用。

3.1　教具概述

在现实的小学教学工作中，限于经济与技术条件或出于教学的实际需要，小学教师经常会因地制宜地借助简单的通用工具与原材料，自己动手，设计、制作诸如实物标本、模型、挂图（表）、实验仪器等各种简易教具。这些自制的简易教具，直接针对教学需要，制作简单、操作方便，既是教师教育科学理论与学科专业素养的综合体现，又是教师教学经验与专业技能相结合的产物，对提高教学效率具有重要意义。

3.1.1　教具的定义

何种事物才能被称之为教具，其说不一，综合诸多已有的关于教具的定义研究[①]，此处所讨论的教具，是指教师在教学过程中，根据教学需要，针对教学内容及重难点，为学生提供直观性感知材料的各种信息呈示、表达与传递实物化载体的总称。

与教具紧密相关的有学具、教学用具、教学仪器设备等概念，在实际工作中容易与教具产生混淆，需要注意区分。

3.1.2　教具的基本特征

总体上讲，教具有以下三大基本特征。

[①]　刘济昌.教具理论研究导论[M].北京：教育科学出版社，2011：32-45.

1. 教育性

教具的教育性是指，教具是针对教学主题及教学中的重难点而选用的，是教育信息的直观化呈示表达载体，是教与学之间相互联接的信息媒介，可以"直观形象、生动有趣、化繁为简、化难为易"地向学生呈示教育信息，在教学活动中起着承载、活化、呈示、表达与传递教育信息的作用。

如果离开了教学活动、没有教育信息的传递，那么教具就失去了存在的空间，也就没有所谓的教具。因此，任何物品或器具，只有参与到了具体的教学活动中，才有可能成为教具。但是参与到教学活动中的物品或器具，并非全部都是教具，还必须是教学主题内容的信息呈示、表达载体，并且能够以各种方式"直观形象、生动有趣"地活化、传递教学中的重难点信息，这才能成为真正意义上的教具。

针对教学主题及重难点，选择什么样的教具以及如何使用教具，体现着小学教师对教育的理解层次、对教育信息的把握程度、对学生情况的认识程度，也是小学教师教学理念、教学设计、教学能力的具体反映。因此，教具通常包含着一定的教育思想、教育目标、教学内容和教学方法等要素，有着典型而明确的教育性特征。

2. 科学性

现代学校的教学担负着传承人类文明、传播先进科学文化知识的重任，而不是宣扬封建迷信，更不是传播反智、反科学的内容。因此，每一件教具都应当是渗透、凝结和体现人类长期探索、总结并获得验证的科学知识与科学道理，只不过科学性是寓于教育信息之内，并体现在具体的教学活动过程中。

同时，教具本身就受到人类科学技术发展的深刻而全面的影响，既是科学技术新成就的传播、推广需求在学校教育中的具体表现，也是科学技术不断更新发展的产物，有着显著的科学性特征。

再者，教育本身就是一门科学，如何更准确、有效而合理地呈示表达并传承人类文明、传播科学文化知识、点燃学生的智慧与创新之火，使学生能够可持续地发展，一直都是教育科学探索的重要课题。因此，用于课堂教学的教具，在选择、制作及使用上就必须符合教育科学规律，按照小学生的认知规律与学习心理特征来考虑，而不能随心所欲、乱选滥用教具。

3. 直观性

所谓直观性，是与抽象性相对应的，是指教具能让学生通过人体感官的直接感受，借助视觉、听觉、嗅觉、触觉等，而不用太费周折，就可以对语言文字描述比较抽象、远离学生生活实际、不便于学生理解掌握的事物、概念、原理等获得认知，从而开拓视野、了解事物的特征、形成概念、带动思维与能力发展。常言之，"一目了然"就是指这个道理。

在小学教学中，呈示、使用真实的实际物品或标本，是最常见的直观性表现。相应的，如果没有真实的物品，用仿真的模型等器具来替代也属此例。

而有的事物，虽然是客观存在的，但却是远离学生生活实际，或超出了学生感官能力的范围，教师无法直接拿到教学活动中去呈示，或者无法带领学生去亲身体验，那么改用放大或缩小的仿真模型、各类静态图像、影视影像、计算机模拟仿真等，也是直观性的表达。

此外，有的教学内容，属于高度抽象、归纳总结、提炼出来的科学原理、定理或规律之类，本身就是抽象产物的文字符号来表达，小学生不容易直接理解掌握，那么，通过具体物品等作为中介，来化繁为简、化难为易，帮助小学生领会理解并发展抽象思维，也是直观性的体现。

上述三个基本特征综合起来讲，是从整体上认识、把握教具的三个方面，其中科学性是教具的基础与前提，直观性是教具作为信息活化呈示、表达的载体功能属性，而教育性则是教具的本质属性，这三者是相辅相成、缺一不可的[①]。

3.1.3 教具的分类

按照不同的标准、不同的分类方法，具备科学性、教育性、直观性这三个基本特征的教具，可以分为多种类型。

1. 按信息载体不同

以教具的信息载体形态来看，可以分为实物、标本、模型、挂图（表）、实验仪器等。

实物教具是指将现实生活中真实的实物器具、物品等作为教具。如，在数学教学中，可以直接使用真正的人民币来完成小学数学中"认识人民币"的教学，或用现成的商品包装盒来展示立方体；在语文教学中，可以用真正的鸡蛋来讲解"画鸡蛋"一课，或用新鲜的蔬菜来介绍"菜园里"的几种常见蔬菜；在科学课教学中，可以用手电筒、电池来辅助实施"离不开的电"的教学，或用小的梳妆镜来演示"改变光的传播方向"等等。

标本主要是指保持实物原样或经过一定的整理，专供教学用的动物、植物、岩石与矿物等真实的样本，在科学课中用得比较多。

模型是指针对教学要求，将真实世界中存在的事物原型，按照其形状和结构，以一定的比例、仿真度、取舍度、取整度等，制作成的实物模拟样品，以解决实物原型过大、过小、过于昂贵或使用不便等问题，在一定程度上可起到替代原型的作用。通常有仿真模型、结构模型等，如地球仪、细胞模型、各种交通工具模型等。

挂图（表）主要是指通过可悬挂或张贴呈示的图画、表格等来表示某种事物的现象、外形、特征或是某些理论、原理、规律的教具。常见有事物形态图、景观图、地图、解剖图、结构图、口诀表、趋势图、态势图、统计表、音符曲谱等多种。

实验仪器主要是指由教师操作示范、演示并指导学生观察、操作的教学用器具、仪表、装置等，多用于小学科学课程中相关的物理学、化学、生物学等有关自然科学内容的教学。

---

① 牟洁.自制教具设计与制作[M].成都：四川科学技术出版社，2012：18-20.

2. 按来源的不同分类

按照教具的来源，可以分为商品化量产教具与自制的简易教具。

（1）量产教具

量产教具作为学校教具的主体成分，是指按国家颁定的课程标准与教学仪器配备标准来进行设计，并以商品化大批量方式生产的专用教具，主要包括标本、模型、挂图（表）、实验仪器。

（2）简易教具

简易教具则是指由教师根据实际情况，自行设计、制作的教具。

3. 按不同的学科门类

除了上述两种分类以外，还有从学校教育管理的角度，按小学的学科门类分为语文教具、数学教具、科学教具、英语教具、音乐教具、美术教具等类型。国家教育部于2006 年 10 月及其后陆续发布的小学各学科教学仪器配备标准，就是按学科门类来分别列举的。

教育部颁布的教学仪器配备标准，一方面是我国各地小学在教具购置、配备时的基本标准，另一方面也是小学教师根据自己的教学需要来自制简易教具时的重要选题参考。

3.1.4　教具的意义

类型丰富多样且不断发展演化的教具，在诸多方面都有着极为重要的意义。

1. 对课堂教学而言

（1）吸引学生注意力，激发学生学习兴趣

学生的注意力是课堂教学效率的重要保证，可以直接影响到课堂教学的质量。由于年龄等多方面的原因，上课伊始小学生不容易迅速地从课间状态进入课堂学习状态，在教学进程中也会受到多种因素干扰而分散注意力。因此，如何更好地吸引小学生的注意力，是小学教师经常要面临的问题。而教师如何能够抓住时机、合理地使用教具，利用教具独特的外形、出人意料的奇妙功能，往往能迅速地吸引住学生的眼球，有效地将学生的注意力转移到教学主题上来。

学生的注意力强弱程度及可持续与否，与其兴趣倾向紧密相关。常言道："兴趣是最好的老师"，托尔斯泰也曾指出："成功的教学所需要的不是强制，而是激发学生的兴趣。"[①] 有了强烈的内在兴趣驱动，学生才有可能在学习中保持注意力，也才有可能产生强烈的求知与主动探索的欲望。因此，作为教师，不可能将知识强行灌输给学生，必须得想方设法让他们自己"动"起来，而合理地使用教具、制造悬念、激活思维，就是比较有效地激发学生学习兴趣的方法之一。

---

① 娥·芙·杰普莉卡娅著. 教育史讲义 [M]. 华东师范大学教育学研究班翻译室译. 上海：上海华东师范大学出版社，1958：388.

（2）强化信息刺激，促进记忆巩固

已有的心理学研究发现，人类的内心深处，其实是非常喜欢接受感官刺激，而且在可以接受的范围内，这种感官刺激总是倾向于越强烈越好，形成的记忆也会越深刻、越持久。因此，教师在教学中恰当、灵活地使用教具，突破一以贯之地依靠文字符号与语言语音来传递教育信息的单一手法，从信息外在的载体形式、信息表达层次与角度等方面，给予学生不同寻常的强烈感官刺激，不仅强化了信息感知效果，而且很容易调动起学生产生喜悦、愉快、激动、兴奋等情绪，对帮助学生形成鲜明、深刻而持久的长时记忆有着重要的意义。

（3）帮助学生形象感知和理解抽象知识

对于正处在认知与思维发展中的小学生而言，生活经验的积累相当有限，抽象思维能力较弱，他们对知识的正确认识、理解与掌握，通常需要经历一个由感性到理性的认知过程。因此，教材中那些文字描述比较抽象、远离学生生活实际、超出学生已有认知储备范围的事物、概念、原理等，学生理解掌握起来是有相当难度的。而如果按照学生"感知—表象—概念"的认知发展规律，合理地选择、使用教具，化抽象为直观，为学生提供丰富的感性材料，可以有效地帮助学生通过对具体事物的直观感知而获得表象，逐步形成概念，从而更好地理解抽象的知识。

（4）培养观察力，启迪、引导思维发展

人们常夸奖一个人"真聪明"，这"聪明"就含有"耳聪目明"之意，也即聪明包括了以感知为基础的观察力水平。而观察力又是大脑的"眼睛"，是思维的起点，史绍熙曾指出："思维是核心，观察是入门"[①]。而小学生正处于由具体形象思维向抽象思维逐步过渡发展的阶段，观察能力还比较弱，抽象思维的形成主要还是直接地与感性经验相关联。因此，教师在教学中合理选择、使用教具，有意识地指导学生掌握正确的观察方法、训练观察能力，并在观察过程中引导学生思考，学会联想、对比、分析、归纳、概括、提炼，从而帮助学生更好地认识事物，获得有意义的发展。

（5）提供操作示范，引导技能形成

在小学各学科中，很多教学内容都会涉及需要指导学生使用学具来帮助理解掌握知识，形成操作技能、发展应用能力。这就需要教师使用相应的教具，通过技能的全程完整示范、分步分解演示、适度重复强化等，指导学生掌握操作技能的目标、过程、步骤、要点等，促进动作定向与内化，从而帮助学生获得认知发展与技能形成。

（6）改善教学模式，优化教学结构

不同的教学目标、不同的教学内容、不同的学生状态，要求教师在教学模式、教学结构上应当有相应的变化，而不能长期固定不变。假若在一节课之内，如果教师从头到尾就一个味，教学内容、教学形态与学习活动等没有变化，那再乖的学生也会有坐不住的时候。因此，适当地在教学活动中穿插使用教具，不仅使教学结构发生了变化，而且教师呈

① 史绍熙.史绍熙教育文集[M].上海：上海教育出版社，1984：49.

示教育信息的方式、层次与丰度也会有所改变，学生也就不会感到枯燥乏味了。同时，学生接受信息刺激的方式与渠道也相应发生变化，情绪可以得到调节，无形中也将有助于提高课堂教学效率①。

2. 对教师而言

根据教学需要投入教具的应用研究与研制开发，能有效提升教师素质，促进教师专业发展。

面对教学难题或者学生的学习障碍，教师要考虑如何选择、应用教具才能化抽象为直观形象、变枯燥为生动有趣，这就需要去查阅各种参考资料，也必定会投入精力去钻研教材、分析学情、研究教法，无形之中就会起到提升教师自身素质、发展教师能力的作用。因此，教师对教具的研究、使用与制作，不仅有助于提升教师自身的整体素质，同时也可以有效地促进教师在专业上获得新的发展。

3. 对学校建设而言

一所学校的发展，教学场地及内部设施等校园硬件环境的建设是基础要件，但是办好学校仅靠宏伟光鲜的教学楼、美丽的校园等还远远不够，还必须有相应的教师、教具，原国家教育部部长蒋南翔（1913—1988）甚至把教师、教材、教具统称为"教育中的三大基本建设"②。而在学校建设中，最能体现一所学校特色与水平的，除了教师以外，就要数教具的配置，以及教师对教具的使用研究与研制开发。因此，鼓励、支持并组织教师开展教具应用研究与简易教具研制工作，是学校发展建设的重要内容，也是促进学校形成自身办学特色的重要方面。

概而言之，具有教育性、科学性、直观性三大基本特征的教育，是教育信息存储与传递的载体，类型多样、功能独特，在教学活动、教师专业发展与学校建设中都具有十分重要的意义。

3.2　简易教具概述

简易教具是指由小学教师根据实际情况，按照自己教学的需要，自行设计、自己动手制作的教具。简易教具涉及的范围极为广泛，品种类型多样化。相对于商品化量产的教具而言，一般都是教师选用唾手可得而且花费低廉的材料，自己动手制作，没有严格意义上的商品化生产流程、技术规范等限制，采用的制作技术与工艺也相对比较简单。

简易教具可以弥补学校现有量产教具在数量、品种配备上的不足，也可以在一定程度上改进现有量产教具设计、制作等方面存在的缺陷，教学针对性和实用性很强，既贴近学生的生活实际，也能够充分发挥教师的主观能动性与创新性，是教师专业素质水平与教

① 四川省教育委员会，四川省小学教师培训中心.教具使用与制作[M].成都：四川大学出版社，1996：1-2.
② 刘济昌.教具理论研究导论[M].北京：教育科学出版社，2011：49.

育智慧的具体反映，往往呈现出较强的教师个性化特色。同时，有的学校、教师充分利用本地的特色性原材料等资源，设计制作出独具本土风格的教具，具有显著的地域性，从教具的角度丰富了学校办学的校本特色。

3.2.1 简易教具的功能价值

教师自制简易教具，对教学、学生、教师专业发展等多个方面，都有极其重要的意义[1]。

1. 补充现有教具数量的不足

由于经济原因，学校在购买量产教具时，同一教具通常不会有太多的数量，而一般学校同科教师又往往不止一人。因此，在有多个平行班且教学进度同步的情况下，常会出现同一时间大家"抢"用教具的情形。如果教师能够自制简易教具，就可以在一定程度上弥补现有教具数量上的不足，从而避免出现"抢"教具的情形发生。

2. 改进原有教具的缺陷

从技术角度讲，已有的教具，不一定就是尽善尽美的，在设计、制作等方面总是有一些不尽人意之处，通过教师的改进、自制，则可以有效地改进原有教具的缺陷，还有可能创制出新的教具。

3. 有利于促进教师专业能力的提高

教师想做简易教具，一般是在教学中遇到了常规教法不好讲、学生不容易理解掌握的内容，多半是比较抽象、较为枯燥的知识，或者是需要强调的重点。因此，教师要考虑如何才能化抽象为直观、变枯燥为生动有趣，就需要去下功夫查阅各种参考资料，也需要思考设计与制作的具体方法，更需要教师亲身动手尝试，并且不断修正、改进，这就在无形中让教师得到了全方位的训练和提高。

4. 有利于实现教学的个性化，促进教学改革

在自制简易教具过程中，借鉴只能是相对的，别人的思路、做法可能并不一定适合教师自己的实际，这就需要教师从当前自己面对的实际情况来考虑。不同的教师，即使面对同样的教学内容，由于身处不同的教学环境条件，面对的是不同的学生，自身能力素质也有差异，在教学设计与具体实施上，肯定会有自己独特的思考与教法。因此，教师自制的简易教具，往往会深深地打上个人的烙印，在教学中也是按照自己的教学理念、习惯和风格来使用的，教学的个性化由此而产生。

很多时候，用已有的教学方法或者现成的教具，并不能完全实现教师所设定的教学目标，这就要求教师去研制简易教具、尝试新的教学方法，这不正是我们梦寐以求并大力倡导的教学研究探索与改革吗？

5. 有利于指导学生操作学具

常言道：身教重于言传。参照学生的学具所自制的简易教具，通过教师的亲身演示

---

① 四川省教育委员会，四川省小学教师培训中心.教具使用与制作[M].成都：四川大学出版社，1996：3-4.

与示范，还能够有利于指导学生更好地使用、操作学具。

此外，很多简易教具的材料低廉且获取方便，制作也极为简单，甚至可以由教师指导学生或与学生一起来制作。这样不仅可以帮助学生加深对知识的理解与掌握，训练学生的实际动手能力，还有助于培养学生的创新能力。

3.2.2 简易教具的常见类型

按照不同的分类标准，将常见的简易教具分为不同的类型。

1. 按学科分类

不同的学科，所需要表达呈示的教育信息有不同的特点与要求，相应的简易教具在形态、结构、功能等方面也会有显著的学科特色。因此，可以按小学所开设的学科门类作为分类的标准，把简易教具分为语文类、数学类、科学类、英语类、音乐类、美术类、体育类等。如语文类的拼音或汉字卡片、偏旁部首组合演示板、挂图，数学类的计算演示板、几何图形，科学类的各种实验装置、原理演示器具，英语类的单词卡片、挂图，音乐类的简易乐器，美术类的色彩演示板、透视原理演示器，体育类的人体动作模型等。

2. 按材料分类

简易教具通常都是教师用随手可得而且廉价的原材料来制作，不同的原材料会使简易教具在形态、结构、功能等方面各具特色。因此，可以按简易教具制作时所选用的原材料，分为纸质类、木质类、竹材类、泥土类、塑胶类、玻璃类、金属类以及综合类等等。如纸质卡片、挂图，木材制作的车船模型，泥土、纸浆捏塑的等高线地形模型，废旧矿泉水瓶、易拉罐等制作的实验演示装置等。

3. 按制作方法分类

简易教具通常不会像商品化量产教具那样有统一而严格的技术标准与生产流程，往往是教师根据自己的能力，以力所能及的方式来制作。因此，简易教具在制作方法上，可谓百花齐放、多种多样。如果按照制作教具所采用的技术与方法上的差异，则可以分为仿制类、原理模拟类、改进类等。如参照教材或参考书上的图示仿制的水车模型、放大的昆虫等仿真实物。模拟演示蒸汽机原理的实验装置等等。

4. 按使用操控方式分类

自制的简易教具往往与教师个性化的教学设计及教学方法紧密相联，通常都会根据自己教学中教育信息呈示的实际应用需要、具体的操控方式来设计制作。因此，可以将简易教具按不同的使用操控方式分为分页卡片类、折叠翻页类、挂贴粘取类、组装拆解类等多种类型。如翻页式计算板，分步挂取或粘贴的挂图，可拆解与重组的几何立体模型等。

5. 按物质形态分类

客观事物的外在形态往往与其内部结构、整体功能相对应，并决定着其向外在环境发送信息的表达功能趋向，教具也不例外。如实物标本用于表达事物的整体形态特征，模型可直观演示抽象的科学原理，图表则可以表达过程性信息或内在规律、趋势的归纳与总结。

因此，可以按照外在的物质形态，将简易教具分为实物标本、模型、挂图（表）等类型[1]。

分类的多样性，一方面说明简易教具是一个内容极其丰富、教师可广泛参与并值得去深入挖掘的范畴，另一方面也提示教师应当通过简易教具的常见分类，从整体上把握简易教具的范畴，加深对教具的理解，以便更好地掌握自制简易教具的内在规律。

3.2.3 简易教具的基本特点

类型多样的简易教具，除了具备教具的教育性、科学性、直观性三大基本特征之外，与商品化的量产教具相比，简易教具还具有以下特点。

1. 选题的自主性与探索性

教师可以根据自己教学的实际需要，从自身能力水平与条件出发，来考虑针对何种教学内容或哪一个知识点、确定做什么样的简易教具，在选题上完全不会受到国家对学校教具配置标准要求的限制，有着很强的自主性。

自己动手设计、制作简易教具并用于教学实践，不仅需要有相应的理论素养，也需要有很强的实际动手能力，还涉及对原有教学设计与教学方法的改进，很多时候既是对教师自身能力的一种挑战，也是教学研究与探索的具体表现。

2. 制作的简易性与灵活性

教师自己制作简易教具，"化繁为简"的特点很显著，通常不会设计得太复杂，既不需要太高深的专业加工、制作技术，也不用过于专业化的工具或设备，更不强求遵循严格的商品生产流程与工艺规范，一般的通用技术与工具就可以实现制作。同时，对制作场所条件要求不高，家里、办公室等室内室外的场所都可以，表现出很强的简易性与灵活性。

3. 材料的廉价性与广泛性

在原材料方面，简易教具多是使用身边唾手可得、价值低廉的物品，来源极为广泛，获取渠道多样而简便，品种、类型包罗万象，如废旧纸张、工业生产的边角料、陈旧报废仪器、废旧日常生活用品、山野自然之物等，原材料成本非常低，有时甚至近于零成本。

4. 类型与形态的多样性

从小学各学科来讲，语文、数学、科学、英语、音乐、美术等各门学科所涉及的内容，有很多都是需要教师以"生动有趣、直观形象"的方式来向学生呈示教育信息、解疑释疑，都可以是自制简易教具的范畴。多样的教学内容、不同的信息特征及表达需求，以及教师能力的个别差异，决定了简易教具的多样性。在具体形态类别上，实物标本、模型、挂图（表）、实验仪器等各种类型的教具都可以由教师自己动手来制作；在教具的结构样式上，更没有绝对的限制，完全由教师根据实际来自己设计、确定，具有无限的个性与创意发挥的空间[2]。

---

① 牟洁.自制教具设计与制作[M].成都：四川科学技术出版社，2012：34.

② 牟洁.自制教具设计与制作[M].成都：四川科学技术出版社，2012：31-32.

此外，有不少教师在深入挖掘本地文化与物质资源的基础上，参考本地民间工艺品的生产制作技术、利用本土特色性原材料来制作简易教具，如泥（面）捏塑、竹编竹雕、秸秆工艺、贝壳工艺、剪纸等，不仅深受广大学生的喜爱，而且易于指导学生参与制作，使简易教具拥有了风格独特、亲切自然的乡土特色。

3.2.4　简易教具的基本要求

与量产教具相比，简易教具通常在制作技术与工艺等方面都相对比较简单，没有严格意义上的商品化生产流程、技术规范等标准限制，但是从教学的角度来考虑，必须遵循五项基本要求。

1. 科学严谨，目标明确，富有创意

教具是用来传承人类文明、传播科学文化知识，而不是宣扬封建迷信，必须具有很强的科学性。因此，在设计、制作简易教具过程中，教师应当保持严谨而认真的科学态度，尽可能采用科学的方法与技术。同时，简易教具所表达出来的事物现象、特征以及所反映的概念、规律、原理等教育信息，都应当是科学、客观且正确无误的内容，不能出现任何科学性的错误。

简易教具是为教学服务的，是针对教学主题与教学重难点，具有明确的目标指向。因此，简易教具应当遵从教育科学规律，要注意从国家义务教育课程标准、教材和教学实际需要出发，紧扣教学目标、体现教学主题内容，符合学生的认知规律与身心发展规律，能有效帮助学生突破难点、掌握重点、获得认知并发展思维。

简易教具要能够将处于存储状态、抽象的教育信息转换、活化为便于学生接受、理解的传输状态，必须尽可能考虑从新的角度、以新的方式等来表达、呈现教育信息，应当有所突破、富有创意与个性化特色，并力求带来教学的改革与创新。

2. 结构简单，制作方便，安全可靠

简易教具是为了能在教学中活化知识、化繁为简，既不是复杂而精密的专业生产装备或科学研究设备，也不能完全等同于纯粹的科技制作与发明，更不是商业化的产品。因此，简易教具在结构上应当尽量简单，力求简而不陋、平而不凡、富有实效。

教师不是专门的工程技术人员，不可能有太专业而精深的加工制造技术与工艺水平，也不具备相应的专业化生产技术设备与条件。因此，简易教具在制作上不能太复杂、太过于耗费时间，只需要一般通用性的工具、技术就可以完成制作。

此外还应特别注意，简易教具必须能绝对保证师生的人身安全，性能可靠，制作、使用过程中不能有任何危险性。

3. 因地制宜，选材合理，加工方便

受经济水平、加工条件与能力等的制约，简易教具在原材料的选择上，应当从实际出发，以不花钱或少花钱为原则，尽可能因地制宜、就地取材，以唾手可得的、低廉的、便于加工处理的物品来制作简易教具。

简易教具所选用的原材料，还应当注意要环保、卫生，不能采用有毒性、腐蚀性的物品，也不能随意挖掘矿物与岩石，不得乱采滥摘、捕捉野生动植物，以免破坏生态环境。

4. 直观适用，操作便捷，演示性好

直观性是教具作为信息载体的基本功能属性。因此，简易教具应便于学生观察、识别、理解和记忆，应当能够给学生以感性的、形象而具体的信息刺激，帮助学生提高学习的兴趣，减轻学习抽象概念的困难，为学生尽快地掌握特征、概念和规律，并获得有效记忆而创造条件。

自制的简易教具应当便于教师在教学中操控、演示，操作方法、演示过程不能太复杂，并可根据需要尽量做到能任意变形、方便拆卸或拼装组合。

从演示的角度讲，简易教具还应当突出重点，主体或重要部分应当醒目、显著，应做得大一点、标注清晰而明确，尽可能地让所有的学生都能获得有效的信息感知。

5. 美观耐用，具有吸引力，便于推广

在符合科学性的前提下，简易教具要形象生动、色彩鲜明，具有一定的美感，能有效吸引学生并可激发学生对美的追求。但也要避免过度装饰、喧宾夺主，以免分散干扰学生的注意力。

同时，简易教具要求结实、耐用，不会在搬运、拿取、使用的过程中轻易受损，也不会有太高或特殊性的存放要求，一般还要考虑能够多次重复演示、使用[1]。

此外，自制的简易教具还应当尽量考虑其设计与制作的原理、技术与方法等可以有效推广，或者便于其他教师学习仿制与应用。

总之，只有按照上述基本要求与建议，教师自制的简易教具才有可能真正实现其应有的教育教学功效[2]。

3.3　简易教具设计

虽然自制简易教具是教师极富有个性化的工作，不用像商品化量产教具那样有严谨的市场需求调查分析、完善的产品设计与严格的生产规划，但是为了保证所制的简易教具能够符合教具的基本要求，教师在实际动手制作简易教具之前，也应当对将要开展的工作有整体而全面的思考与谋划，才有可能少走弯路，尽量减少简易教具制作工作中的盲目性和随意性。

3.3.1　简易教具的选题

简易教具应当有所选择，因为不是所有的教学内容都需要教师制作简易教具，也并

---

① 牟洁.自制教具设计与制作[M].成都：四川科学技术出版社，2012：35-36.

② 牟洁.自制教具设计与制作[M].成都：四川科学技术出版社，2012：79-80.

非所有的教具都能由教师自己制作。通常，要顺利达成教学目标，教师在设计教学时，就必须认真分析、思考是否需要使用教具，需要什么样的教具，是否需要以及是否有条件来自制简易教具。因此，判断需求与可能性并正确选题，确定简易教具名称与其主要用途、目的，是简易教具能否体现出教学针对性的重要保证。

1. 需求判断

（1）教学实际需求

从教学需求出发，教师应当按照国家义务教育课程标准的要求，根据所用教材及学生的实际情况，从以下三个方面来着手考虑是否需要自制简易教具。

其一，较为抽象的教学内容，小学生不容易理解，需要教师通过一定方式加以"翻译""转换"或者"简化"。

其二，重、难点内容，需要加强信息刺激，引起学生的注意，帮助学生强化。

其三，内容相对比较枯燥，不容易吸引学生，需要借助一定的方式将其"包装"成为富有趣味性与吸引力的内容。

简言之，就是围绕"直观形象、生动有趣"地表达教育信息之目的，来考虑是否需要自制简易教具。

（2）经济技术条件

是否需要自制简易教具，还必须要认真考虑现实的经济与技术条件，主要从以下三方面入手。

首先，受现实经济水平的限制，学校没有条件购买齐备适宜于教学的量产教具，也没有自制简易教具的传统与积累。

其次，学校虽然有现成的量产教具，但数量不够，无法同时满足多位教师教学的需要；或者现成的教具不符合教学改革与发展的要求，不能满足教师教学个性化的需要。

第三，没有电子视听设备、多媒体器材及相应的教学软件，或者不必要、不会用、因故障或停电等不能用。

简言之，就是当前没有适宜的教具，需要教师自制简易教具，才能满足教学的需要。

以上两方面应当综合起来考虑，才能保证需求判断的准确性，为正确选题做好铺垫。

2. 可行性判断

凡事都需要量力而行，自制简易教具工作同样如此，教师必须从多个方面来判断自己是否有能力、有条件来完成简易教具的设计与制作。

（1）知识储备

教师首先应当判断，自己是否具备简易教具选题所涉及的学科专业知识，是否真正掌握相应知识点的来龙去脉、横纵联系，这是能否做到通过简易教具来"深入浅出"地表达教育信息、实施直观化教学的基本前提。

其次，要判断是否拥有相关简易教具设计与制作方面的知识积累，这是能否完成简易教具制作的必要基础。

（2）技能水平

与纯粹的理论相对应，简易教具的制作毕竟是一项现实的技术活，是一项需要教师真正动手的操作技艺性工作，考虑得再周到、设计得再好、再完美，都不能只停留在思维层面，都必须动手实践才有可能转变为现实物化的简易教具。因此，教师应当判断自己是否掌握了制作简易教具所需要的相关技能，如各种常用工具的操作使用、常见材料的加工处理工艺等等。

（3）工具与材料

工欲善其事，必先利其器。实际动手制作简易教具必定离不开相应的工具，以及合适的原材料。因此，教师还应当考虑制作简易教具可能涉及的工具是否具备、是否合用，所需材料是否能够方便获取、自己能否顺利地加工处理。

将以上需求、可行性等两方面综合起来评判，才能保证选题合理、恰当，从而既能满足教学需求，也符合学校及教师自身的条件与能力。

很显然，在知识不断更新的信息时代，需要小学教师通过不断的努力学习，全面熟悉课标、深入研读教材、仔细分析学情、严谨审视自身，才有可能确定好适宜的简易教具选题。

3. 常见选题思路

一般来说，有四大思路可供教师作为简易教具的选题参考。

（1）教学内容筛选

此方法是指教师在仔细研读课程标准与教材、分析学情的基础上，对教学内容进行认真细致的分析，筛选出需要"直观形象、生动有趣"地表达的教育信息，从中选择、确定自制简易教具的选题。通常，教学内容中那些高度抽象概括的内容、需要演示验证的内容、需要实践示范的内容、需要引导学生思维发展的内容、需要强化记忆的内容、远离学生现实生活时空的内容等，都是值得认真考虑的选题方向。同时需注意，在小学教材某个具体内容中，上述六方面内容有可能出现交叉，在进行简易教具选题时应注意综合判断。

（2）教学设计延伸

教学设计延伸即指教师在针对某个教学课题进行系统化教学设计的工作中，在确定教学目标、筛选教学资源、组织教学结构、拟定教学模式、选择教学方法时，思考、产生并确定简易教具的选题。

需要注意的是，教学设计本身是一个完整而系统的工作，因此，在教学设计过程中，提炼、产生简易教具的选题，不能只单一考虑其中的某一方面，而应当全面统筹兼顾。

（3）改进选题

教师在应用某种量产教具或其他教师制作的简易教具时，发现其存在的不足或缺陷，或者是与自己的教学有不相适宜、不匹配的地方，可以以该教具的改进为目的，提出自制简易教具的选题。

（4）直接仿制选题

教师在听课观摩、查找资料过程中，发现了某种已有的教具符合自己教学的需要，可以直接按其原样进行仿制，这也是简易教具选题的常见来源之一。

4. 不适宜的自制教具选题

通常，以下内容不适合作为自制教具的选题。

（1）精密测量仪器类

诸如电流表、电压表等精密测量类仪器，由于学校和教师一般都没有合适的精密加工机器设备，无法保证此类电气化仪器的精密度，特别是表头表芯部分，故一般不宜自制，除非只是作为象征性的图示化或实物化的形态模型。

（2）标准计量用的度量衡仪器类

必须符合国家法定计量标准的度、量、衡器具，一般学校和教师个人是没有制作、校准的条件，不适宜自行制备。但是，如果只是为了便于学生观察细节而有意识放大制作的温度计、卡尺、千分尺、天平等的模拟演示类模型可以不受此限制；而普通玻璃瓶、玻璃杯等容器，用标准的容器进行较为精准地测量、标定之后，也可以作为量具，在学校范围内作为教学模拟演示使用。

（3）精密光学观察仪器类

如显微镜、天文望远镜等，一般的学校缺少专用工具，不容易自己磨制出合格的光学镜头，用其他材料来替代的效果也并不太令人满意，因此只适宜制作仿真类的形态模型类简易教具。

总之，自制简易教具是教师经常性的教学准备工作之一，但不能单纯"为教具而教具"，而应当从实际的教学需求与现实条件出发，充分考虑、综合判断，才能做出正确的简易教具选题，否则会适得其反、事倍功半[1]。

3.3.2　简易教具的设计原则

教师在有了适宜的选题之后，进一步实施简易教具的设计工作时，必须遵循一定的原则，才能保证设计出符合需要的简易教具。

1. 目的针对性原则

简易教具的设计必须有明确的目的指向，即是为了解决教学中的什么问题，必须针对教学需要，以科学而准确地表达教育信息、引导学生思维为基本目标来考虑设计。

2. 简易性原则

简易教具的设计不能过于复杂，必须尽可能地将教学内容化繁为简、变难为易，要做到能用最简单的方式让学生明白最复杂的原理，而且制作过程与工艺、材料选择与获取、操作使用方式等都应以简便为准。

3. 信息控制性原则

简易教具应考虑在应用时教师能够有效地控制教育信息的呈示，既要考虑动态性、过程性内容，又要注意静态呈示主要特征性内容或再现重点瞬间，同时还能够按教学进程

---

[1]　牟洁.自制教具设计与制作[M].成都：四川科学技术出版社，2012：37-44.

及学生的认知发展规律，分步骤、可控制地逐次呈示教育信息。

4. 趣味性原则

从小学生所处年龄阶段的学习心理特征来讲，简易教具的设计应当注重从功能、外观形态、材质选用等方面体现出富有趣味性，要与小学生当前的兴趣倾向相吻合，能够吸引小学生的注意力，能够制造悬念，从而充分激发起学生探索、学习的欲望。

5. 创新性原则

简易教具不能只是对教学内容单纯地物质化原样翻版，而应当融入教师的教育智慧，要能够从外观样式、结构、功能、操作、材质等各个方面体现出教师自己的创新，以奇妙的设计、独特的功效来吸引学生，科学准确且简洁明了地表达教育信息。

以上五条原则在实际应用中，不能只强调某一方面，要注意综合考虑 [1]。

3.3.3 简易教具的设计思路

筛选、确定了选题后，教师需要通过仔细分析、精心构思、认真设计，按照简易教具制作的基本要求，从功能、结构、外观等方面，形成"直观形象、生动有趣"地表达教育信息的制作思路与方案。

简易教具的设计是核心问题，是简易教具能否成功的关键，需要教师发挥出创造性的思维，如联想（相似类比、抽象类比、借用、组合、集优等）、推理（修改、增删、材料变换、功能变化、结构优化、系统综合等）。通常，有七种设计思路可供借鉴。

1. 形态仿制

形态仿制主要指仿照实际物品、现有的优秀量产教具，或其他教师设计制作的优秀简易教具成品，从形态与结构上来考虑原样仿制；也可以对量产教具、学具等按比例加以放大或缩小；还可以根据自己现有条件，换用自己身边唾手可得的简易材料来实施直接仿制。

对于教学内容中那些远离学生生活时空、过于宏观或微观的客观事物，通常就是按照缩小宏观、放大微观的方式，采用简易材料来模拟仿制，如长期使用的地球仪、细胞模型等即是较为典型的例子。

2. 改进仿制

改进仿制可以针对已有教具存在的不足或缺陷，考虑从功能与效应、形态与外观或者原材料等方面加以改进、完善，从而得到新的简易教具。如三角形内角和演示器，在实际应用中发现三个角折叠后不容易恢复平整的形态原貌，针对这一点，可以考虑改为将两个角以各自所在边线的中点为圆心，向另一个角旋转、拼合成 180 度的平角，即可产生一件新的教具。

3. 原理与功能模拟

原理与功能模拟指在缺乏量产的科学实验演示器材等教具的情况下，利用现有简陋

---

[1] 牟洁. 自制教具设计与制作 [M]. 成都：四川科学技术出版社，2012：44-45.

的材料，将某些抽象的科学原理、理论等用直观化方式表达、呈现出来，如勾股定理、静电验电器、蒸汽机、走马灯原理等。

4. 过程模拟再现

对于教学内容中用文字来描述的过程性内容，可以考虑用简易教具将其过程进行片段分解表达、模拟再现。如小学语文课文中乌鸦喝水的过程、小蝌蚪找妈妈的过程（实际上就是青蛙变态发育的过程）、四季景观的变化过程、月相周期等等。

5. 结构解析呈示

对于教学中所涉及的由多种要素或部分、部件等组合构成的主题事物，可以考虑将其制成便于分解、组合装配的简易教具。

6. 推理演绎呈示

在教学中，经常会需要引导学生由已知推导、求解未知，或将需要求解的内容转变为能用已知的方法来解决，如由矩形来推导平行四边形的面积计算，圆面积计算公式的推导等。

7. 多样组合呈示

有时，还可以根据需要，将已有的教具加以适当的选择、组合，成为新的教具，多样化地呈示教育信息，如将卡片、挂图或实物模型重新组合，用来呈示四季景观物候等。

简易教具构思设计的思路与方法还有很多，这是考验教师是否真正吃透教学内容，考验教师对教学策略与教学方法的理解与把握程度。有了优秀的构思设计，才有可能做出优秀而有效的简易教具[①]。

3.3.4　简易教具的功能设计

教师在实施简易教具的设计工作时，必须明确所需要的简易教具应当具备什么样的功能，以及怎么样去实现这些功能。从小学课程标准的培养目标角度来讲，一件有价值的教具在功能上不可能只是单一的知识信息传递，而应当是一个系统化的功能复合体，主要包括德育功能、认知功能、能力功能等。

1. 德育功能设计

表达教育信息并用于课堂教学的简易教具，根本的目的在于培养人、促进人的发展。因此，按照国家义务教育课程标准中"三维目标"的要求，简易教具应当具有促进学生情感、态度、价值观形成与发展的功能。具体讲，就是指在简易教具设计上，应考虑具有以下德育功能：

（1）能够充分激发学生的学习兴趣

兴趣是最好的老师，兴趣对一个人的个性形成和发展、对一个人的生活和活动有巨大的牵引作用。只有充分调动起学生的学习兴趣，才有可能引起学生对学习的关注与投入，进而引导学生实现从无意注意向有意注意的转化。因此，简易教具应考虑从外形、色

---

① 牟洁.自制教具设计与制作[M].成都：四川科学技术出版社，2012：45-47.

彩、结构、功能等方面能够与小学生共同的兴趣倾向相吻合，不仅要让学生觉得好玩、可爱、有趣，还要尽可能让学生产生"眼前一亮"的新奇感觉。

（2）能够调动起学生主动参与学习探索的积极性

俗话说："船上人不得力，岸上人空着急。"毕竟学生才是学习的主体，只有学生真正主动投入参与，才有可能实现真正的学习与发展。因此，简易教具应考虑能够有助于教师合理设疑、构建教学情景，能够恰如其分地制造悬念，让学生产生欲罢不能的心理体验，激发起学生深入探究、尝试的欲望，调动起学习的主动性与积极性。

（3）体现科学精神，帮助学生树立科学、客观的态度

用来传承人类文明、传播科学文化知识的简易教具，其所表达呈示的信息不仅仅只是已经获得证实的科学知识、科学原理，还包含人类先贤们理性客观、实事求是、敢于质疑、勇于探索、务实创新的科学精神与科学态度，以及相应的科学思维与科学方法。因此，简易教具不仅应当以科学的方式来呈示、表达科学而正确的教育信息、揭示科学的奥秘，还要能够有助于引导学生学会科学的观察方法、体会严谨的科学思维，帮助小学生逐步树立起实事求是、严谨客观、认真细致的科学态度。

（4）正确审美的引导功能

审美是人们对一切事物作出美丑评判，是以人类的智慧去发现世界上存在的美的事物。人类需要审美，是因为世界需要我们去取舍。找到适合我们需要的、美的事物，从而丰富我们的物质生活和精神家园，提高我们的精神境界，促进与实现人的发展。审美存在于我们生活的各个角落，当然也存在于教具中。因此，简易教具应当以其外在的形态、内在的结构以及功能等，为学生提供美的示范与参考，引导学生学会识别美丑，学会美丑判断。

需要强调的是，教具的德育功能往往是潜含的、隐蔽的，不思则无，思之则多，多思则深，深思则远。因此是需要教师注意思考、发掘，并在教学中加以灵活应用。

2.认知功能设计

认知功能主要是指简易教具能够有效地"翻译"、活化教育信息，变抽象为直观，从而准确、科学、直观而形象地表达教学主题内容，帮助学生获得对客观事物的感知、形成概念，这是简易教具功能设计的重点部分。

一般来说，简易教具主要的认知功能有以下八个方面。

（1）直观呈示，展现真实

对于真实的客观事物，简易教具可以真实地呈现其形态、尺寸、色彩、结构与特征，能够直观形象地再现客观的事物，为学生提供科学而准确的信息。当然，在不至于影响真实性的前提下，部分教具或教具中的组成部分、组件，可以根据需要，在尺寸大小、色彩等方面允许有适度的夸张表达。

（2）放大微观，展示细节

借助简易教具，可以将空间尺寸太小、学生无法直接观察到的微观事物，或者事物的细节，通过适度地按比例放大仿制呈示，如细胞、细菌等。

（3）缩小宏观，拉近距离

空间尺寸太大或者远离学生生活实际空间而无法直接带进课堂展示的事物，如地球、月球、大型机械、本地之外的景观等，可以通过适度按比例缩小仿制、模拟呈现。

（4）仿真模拟，替代客观

各学科教学内容中诸如地震、空气流动等不容易直接观察到的抽象客观事物、原理，以及那些不适宜用真实事物呈现演示的内容，如珍稀动植物等，则可以用适宜的替代方式，模拟再现。

（5）实验演示，揭示规律

通过简易教具的演示，引导学生探究并从现象中揭示出抽象的、内在的科学规律，如计算法则、发展趋势、运动变化等。

（6）过程分解，分步呈示

将长时间、连续的客观过程，如植物生长、青蛙变态发育过程、汉字的演化等，按其演变规律分解、分步呈现。

（7）复现瞬间，持续再现

将不容易观察、再现的瞬间事物状态或过程，重新再现并能持续地呈示，如鸟的飞翔、物态变化、转瞬即逝的流星等。

（8）开拓视野，扩展认知

有限的生活空间与人生经历，决定了小学生对客观世界及人类社会的了解是比较单一的，即使在当今信息时代，虽然有众多的书刊、电视、网络等，小学生的认知积累也是相当有限的。因此，简易教具应当注重在学生已有认知基础上，有效地扩展小学生的认知，为他们提供其生活空间与活动中不容易接触到的、意想不到的事与物，帮助他们开阔眼界、拓宽视野、丰富认知积累。

一件简易教具不一定需要具备上述八个方面全部的功能，在设计时根据实际应当有针对性、有所侧重。

3. 能力功能设计

在考虑简易教具的功能时，还应注意潜含于教具中的那些有利于培养学生能力的因素，通常主要包括三个方面。

（1）技能示范，引导实践

简易教具作为教育信息的直观表达，在教学应用中常与学生的观察、记录、操作等实践活动技能相关联。因此，教师在设计自制教具时，要有意识地在形态、结构特征、功能等方面融入有利于培养学生观察能力的因素，以便在教学应用中能够指导、训练学生掌握观察技能。

有不少简易教具是直接与学生所用的学具相对应，因此教师在设计简易教具时，就需要注意与学生学具的操作技能相联系，在教学应用时能够为学生提供正确、规范的操作示范，指导学生掌握操作技能。

还有不少简易教具通过精心设计，可以用较为简单的技术来实现，加之取材方便，如各种纸材教具等，教师完全可以指导学生尝试自己动手制作，不仅有助于培养学生的动手实践技能，还可以帮助学生加深对知识的理解。

（2）激活思考，启迪思维

在设计简易教具时，要注意避免单纯地"为了直观而直观"，应当考虑以直观为手段、以训练学生发展抽象思维、发散性思维等能力为目的，要能以玩魔术般的方式出其不意、出人意料地呈示、表达教育信息，要具有启发性，能够激发学生思考并启迪思维。

（3）发展潜能，引领创新

在设计简易教具时，不能只考虑将教育信息单纯地物质化原样翻版，也不能只考虑便于学生原样仿制，而应当融入教师的教育智慧，不仅要能够从外观样式、结构、功能、操作、材质等各个方面体现出教师自己的创新，还要能够激发出学生的奇思妙想，引导学生发挥自己的潜能、发展创新能力。

在上述三方面的功能中，认知功能是基础，能力功能是升华，德育功能则是根本追求，三者相辅相成，最终都是为了实现培养未来全面而和谐发展的人。因此，教师应当明确简易教具包含的各方面功能价值，才有可能设计出符合教育需求的简易教具①。

3.3.5 简易教具的结构设计

简易教具的结构设计，是指具体谋划教具呈示表达教育信息、实现主要功能的各个部件组织的方式与组合形态。通常是按照教育信息的分步呈示控制要求，来进行设计，有八种常见的结构方式可供参考。

1.挂取、粘贴、插拔、夹持结构

此种结构是指表达教育信息的各部件可以用挂钩、挂件相配合来实现便捷地挂取组合，或者用双面胶、尼龙搭扣来粘合，也可用插件来插接拼合，还可以用各种夹持紧固部件或用具来固定组合。

如在制作面板式教具时就常用此种结构方式，其基本方法是将预制的零部件，根据教学内容与教学进程，在裁制好的底板或面板上，采用挂取、粘贴、插拔、夹持等形式，逐次增添、删减所需要呈现的教育信息，达到分步呈示教学主题内容的目的。

采用这种结构时，应注意：一是最好不要用双面胶等在黑板上直接粘贴教具或零部件，以免在黑板上造成不容易处理的污损；二是制作挂钩、插接、夹持部件时，要注意使用的便捷性与安全性，既要便于灵活地挂取、插接、夹放操作，又要保证不会对操作者产生意外伤害。

2.折叠、翻折、旋转变动结构

此种结构是指将表达教育信息的各部件以一定方式组合以后，可以通过零部件的折叠与展开、翻转或翻折、旋转或扭转变化等方式，分步呈示教学主题内容。

仿照台历，用卡片翻折方式来实现拼音的组合变化。其制作方法将需要呈示的教育

① 牟洁.自制教具设计与制作[M].成都：四川科学技术出版社，2012：47-48.

信息，以分页卡片的形式分别制作，并用塑料螺旋线圈连接组合成完整教具，在教学中需要呈示信息的时候，可以采用翻转卡片，依次呈现给学生。

采用此种结构时应注意：如果是分页式的部件连接，可以采用直接对折方式，或是用放大版的书页翻转形式，或是用纸张粘接、线材连接、翻折，也可用旧挂历上的塑料卷线圈方式穿接、翻折，还可以用螺丝钉等紧固件钻孔连接、旋转。只要能够灵活地分步呈示信息，都属可用的技术。

3. 卷动联动控制结构

卷动联动控制结构比较接近于历史上从欧美传入我国的一种玩乐装置"西洋镜"（peep show，或称"拉洋片"，又称"西洋景"、小电影、土电视等），是使用在箱盒体或底板上固定的水平卷轴联动形式，将前后相关联的教学信息，以分幅画面的形式，逐次连续地分步控制呈示。

在实际制作时，建议一是要选用相对较软而便于卷动的纸张如宣纸等作为卷动基底，分幅图画绘制好以后，按呈示顺序依次粘贴于基底上；二是卷动轴分两根，用打孔穿接方法固定于箱体或底板上，应保持平行且转动灵活，并在每根卷动轴端头加上便于操作的旋钮（如用矿泉水瓶盖）。如有必要，还可在其后边加上电灯等光源，以增加亮度。

4. 拉动抽取控制结构

在预制好的底板上（或是用箱盒体），使用卡夹好的活动卡片、纸卷等材料，以拉动、抽取等方式，动态地分步控制教学信息的呈示、变换。

在具体制作中，可以采用前后夹层或加卡框的方式，将绘制书写好内容的卡片、纸卷等固定于夹层或卡框中，按序拉动抽取来呈示教育信息；也可以将卡片等置于箱盒体内，按需要来抽取呈示。

5. 穿套拨动控制结构

仿照我国传统的算盘结构样式，以细竹签、铁丝、粗棉线等为部件穿接的档杆，将KT板、泡沫塑料块或矿泉水瓶盖等制作的部件，穿套至档杆上，用来分步呈示相应的教育信息。

用这种方式来制作教具，要注意支撑档杆的外框架或底座应当结实、牢靠，档杆形状稳定且不会因操作串接零部件而扭曲变形；穿套在档杆上的部件既要拨动灵活，又能保证在档杆上可以按需要稳固地定位呈示。

6. 逐次拆解、分步组装结构

遵循"整体→部分"或"部分→整体"的认知规律，按实际情况，将教具制成多个可组合、拼合的组件形式，采用渐次拆解、展开，或者分步拼合、组装的方法，动态式地分步控制教学信息的呈示，如圆面积计算公式推导教具即可用此法设计。

这种方式要求各组件比例恰当、协调，拆解、展开或拼装、组合要很准确，操作较为简便。

7. 液压、气压传动控制结构

利用流体力学中的压力传动原理，借助密闭性较好的管状、箱盒状器具，依靠液体、空气等压力传动形式，分步控制呈示教学信息，如简易温度计教具即可用此法设计。

这种方式的关键在于流体压力传动控制装置的密封性要好，能承受一定程度的压力，特别是在使用液体作为传动介质时，不能出现泄漏现象。

8.机械联动控制结构

利用在箱盒体、支架或底板等支撑部件上，安装的齿轮传动、直杆连动、绳带传动等装置形式，将同步关联的教学信息动态式地分步控制呈示，如光的颜色合成教具就可用此方法。

这种技术要求支撑部件结实、稳固性好，传动装置稳定且耦合度高，同步联动灵敏，操作方便。

以上八种常用结构方法，在设计时要注意灵活选择，可以根据实际需要进行综合应用[①]。

3.3.6　简易教具的外形设计

简易教具应当在外观形态上让学生感觉好看、有趣，给予学生深刻的第一印象，能让学生眼前一亮，具有良好的视觉吸引力，因此，应当重视其外形设计。通常，主要是指要从整体的角度，综合考虑简易教具的外部结构、形态样式、色彩搭配等。

1.外部结构

（1）单体结构

是指简易教具外观上，只由一个整体的单体物件构形而成，如一个圆柱体模型，就属于单体结构。

（2）组合结构

有些简易教具是由多个各具形态的零部件，按照一定的方式组合、拼装，共同构成某种非单体形态。如一个带支架、底座的时钟模型，就属于组合结构。

2.形态样式

简易教具没有专门规定的外观形态样式，常见的有以下几种：

（1）原样仿真样式

直接按照真实事物的原样形态、大小，或者加以放大、缩小仿制而成。

（2）平面板式

以一个规则的几何平面作为呈示信息主体内容的面板或底板，有时可带有用于支撑稳固的底座、支架或悬挂件。

（3）立体箱盒式

以规则的立体箱、盒、柱等形态，作为简易教具的外观样式。

（4）框架式

以各种形态的线条来组装、构架的框架式结构，作为简易教具的主体外观。

---

① 牟洁.自制教具设计与制作[M].成都：四川科学技术出版社，2012：48-54.

当然，也有不少的简易教具，在外观样式上是上述多种形式的组合。

3. 色彩搭配

外在的色彩，关系到简易教具对学生的视觉刺激效果，因此，在设计时必须认真对待。

（1）原样再现

对于真实存在的可视化客观事物，仿制为简易教具时，应当按其本来的色彩，原样再现，以避免知识性错误。

（2）突出主题，分色呈示

简易教具中的重点或主题部分，在不影响客观真实性的前提下，应当与背景或陪衬事物在色彩上加以显著区分，以突出主题事物、重点信息。

（3）合理搭配，适度夸张

在按照视觉设计原理合理搭配色彩的基础上，应针对小学生的特点，尽可能选择鲜艳点的色彩，并允许有适度的夸张，以增强视觉吸引力 ①。

3.3.7　简易教具的设计成果表达

对将要自制的简易教具进行全面构思之后，还需要对前述各项设计工作进行综合，进一步理清思路，撰写出简易教具的设计文稿，可以用分项文字或列表形式来表达。具体可参考表 3-3-1 所示。

表3-3-1　简易教具设计表

教具名称	
选题来源	
教具功能	德育功能：
	认知功能：
	能力功能：
设计思路	
结构设计	
外观设计	
材料工具	
制作步骤	
注意事项	
	设计人：

---

① 牟洁.自制教具设计与制作 [M].成都：四川科学技术出版社，2012：54-56.

撰写简易教具的设计文稿，一方面是对整个设计工作的系统整理与综合表达，另一方面也可以在撰写过程中及时发现可能存在的不足或疏漏，以便进一步修正、改进与完善设计。

3.4 简易教具的材料选择

由教师自制的简易教具通常讲求简单、实用，但在不影响教学效果的前提下，应力求简而不陋、平而不凡、美观大方，既要满足教学的需要，又不能有太多的花费。因此，在材料选择上就应当仔细考虑。

3.4.1 简易教具的选材原则

可供教师自制简易教具时选用的原材料，可以说是丰富多彩、多种多样。为了保证教具的效果，在实际选用时要注意考虑四项基本的选材原则。

1. 安全性原则

制作简易教具所选用的材料应保证卫生、安全与环保，要确保不会危害教师与学生的身心健康，不会存在人身安全隐患，也不能造成环境的污染与破坏。

2. 有效性原则

简易教具所选用的材料应针对性强、注重实效且便于加工。限于工具与教师个人能力水平，应当从教学的实际需要出发，有目的地选择便于教师使用一般通用工具与通用技术就可以实施加工、处理的原材料，不能好高骛远或过分追求材料的"高大上"。

3. 灵活性原则

限于实际条件，教师很多时候不可能备齐全部所需的各种原材料，这就需要教师打破固有的常规思维，充分发挥想象力与创新精神，深入挖掘、扩展现有原材料的用途，力求做到一材多用、灵活运用。

4. 经济性原则

限于经济条件，教师在选材时不能盲目追求高档、时尚、漂亮，而应以少花钱甚至不花钱为准，尽量选用身边唾手可得的原材料，充分使用各种废旧物品、低值廉价物品，尽可能降低简易教具的材料成本。

总之，在选择简易教具制作所需的原材料时，教师应注意勤于思考、因陋就简、废物利用、环保安全、节约开支、有备无患、灵活选用。

3.4.2 简易教具的材料来源

简易教具的原材料，可以通过留、拣、拆、借、买等多种途径来获取，教师在平时就要有意识地注意收集、整理[1]。

---

[1] 牟洁.自制教具设计与制作[M].成都：四川科学技术出版社，2012：59.

留：在平时的日常生活中，各种报废不用或淘汰的物品，如旧的挂历、各种包装盒等，都有可能成为制作简易教具的绝好材料，可以有选择性地存留下来，分门别类地整理收藏以备用。

拣：住家或学校周边的商店，或身边同事、朋友们丢弃的各种旧包装箱盒、泡沫塑料块，工厂扔掉的无毒无害废料废品，建筑装修施工中剩下的边角余料，在旅游途中见到的特殊落叶等可用物品，可有意识地收集起来以备用。

拆：已经报废无用的儿童玩具、家用电器、实验仪器、一般生活用品等，可以拆解、取留其中的有用零部件，作为简易教具制作的原材料。

借：有时根据实际需要，在不会造成破损的前提下，可以暂时借用已有的实验器材或现成的各种物品，作为简易教具的组成部件，使用后即归还。

买：某些必要的原材料，实在找不到而又急需使用，或者为了把简易教具做得更精致更漂亮，就只能花钱购买，但不能花费太多，应根据实际，量力而行。

3.4.3　简易教具的常用材料

1. 常用型材

所谓型材，是指无须加工，本身就已经具备了一定几何形状和尺寸的物品。通常按照原材料的整体形态与尺寸体量，一般可分为线型材料、管型材料、页板材料、块体材料、异型材料等。

（1）线型材料

线型材料是指其基本形态为线条状的各类原材料，按其应用与功能指向，又可以分为捆扎紧固类、通连类、支撑造型类三种。

捆扎紧固类：如家用缝纫线、棉线、玻纤线、实心塑料线、尼龙线、细铁丝、橡皮筋等，主要用于绑定、捆扎、紧固或连接简易教具中的零部件。

通连类：用来作为连通介质的线型材料，如通电用的各种规格的电线、传导光线的废旧光纤线、传送机械动力的马达线等，有时橡皮筋也可以用来作为传送机械动力的介质。

结构造型类：具有一定硬度与结构强度、能够自主保持一定形状的线型材料，如高粱秆、竹枝竹签、卫生筷、粗铁丝、细塑料棒、细木条、圆木棍（棒）、金属棍（棒）等，可以用来制作简易教具的结构支撑支架或主体框架结构。

（2）管型材料

管型材料主要是指横截面稍大且内部呈线形中空贯通，外形为柱或筒形的各类原材料，按其应用与功能指向，又可以分为通连类、支撑构型类两种。

通连类：如空心秸秆、塑料饮料吸管、废旧输液管线、废旧签字笔芯、空心塑胶线、细塑料管及橡皮管等中空贯通的管型材料，可用来作为气体或液体连通的介质。

结构造型类：口径相对比较大、有一定硬度与结构强度的竹秆或竹筒、PVC 管、塑胶管、金属管等管型材料，主要用于结构造型，有些中空贯通的管型材料也可以作为气体或液体通连的介质。

（3）页板材料

页板材料主要是指具有较为宽展平面的纸页形、平板形的物品，按其应用与功能指向，又可以分为书写美饰材料、构型材料和专用材料。

书写美饰材料：这类材料相对比较软、薄，易于加工，如打印纸、绘图纸、皱纹纸、吹塑纸等各类纸页形的材料，主要用于书写、美饰；如果用多层材料加以卷折、叠合、粘接成为一定形状，也可用于构型。

构型材料：如 KT 板、硬纸板、瓦楞纸板、薄铝皮、塑料板（片）、废旧光盘、有机玻璃、木层板等，有一定的厚度与强度，主要用于简易教具的造型。

专用材料：有些页板材料具有专门的特殊用途，如平板玻璃镜片一般专用于光线的反射，薄铜片用于焊接电线成为电极等。

（4）块体材料

块体材料主要是指具有较为规则的几何形状、有一定体量尺寸的物品，按其形态可分为单体材料、箱盒材料。

单体材料：如纸杯、泡沫塑料块、塑料瓶（罐）、玻璃瓶（罐）、木块等，可用于构形、制作简易教具基座，纸杯、塑料瓶（罐）、玻璃瓶（罐）还可以作为容器来使用，有的塑料瓶（罐）还可以破拆剪制为页板材料来使用。此外，用于光学实验的各种凸透镜、凹透镜，以及玻璃球面镜等也属此类。

箱盒材料：如各种商品的外包装箱盒，既可拆解作为页板材料来使用，也可整体用于构形、制作简易教具的基座，或作为容器来使用。

（5）异型材料

有些原材料，其形态较为特殊，如不少从报废实验仪器、儿童玩具、家用电器等上边拆解下来的成型零部件，如带轴齿轮、飞轮、曲轴、弹簧、发条、螺旋桨等，多是复合体形态，无需再进一步破拆即可用于简易教具的制作。

2. 特殊材料

简易教具制作工作中，还有可能用到不少特殊性的材料，是需要通过一定方式加以制备或处理后，才能作为原材料使用。

（1）纸浆

用废旧纸张加水浸泡、处理后，成为泥糊状纸浆，可用来作为制作各种模型类简易教具的原材料，其制备方法与步骤如下：

①清洁、浸泡

把废旧纸张或旧包装箱纸清洁干净，然后浸泡在装有热水的容器里静置。

②搅碎、水煮

静置一两天后，用木棍将其搓揉、搅碎，再放到较大的干净铁锅内（可视情况向锅内稍加点水），放置炉灶上用火加热，并边煮边用木棍搅拌。

③挤压、滤水

待纸浆完全变成浆糊状后，关火、静置冷却，再从铁锅内取出，放置于粗布中包好并用力挤压、滤出水份。

④加料、搅匀

将挤压、滤水后的纸浆从粗布中取出，放入适宜的容器内，再向其中添加入少量明矾、石膏粉、适量的胶水或白乳胶（胶不宜太多），用木棍搅拌均匀混合，至用手指摸、捏纸浆时感觉略有粘性即可。

需要注意，纸浆制好后不能长时间放置，应及时使用[①]。

（2）粘质泥土

在我国有着分布广泛、类型多样的粘质泥土，也可以用来作为简易教具造型等所用的原材料。从泥塑专业角度来讲，未经处理的原生态泥土称为生泥，是不能直接用来做泥塑的，需要经过处理成为熟泥后才能用，其制备方法与步骤如下：

①选泥、采挖

可供选用的泥土有很多种，一般选用带有适度粘性而又比较细腻、不含砂或含砂量少的泥土，常见的如红泥、黄泥、青台泥、白泥、胶泥等，教师可按本地实际情况来选择。

采挖泥土时，要注意选择地点。首先应选择与道路、建筑、农田等有一定距离的地点，一方面是不会因采挖泥土带来环境破坏，另一方面是采到的泥土相对受污染较少；其次应尽可能选择相对比较开阔的地点，特别注意不能在陡峭的山崖绝壁、人工开挖的边坡或者垒建的堡坎等的底部采挖，以防落石、崩塌等意外造成的危害发生。

在确定采挖点后，应首先去除表层的植被、泥土，待稍挖掘一定深度后，再取相对比较干净、细腻的深层泥土。取土后，应及时用周边的土石等回填、压实，不能置之不管、一走了之。

如有条件，可以找到本地正在开挖地基的建筑工地，收集别人弃置的深层泥土，或者请施工的工人帮助挖采。

②除杂、日晒

取回泥土后，将其放置于厚纸板或木板上，用木棒等适合的工具捣碎，将其中的碎石等杂物清理出来剔除掉，如有条件还以可用筛子、丝网等做进一步的处理，然后把泥土置于露天太阳下摊开、晾晒，一是将多余水份蒸发掉，二是对泥土进行消毒、除菌。

③加料、和泥

将除杂、日晒后的泥土放置于合适的容器内，逐步加水并用木棒搅拌均匀，其间可适度添加少许适量的胶水或白乳胶，有时还可加入少许碎棉花或纸浆，然后对泥土进行锤打、摔砸、揉捏，直到成为软硬程度适中、有较好粘性与可塑性但又不粘手的泥团。

需要注意，具有良好粘性和可塑性的泥土一般都是碱性泥，如天然的白色胶泥、田泥、塘泥，基本不用添加胶水或白乳胶。但红泥、黄泥则多是酸性的，本身可塑性不强，因此，还需要添加少许食用碱才能变成橡皮泥一样具有良好可塑性。

④闷泥、备用

将上一步制得的泥团放置于合适的容器内，密封、静置一段时间，才能成为熟泥，方可用于教具制作。

加工好的熟泥应放在适宜的容器内，用湿布或塑料布盖好以保持一定的湿度。如果发现有失水、发干的现象，应及时补水并重新闷泥[①]。

（3）岩石与矿物

各类岩石与矿物也可以成为制作简易教具的原材料，一方面在小学语文、科学等课程里本来就有涉及岩石、矿物的教学内容，另一方面岩石、矿物还可以用于美术、音乐等学科，作为相关简易教具制作中的辅助性原材料。

从自然界中取得的岩石与矿物，也是需要进行加工处理后，才能作为简易教具制作的原材料。

①工具器材准备

岩石与矿物的采掘是在野外进行，需要准备地质锤（或普通铁锤）、罗盘、放大镜、地图、量具、记录文具以及必要的盛具容器，另外还可以带上必要的野外防护急救医药用品。

②计划、选点

首先，可通过查阅本地地方志等相关资料或请教专家，了解本地的区域地质资料，确定需要采取的岩石与矿物的种类及可能的地点，做好工作计划。

其次，要注意选择安全的采掘地点，应选择与道路、建筑、农田等有一定距离的地点，避免因采掘作业带来不必要的环境破坏。特别要注意的是，在陡峭的山崖绝壁、人工开挖的边坡、天然山洞等的底部实施采掘作业时，应预防可能出现的落石、崩塌等危害。此外，在江河边滩采拾卵砾石、沙积石时，要注意防止发生意外的溺水事故，在山溪则要注意防范激流与突然发生的山洪或泥石流灾害。

③采掘

在找到适宜的采掘点、确定需要的岩石与矿物后，实施具体的采掘时，要注意：其一是采掘出的主体尽量保持原生状态，其二是要能够鲜明地体现出该种岩石所含矿物的特征，主要矿物突出，晶型奇特；其三是主要矿物和伴生、共生矿物组合在一起的应注意造型外观要规则、色彩对比应鲜明醒目、整体观赏性强；其四是外形尺寸要控制在 $3cm \times 6cm \times 9cm$ 左右，一般不宜太大或太小。

在江河边滩、山溪采拾卵砾石、沙积石，可参照上述要求，同时还可考虑尽量选取形态奇特美观、色彩鲜丽、花纹图案清晰醒目、尺寸大小适度的卵砾石。

还需要注意，不能在国家划定的自然保护区、旅游景点等地随意采掘。

---

① 国家教育委员会师范教育司.教具制作与使用 [M].长春：东北师范大学出版社，1996：45.

④修整、清洁、晾晒

采掘、收集的岩石与矿物，应先用工具进行修整，去除掉不需要的部分以及可能给人体带来伤害的尖锐边角，再用毛刷、抹布清洁表面风化层与灰尘，并用清水冲洗，然后擦净、晾晒。

⑤分类存放

清洁、晾晒干燥后，应将岩石与矿物分类存放于适宜的盛具容器内，以备使用[①]。

（4）植物

大自然中的不少植物也可以成为制作简易教具的原材料，如小学语文、科学等课程中需要的植物标本，美术课中可以用植物来制作粘贴画、工艺品，树枝树秆还可以用来制作简易教具的框架结构或支架等。当然，植物也是需要经过处理，才能成为简易教具制作的原材料。

①准备工作

首先是收集资料，了解本地可供获取的植物资源，并做好工作计划。同时，需要准备相应的工具如小刀、剪刀、小手锯等，还有采集袋（塑料袋）、标签等用品，以及必要的野外防护急救医药用品。

②选点、采摘

应选择安全、适宜的地点，进行植物采摘。切记不能在国家划定的自然保护区、旅游景点等地未经许可去随意采摘植物，更不能乱采滥摘受保护的珍稀植物。

在具体采摘时，要选择生长正常、无病虫害的植物。如果是用于制作标本，则一般植株较小的可以选全株，最好是根茎叶花果实种子俱全，植株较大的可以选取有代表性的部分，比如高大的木本植物可以选取茎和叶。此外，还需做好采摘记录。

如果是用于制作简易教具的支架、框架等，则选择直径适宜、生长较为顺直的枝杆。

③整理、清洁

采摘的植物，应先去除腐烂、多余的部分，然后用毛刷、清水对植物进行细致的清洗，如有条件还可以进行适当的消毒处理。

④收纳备用

用采集袋（塑料袋）将清理好的植物收纳、备用。

（5）动物

本地一些代表性、非保护范围内的小型野生动物，如鼠类、鸟类、鱼类等，也可以成为制作简易教具的原材料。除了从市场购买外，没有危险性的小型野生动物也可以尝试自己捕捉，一般应注意以下几点：

①准备工作

首先是收集资料，了解本地可供获取的动物资源，如有条件还可以向相关专家、富有经验的狩猎者等请教，并做好工作计划。同时，需要准备相应的捕猎器材，如活扣套

① 国家教育委员会师范教育司.教具制作与使用[M].长春：东北师范大学出版社，1996：105.

索、捕鸟笼、捕鼠夹、捕鱼网具或钓鱼用具等，以及箱笼、水桶等用具，有条件的话还可以带上必要的野外防护急救医药用品。

②选点

首先，应根据捕捉对象的生活习性来考虑地点；其次，由于野生动物胆小、怕人，通常应选择相对比较安静的地点，但必须是没有危险的地方，如不能有猛兽、毒蛇等出没；其三，不能进入国家划定的自然保护区，不得捕捉受保护的珍稀动物。

③捕捉

在选定的地点，安放捕猎器具或使用捕鱼器具，实施捕捉。

④存放

对于捕获的猎物，如果当时就已经死亡，则应尽快进行消毒、加工处理，或消毒后放入冰箱、冰柜冷藏，以防腐烂。如果是活物，又不急于马上处理的，则应考虑妥善喂养以备用。

（6）昆虫

蝴蝶、蜻蜓等昆虫也常是制作教具的原材料，主要靠教师自己或发动学生一起捕捉，在制备时应注意以下几点：

①准备工作

首先是收集资料，了解本地可供获取的昆虫资源，如有条件还可以向相关专家请教，并做好工作计划。同时，需要准备相应的捕捉器材，如简易网纱式捕捉网、收纳网箱或收纳袋（塑料袋）等，以及必要的野外防护急救医药用品。

②实地捕捉

根据捕捉对象的生活习性，选择合适的时间与地点，使用自制的简易式捕捉网，捕捉需要的昆虫，装入收纳网箱或收纳袋，并做好相应的记录。

③失活、收纳

对于捕捉到的昆虫，应及时将其杀死、失活，并做消毒与防腐处理，然后妥善收纳、备用。

3. 通用耗材

在简易教具制作工作中，有不少原材料是通用的耗材，也是必须准备的，一般在市面上的文具店、五金店等都能买到。

粘合剂：粘合剂是能够把各种材料紧密粘合在一起成为整体的物质，多为水剂形式，常用的有普通胶水、白乳胶、502 胶、AB 胶等，此外还可选用固体胶。

粘胶带：粘胶带是在条带状基础材料上，使用一定的工艺附着上一层粘着剂之后，制成的粘接、粘贴、遮盖用材料，通常主要使用透明胶带、不干胶带、绝缘胶带。有时，普通的不干胶标签纸（贴）、医用胶布（带）或创可贴也能用于简易教具的制作。

紧固材料：在简易教具制作时，还会用到铁钉、螺丝钉、螺栓与螺帽、铆钉、大头针、图钉、订书钉、回形针等多种紧固材料。

颜色涂料：为呈现教学主题事物的真实面貌或突出重点、美化装饰，常需要将简易教具整体外表或部件等涂刷上相应的颜色，常用到彩色水笔墨水、水彩颜料、水粉颜料、丙烯颜料、油漆等各种颜色涂料。

需要注意的是，简易教具在原材料上并没有统一的、固定的规定，只要是符合教学需要、符合制作要求的一切物品，都有可能用于简易教具的制作。因此，小学教师应当从实际出发，善于思考、勤于收集，并注意发现、挖掘、应用本地独具特色的乡土类特色性材料，灵活应用各种原材料，创制出优秀的简易教具。

3.5　简易教具制作的工具与技术

常言道：工欲善其事必先利其器。教师通过多种方式获取原材料之后，实际动手制作简易教具时，常需借助各种工具，用来对原材料进行加工处理及组装，主要有设计文具、裁切工具、钻凿工具、锉磨工具、通用工具等。

3.5.1　设计文具

简易教具通常有尺寸大小与具体的形状要求。因此，在具体制作之前，先要借助设计文具对原材料进行准确的测量、打底、标定后，再实施加工处理。常用的设计文具类型有很多，主要需要标注文具、量具、划线工具等。

标注文具：在不同的原材料表面进行字符标注、画线打底的文具，常用普通铅笔、木工铅笔、彩色铅笔、玻璃铅笔、投影笔等。

量具：实物测量用具的简称，主要用于测定物体的几何尺寸，常用的主要有直尺、三角尺、量角器、钢卷尺、游标卡尺、卡钳等。

划线工具：主要用于在稍长的原材料上绘出设计轮廓、线条的工具，主要有墨斗、普通圆规、角尺等。

由于自制教具时要考虑视觉效果，因此很多时候都会涉及较大、较长的尺寸测量与绘制，学生用的文具相对就显得小了一点，所以如有条件的话，可以选用规格大一点的、工程设计用的量具与划线工具。

3.5.2　裁切工具

自制简易教具时，为了达到所需要的尺寸大小要求，常会对各类原材料进行切割、分解加工，主要是用美工刀、家用剪刀、木工锯、小钢锯、玻璃刀等裁切工具来实现。

1. 美工刀

又称为刻刀、壁纸刀，由刀柄和刀片两部分组成，抽拉式结构，刀片多为斜口，用钝后可顺刀片身上的预划线折断，现出新的刀锋，使用很方便。美工刀有大小多种型号，主要用于裁切质地较软单薄的纸张、塑料，也可用于切割、分解较薄较软的木层板等木质材料。

使用美工刀时，首先要注意正确的持刀方式。在裁切动作范围较小、裁切细小物体的时候，一般是像握钢笔那样用大拇指、食指、中指轻松握住刀刃附近的握柄即可；如果是较长直线方向的切割或者裁切较硬的物体时，则食指要按压住握柄背脊，大拇指与中指从左右两侧捏住握柄，同时手掌应抵住握柄。

其次，在具体裁切时，要控制好刀片与被切物体平面的位置关系，通常刀片所在的平面相对于纸张等被切材料是相垂直的，而刀片身与切割方向则是呈大约 30° 的夹角。

其三，要注意正确的运刀方向，一般是从自己的对面由外向内运刀，也可以从左向右运刀。

其四，沿直线裁切时，多用稍厚的木尺或塑料尺子配合进行，在被切材料上对齐预先画好的切割线，一手紧压尺子，另一只手握刀，刀锋紧贴尺子，沿直线方向从远至近向自己的方向或从左向右，均匀用力运刀裁切，运刀时应当一刀从头拉切到底，中途不可往复回刀。特别要注意，手指千万不能放在刀锋前进的方向线上。

其五，如果需要在稍厚实的材料如 KT 板等上裁切出弧线、圆形等，则要注意不能轻易移动刀锋，而是应当将刀锋沿着预先设计、画好的切割线连续均匀地小幅度向上提刀、向后并向下压切，同时让被切物体慢慢迎着刀锋呈逆时针方向旋转、运动。如有条件，可以使用稍厚且硬的相应尺寸的模具压在被切物体上，让刀片贴着模具的边沿运刀，这样可以保证切出的曲线边缘更柔和、自然。

由于美工刀非常锋利，因此，在裁切较薄材料时，下边最好垫一块废旧木板，同时要特别注意安全。使用时刀片不能伸出太长，在不用的时候应将刀片及时收回到握柄里；在使用过程中，不要将刀尖对着人。

2. 家用剪刀

家用剪刀是由两支带有手柄环的单刃刀头交叉铰接、组合而成，即大拇指控制的活动刀头，以及无名指控制的静止刀头，两部分由一根较短的轴杆穿接固定，多呈等臂杠杆结构。使用时随着握持剪刀手环柄的手张展、握收，两刀头的刀刃平齐交错、开合，是用来分切布料、纸张、线绳等片状或线状物体的裁剪工具。

使用家用剪刀时，首先要注意正确的手持操作方式，通常是一手握持原材料上与剪切位置、方向有一定距离的地方，另一只手用大拇指控制的活动刀锋、无名指控制静止刀锋，握持好剪刀并将剪刀的两只刀头张开。

其次是注意正确的剪切位置。通常是将被剪切材料平送入两只剪刀头之间，并与平刃面垂直，用两只刀头之间的根部（即靠近旋转固定轴的刀刃处），紧贴需要裁剪的原材料，均匀开握用力进行剪裁。

其三是如果需要移动、改变裁剪位置与方向，应保持剪刀位置、方向不变，通过移动、转动被剪切材料来完成裁剪位置变化与变向。

使用家用剪刀过程中，应注意安全，特别是手指不能放在剪刀刃的前边，更不能放在刀刃之间；在不用的时候，应将剪刀的刀头合拢，并放置在取用方便但又不致于不小心碰掉、不会滑落的地方。

3. 小钢锯

小钢锯基本形态与木工锯相仿，是钳工的常用工具，由锯架（俗称锯弓子）和带有密集排列尖齿的锯条两部分组成，可切断较小尺寸的圆钢、角钢、扁钢和工件等，也可用来裁切木条、木片等小型木质材料。制作教具时，多选用迷你版的小钢锯。

使用小钢锯时，首先，要注意正确的操作姿势。如果是在专门的工作台上，有专用的夹具牢固地夹持固定被锯切的物品，则握锯一般以右手为主，握住锯柄，加压力并向前推锯，以左手为辅，扶正锯弓。如果没有专门固定原材料的夹具，则可利用台阶或凳子，将被锯切的物品放置于其上的右侧边，预计的锯切处应伸出台阶或凳子的范围，然后用左脚屈膝踩紧台阶或凳子上要切割的物品，左手可放在左脚的左侧边按住物品，右手握住锯柄来上、下运锯切割。

其二，要注意锯片与物品的位置关系。通常锯片所在的平面相对于被锯切物品是相垂直的，锯片与运锯切割方向的夹角则可根据实际情况灵活变化。

其三，要控制好运锯方式方法。根据加工材料的状态（如板料、线管材等），沿事先画好的切割线，让锯子做直线式或上下摆动式的往复运动；运锯时向前推锯应均匀用力，向后拉锯时手应自然放松，在快要锯断时，应注意轻轻用力，以防止材料意外折断。

原材料锯切后，应用砂布等将边缘打磨光洁、圆润，去掉毛刺等，防止对人体造成划伤。

小钢锯使用后，应及时清理、擦拭干净；如果长时间不用，则应将锯片调松，并涂上机油以预防锯片生锈。

3.5.3 钻凿工具

自制简易教具工作中，有时会需要在木材上钻孔、挖槽，或在铁皮、铝皮等金属材料上开孔。限于条件，不少教师可能没有专用的凿刀、钻具，则可以用其他方式来替代。如用老虎钳夹住较大号的铁钉放到火上，将铁钉尖头端烧红，可用来在木材上钻出孔洞；也可用铁锤、大号铁钉直接在铁皮、铝皮上打出孔洞；将平头（刀口呈一字形）螺丝刀的刀口磨成锋利的平齐刀刃形状，可以替代凿刀用来开挖线形凹槽或开凿矩形孔洞。

实际工作中，为防止对地面或桌面造成破损，应在被钻孔材料下，垫上一块有一定厚度的废旧木块，再进行钻孔操作。

3.5.4 锉磨工具

通过刀、锯等工具切割、分解的木材、金属、PVC 管、塑料等材料，往往其边缘或表面不够规整，还带有细小的毛刺，既不美观又有可能划伤人体，因此常需要用锉磨工具来进行修边打磨。但不少教师没有锉刀等专业工具，因此常用砂纸来进行打磨加工处理。

砂纸又称砂皮，通常是在较为厚实的纸、布等基底上面胶着各种细密、坚硬的研磨砂粒而制成，用于各种材料的表面打磨处理。一般可分为纸干砂纸、水砂纸和砂布等。纸干砂纸用于磨光木件，水砂纸用于沾水打磨玻璃、石材等物件，砂布则多用于打磨金属、

PVC 管、塑料等材料。

为了保证打磨出光洁平整的加工面，通常用砂纸包住短木方块来实施打磨。具体操作时，用力平压住短方木块，沿加工面平行推移、磨平需要加工的材料。应尽可能顺着纹路进行砂磨，用力要均匀、先重后轻。

此外，应注意选择适合的砂纸进行打磨。通常是先用粗砂纸，后用细砂纸。如果砂纸受潮变软，可先放在火上稍烘烤一下再使用。

3.5.5 通用工具

简易教具制作工作中，所用的不少工具有很多是通用类的，也是最常用的常备工具。

敲击工具：常见如小铁锤、铁榔头等，是通过重力敲打物体使其移动或变形的工具，主要用于敲钉子，或是矫正物件形状，也可用于将物件敲出分解开。其基本结构形态是由手柄及垂直安装固定于手柄端头的金属制锤头组成。锤头的形状有多种，通常一端平整，用于敲击，另一端则有羊角形、鸭嘴形、圆头形、楔形等。羊角形用于拔起铁钉，鸭嘴形、圆头形、楔形等则可用于材料整形。如果没有小铁锤、铁榔头等敲击工具，也可用砖块、坚硬的石块、鹅卵石等来替代。

钳子：是一种用于夹持、固定加工部件或者扭转、弯曲、剪断金属丝线的手工工具，外形多呈与剪刀类似的 V 形，通常包括手柄（带有塑料绝缘防滑胶套）、钳腮和钳嘴（带齿纹）三个部分。钳子种类很多，可分为老虎钳、扁嘴钳、尖嘴钳、弯嘴钳、偏口钳、剥线钳等多种。如果没有适用的钳子，也可以将铁丝等需要加工弯曲的材料，压在桌椅等的脚下压紧，配合木块木板等，将铁丝弯曲成需要的形状。

扳手：是利用杠杆原理拧紧或旋松螺栓、螺钉、螺母的手工安装与拆卸类工具，可分为死扳手、活扳手两种，平常多用活扳手。活扳手由手柄、钳口构成，钳口的开口宽度可在一定尺寸范围内进行调节，能拧转不同规格的螺栓或螺母。死扳手则是一端或两端制有固定尺寸的开口，用以拧转固定尺寸的螺母或螺栓。如果没有扳手，有时也可以用钳子来替代。

螺丝钉旋具：也称螺丝刀、启子或改锥，基本形态为柱状防滑绝缘手柄加装带各种形状端头的金属杆。按端头形状来看，常用的主要是一字形（平头）和十字形（梅花头）两种，用于拧紧或旋松螺钉。

电烙铁：是电子制作和电器维修必备的工具，主要用途是焊接金属、电器元件、电线等，按结构可分为内热式电烙铁和外热式电烙铁，电烙铁一般需要配合焊锡丝、松香等使用。

验电笔：通常使用的验电笔属于低压验电笔，主要用于检测电路是否通电、判断照明电路中的火线和零线、检验 500V 以下低压电气设备是否漏电。

万用表：又叫多用表、三用表、复用表，常见的有指针式万用表和数字万用表引，是一种多功能、多量程的测量仪表。一般万用表可测量直流电流、直流电压、交流电流、交流电压、电阻和音频电平等，有的还可以测电容量、电感量及半导体的一些参数（如 β）。

目前，市面上有成套的工具出售，一般是在一个工具箱匣里，配置好了常用的各种工具，也可以根据自己需要，灵活选配。

此外，教师在购置、选用工具时，一是要注意量力而行，根据实际需求来选择、配置，不可贪多求全，更不可盲目追求专业、高档、精密；二是要注意充分发挥个人智慧与经验，灵活运用每件工具的功能、挖掘其潜在的用途，尽可能做到一物多用、综合应用；三是在缺乏必要工具的情况下，要注意因陋就简、就地取材，合理地选用替代物，甚至自己动手制作简易的工具。

3.6　常见的简易教具实例

参考 2012 年颁布的义务教育课程标准以及部编本小学教材，以下列举部分小学各学科中常见简易教具的制作方法。需要注意的是，本部分所列举的各种简易教具范例，具体的制作尺寸大小，可由制作者按照实际条件与教学需求来自行确定，所选材料、所涉及的工具也可以选用其他适宜的材料、工具来替代。

3.6.1　纸质剪裁折叠类教具

纸质材料不仅价格低廉、获取方便、易于裁剪、折叠加工，而且在教学中还可以通过裁剪、折叠等方式来分步骤逐次呈示教育信息。从总体上看，纸质剪裁折叠类教具主要是利用纸质材料的各种方式变形、构形，由教师手持演示操作，来直观呈示事物的外部形态、结构特征以及内在抽象的规律性知识。

1. 教学卡片

利用随手可得、价格便宜的各类纸质材料，制作简易的教学卡片，在小学多个学科教学中都有着极为广泛的应用。教学卡片主要是以加强信息刺激为目的，将某一知识点所涉及的教育信息逐个单独地提取出来，以放大的静态形式分页突出呈示，往往是多张卡片组成一套，可重复使用。

按照表达呈示信息内容的不同，教学卡片可分为单一字符类（只呈现作为教学主题信息的字符）、字符图示复合类（既有字符又有对应字符内容的直观图像）两种类型；按照结构与使用方式的不同，教学卡片又可以分为单页单面式、单页双面式、单页折叠式三种类型。虽然有不同的分类，但各类型教学卡片的制作方式大同小异。

教学卡片的制作方法与步骤如下：

（1）内容设计

在教学设计的基础上，立足教学需要，选择、确定准备在教学卡片上表达呈示的具体内容，确定样式类型。

（2）材料与工具准备

一般选择稍厚而有一定硬度的绘图纸作为原材料，A4 打印纸也可以使用。工具则主要有设计文具、裁剪工具等。

（3）具体制作

首先，裁剪绘图纸为 A4 纸大小，具体数量按实际需要确定。

然后，在裁剪好的绘图纸上，按照预先的设计，使用设计文具以放大的形式书写、添加上相应的字符内容。如有必要，可以分出不同的颜色，以突出表达重点部分。也可以在电脑上用相应软件如 Word、Wps 等制作、打印后剪裁出来，再分别粘贴到绘图纸上。由于涉及涂色的问题，因此在电脑上制作时，需要突出呈示的部分字符应当使用空心的字体效果。

每一张卡片可以做单面形式，为节约材料也可以做成正反面内容不同的形式。

（4）成套收纳

制作好某一教学内容的全套教学卡片后，可用大小适宜的废旧纸质手提购物袋、纸盒、文件夹等来收纳存储，也可以用绘图纸自己设计、制作一个简易手提袋来收纳。

应注意在收纳袋、纸盒上加贴标签，注明教具名称、用途等相关信息。

2. 长方形面积计算公式推演教具

小学数学中平面几何的教学，如长方形面积计算公式的推演，可采用稍硬的绘图纸，在其上按教学内容绘涂相应线条、图案或色彩等，再剪裁出相应的形状。在教学过程中，可根据实际需求，进一步通过剪裁、折叠来演示教学主题信息内容。

制作方法与步骤如下：

（1）裁切与绘制

取稍大的绘图纸（或多张 A4 纸粘接拼合），参照图 3-6-1 所示，裁切为矩形，绘制出相应的小正方形（数量多少以纸材的大小来确定），然后将图中的灰色部分裁剪掉。

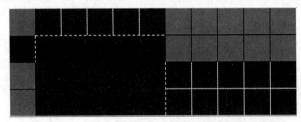

图 3-6-1　长方形面积计算公式推演教具

（2）绘涂色彩

将左侧边、正上方及右侧边的小正方形，绘涂上适宜的颜色，以能明确区分出多个小正方形为宜。

（3）折叠

将左侧边上的小正方形及正上方、右侧边的两连排小正方形，沿虚线向后折叠，藏到大长方形的后边，至此即完成教具的制作。

在教学中使用时，可先只呈现长方形，然后将左侧小正方形翻折出来到正面，再将上方的连排小正方形翻折、叠压到长方形内，然后再将右侧的连排小正方形也翻折出来到正面，这样就能表达长方形的面积与多个小正方形的面积相等，由此可引导小学生来推算长方形面积的计算公式[①]。

　　参考本例，还可以设计、制作出平行四边形面积公式推算、三角形面积公式推算、梯形面积公式推算、分数的基本性质等多种简易纸教具。

　　3. 立体几何模型

　　立体几何模型是小学数学、科学、美术等学科教学中常用的直观教具，特别是在数学教学中，使用纸质的简易立体几何模型，可以方便地拆解、组合呈示，能有效地帮助小学生认识各种立体几何物体的形状特征、掌握表面积与体积计算方法等，还可以指导学生进行仿制以加深理解、训练动手能力等。

　　制作立体几何模型的一般方法如下：

　　（1）基本设计

　　确定需要制作的立体几何模型样式、尺寸大小、拼接方式等。

　　（2）材料与工具准备

　　一般选择稍厚而有一定硬度的绘图纸或打印纸作为原材料，工具则主要有设计文具、裁剪工具、双面胶带等。

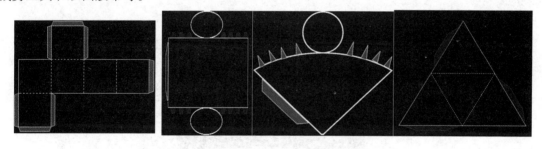

图 3-6-2

　　（3）打底画样

　　在绘图纸上，按预先的设计绘制底图，确定裁剪线。常见立体几何模型的设计底图可参考图 3-6-2。该图中，从左到右依次为立方体、圆柱体、圆锥体、三棱锥，图形边缘的阴影部分为上胶粘合的位置。

　　（4）裁剪

　　按照所绘图样，用剪刀裁剪出基本形状，注意边缘上胶的阴影部分在裁剪时要小心。如果是采用从外部以透明胶带来固形，可以不用底图中的阴影部分。

　　（5）折叠、粘接成型

　　按照设计，沿底图中的虚线折叠，上胶粘接、固形，形成需要的立体几何模型。

　　为便于拆解演示、重新成型，可以用双面胶或尼龙粘扣来粘接、固型。

---

① 四川省教育委员会，四川省小学教师培训中心 . 教具使用与制作 [M]. 成都：四川大学出版社，1996：79-81.

（6）上色装饰

可根据实际情况，对立体几何模型上不同的面涂刷不同颜色加以区分、装饰，使其更美观而富有吸引力。

最后，填写好标签并粘贴于立体几何模型上不影响整体视觉效果的部位。

参照上述范例，还可以设计、制作出其他形式的立体几何模型[①]。

纸质剪裁折叠类简易教具的材料来源最丰富，设计制作最简单，教学应用也十分灵活、方便，还可以在教学中带着学生一起动手制作，是极有价值的一类简易教具。

3.6.2 挂取粘贴夹持类教具

挂取粘贴夹持类教具是较为常见的一类简易教具，在小学各个学科中均可应用。其基本方法是在裁制好的底板上，将预制的各个零部件，采用挂取、粘贴、夹持等方式，根据教学内容与进程，逐次增添、删减所需呈现的教育信息，达到分步呈示教学主题内容的目的。

以部编本小学《语文》二年级上册"曹冲称象"的演示教具为例，制作方法与步骤参考如下：

1. 基本设计

确定需要制作的样式、尺寸大小，零部件连接方式等，具体可参考图 3-6-3 所示。

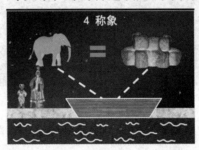

图 3-6-3　曹冲称象教具参考图

2. 材料与工具准备

以 KT 板或厚纸板作为底板的原材料，零部件则用 A4 纸，工具主要有设计文具、裁剪工具、胶水、双面胶等。

3. 制作底板

首先，裁切 KT 板或厚纸板呈大小适宜的矩形作为底板，其作用一是用于安装零部件，二是用于限定视觉范围。

其次，参考图 3-6-3 所示，在底板下部，平行于底边，画一细长矩形并涂上较深色的陆地或泥土颜色，代表河岸；在河岸左边，以简笔画绘出代表曹操与曹冲的两个古装人

---

① 四川省教育委员会，四川省小学教师培训中心.教具使用与制作 [M].成都：四川大学出版社，1996：89-92.

物（可从网上下载、打印后剪下，再粘贴上去）。

其三，在画好的河岸中点处，向左上、右上方，约斜 45°，画出两条线，再用美工刀，切穿底板，作为插接控制手柄的线缝。

其四，用打印纸裁切为适宜的长条矩形，在其左、下、右边涂上胶水，粘贴于河岸下边，并绘制出水波线图案，代表水面。需要注意，这个长条矩形靠河岸的边，不能与底板粘住，必须空出来缝隙，以便于后边插放木船。

其五，在底板顶部中央，写下教具名称"4 称象"，字体应稍大一点。

4. 制作零部件

参考底板的大小，在 A4 纸上绘制出大象、石块堆、等号图案并涂上相应的颜色，然后用家用剪刀没轮廓线剪下来。

用细条状 A4 纸做成操作手柄，并分别垂直粘贴在大象与石块堆纸片的背面。

用手工折纸方法，折出一条纸船，代表称象用的木船，可涂上木纹颜色。

5. 组装

将大象与石块堆纸片的背面的纸条手柄，插入底板上相应的线缝，应确保手柄在线缝里能够灵活地上下斜向移动。

将折纸制作的木船，插入底板与水面纸条之间的缝隙，以纸船不会往下掉为宜。

至此，"曹冲称象"简易教具制作完成。

参考本例，灵活运用零部件挂取、粘贴、夹持等方式，还可以设计制作出小学各学科的多种简易教具。

3.6.3　旋转扭转变形类教具

旋转扭转变形类教具是小学自制教具中比较常见的一种形式，在各个学科中有较多的应用。其基本方法是在裁制好的底板或面板上，将预制好的零部件，采用旋转、扭转、变形等方式，呈示教学主题，引导学生从已知推导未知，帮助学生突破学习中的难点。

以部编本小学《数学》四年级下册第五单元"三角形"之"三角形的内角和"为例，运用零部件旋转方式，可以制作三角形内角和为 180° 的简易演示教具，该教具的制作方法如下：

1. 制作演示面板

参考图 3-6-4，裁切 KT 板为适宜大小的矩形，作为教具的底板。

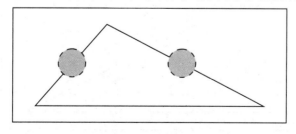

图 3-6-4

在底板上，绘制出一个大的三角形，以其两侧边的中点为圆心，用圆规画出两个小的圆形，然后用美工刀将两个小圆形完整地裁切出来，取下小圆形修边后，重新嵌入。

在底板的背面，参照小圆尺寸，裁切 KT 板制作十字架两个；将十字架中部上胶，从背面用胶粘贴于小圆上，作为控制小圆转动的手柄，通过转动手柄可以让两个小圆形在底板上灵活地转动。如图 3-6-5 所示。

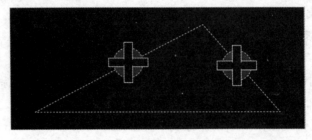

图 3-6-5

2. 裁制三角形

按照底板上所绘三角形的大小，在另一块 KT 板上绘制出同样大小形状的三角形，并沿其轮廓线裁切下来。

从裁切下来的三角形两侧边中点向底边做垂线，并用美工刀将三角形分切为三个部分，即一个五边形、两个三角形。如图 3-6-6 所示。

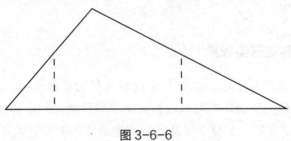

图 3-6-6

3. 拼合组装零部件

将裁切三角形所得的五边形对应底板上相应的位置，上胶粘贴于底板上，注意胶水不能将两个小圆形粘住；再将另两个小三角形与五边形拼合复原，并上胶与底板上的小圆形粘牢。如图 3-6-7 所示。

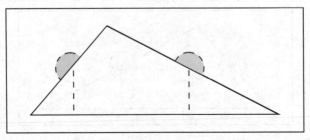

图 3-6-7

按整体三角形大小，用绘图纸裁切另一个三角形，在五边形范围内上胶后粘贴，应刚好能把五边形、两个可转动的小三角形盖住。

这样，镶嵌在底板上能够转动的两个小圆形，可通过底板背面的转动手柄控制，将两个小三角形分别顺时针、逆时针转动，并与三角形的顶角相接合，从而构成一个 180° 的平角。

适度加以美化，如将三角形左右两个可旋转的角涂上适宜的颜色，即可完成教具制作。

参考本例，还可以用来制作梯形面积计算公式的推导演示教具。

此外，应用旋转扭转变形方法，还可以制作如汉字偏旁部首组合、汉语拼音声韵母组合、角的大小演示、时钟、分数与通分、数字计算、光的合成、对比色等多种教具。

3.6.4　穿套拨拉抽取类教具

在小学各学科教学内容中，有不少是可以通过教具零部件以穿杆或线绳穿套串接、边槽或线槽卡夹等方式相对固定，在教学中通过左右或上下拨动、抽拉移动等方式来分步骤呈示教育信息。

以部编本小学《数学》二年级下册第七单元"万以内数的认识"为例，运用零部件穿套拨拉抽取方式，可以制作认识数位的简易演示教具，该教具的制作方法如下：

1. 制作框架

取一个废旧纸鞋盒的盖子，参考图 3-6-8 所示，用美工刀在其底面中上部，挖切出一个稍大的矩形空框。如没有纸鞋盒，也可用稍厚的纸板来折制成相应的形状。

在废旧纸鞋盒盖子的上、下侧边条上，各钻出五个小圆孔。

图 3-6-8

2. 制作计数算珠

参考挖切出的矩形空框大小，用 KT 板或厚纸板等稍厚的材料，剪制成同样大小的小圆形，共需 50 个，并以 10 个为一组，分组涂上不同的颜色。

3. 串接计数算珠

用大号的缝衣针，将长度适宜的稍粗的线绳，从纸计数算珠的侧边对穿，将计数算珠以 10 个一组，串接成五串。

4. 组装

将串接好计算数珠的线绳两端，从内侧穿接在废旧纸鞋盒的盖子上、下边条上对应小圆孔内，注意要将线绳绷紧，且线绳两端应用胶粘牢固定。

5. 书写数位标注

在废旧纸鞋盒盖子的正面，对应串接好的计数算珠位置，分别书写上个、十、百、千、万五个数位标记，字体可稍大一点、醒目一点。

至此，本例教具制作完成。

参考本例，灵活动用穿套拨拉抽取方法，还可以制作出有关小数点、行程问题等多种简易教具。

3.6.5 标本模型演示类教具

小学各个学科的教学内容中，有不少内容涉及的是远离小学生实际生活时空的事物，可以借助各种真实的标本样品或者是仿真类的模型教具，来实现直观教学，帮助小学生获得认知发展。

1. 简易标本制作

标本是小学语文、科学等多个学科教学中常用的教具，有不少标本是可以由教师自己制作。

以人教版小学四年级《科学》上册第二单元之"制作植物标本"课题为例，介绍常见植物标本的原色覆膜制作方法。

所用的原材料主要是天然植物、旧报纸、KT 板、食品保鲜膜等。

（1）标本采集

通常需要采集比较典型、完整的单株植物，去除掉腐烂的、多余的部分，并做好记录。

（2）清洗与消毒

用清水对所采集的植物，进行清洗，去掉泥土。然后，用酒精进行喷洒消毒处理。

（3）保色处理

如果所采的标本有花、叶，应先将绿色的枝叶和花朵分离，对绿叶和不同颜色的花朵采用不同的化学方法加以处理，以保证其成为标本后颜色依旧如故。

绿色枝叶的处理方法：向浓度为 50% 的醋酸溶液中加入醋酸铜，制成醋酸铜的饱和溶液，取一份饱和溶液加 4 份水稀释，然后将植物标本材料放到稀释液中加热，温度应保持在 75℃ ~ 85℃ 之间。随着加热的进行，绿色枝叶逐渐变黄，继续加热使其恢复成原来的绿色后，立即停止加热，然后将标本从溶液中取出，用清水洗净，以备下一步的脱水处理。

各种花色的处理：红色花可在 2% 的酒石酸溶液中浸泡 10 ~ 20 min，紫色花可在 2% 的硫酸铝溶液中浸泡 10 ~ 20 min。浸过的花朵从溶液中取出后，要及时清洗干净，以备下一步的脱水处理。

（4）脱水干燥处理

摊开旧报纸，把擦拭干净的植物平铺上去，再盖压上数层干净的旧报纸，用来吸水干燥，可在其上加压上稍重一点的书或砖块；此后应当及时更换报纸，最初每天换 1 ~ 2 次，而后可隔 2 ~ 3 天换一次，直到植物脱水干透为止。

（5）封装美饰

将脱水干燥后的植物，平整地放置于颜色适宜的 KT 板或白色硬纸板上，用胶水或针线将其压展、固定好，并把填写好的标签贴到右下角位置。

用透明的食品保鲜膜从正面封盖已经固定好植物标本的 KT 板或白色硬纸板，并将保鲜膜卷折于背面，用透明胶等粘贴、封闭。具体可参考图 3-6-9 所示 [①]。

图 3-6-9

此外，参考本例，还可以制作出昆虫、岩石与矿物等简易标本类教具。

2. 仿真模型教具制作

有部分小学教学内容所涉及的事物，在制作简易教具时，需要在外形上能再现实际的客观事物，或者能够直观地再现相应的原理、功能、过程等，此即仿真模型类简易教具。

下面以人教版小学六年级《科学》上册第三单元之"热空气的特点"课题为例，介绍走马灯仿真模型简易教具的制作方法。

走马灯是中国传统节日灯笼的一种，常见于元夕、元宵、中秋等节日。在其灯罩内点上蜡烛，产生热力造成气流，驱动叶轮旋转，叶轮上挂贴有武将骑马等剪纸，烛光将剪纸的影投射在外灯罩上，剪影图像不断走动，像几个人你追我赶一样，故名走马灯，这也

是现代燃气涡轮机工作原理的原始应用。

（1）基座制作

参考图 3-6-10 制作走马灯的基座。

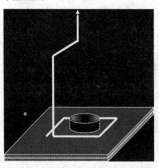

图 3-6-10

裁切两块同样大小的正方形 KT 板，其中一块中间用美工刀挖切出一个圆洞，然后将两块 KT 板叠合粘牢，作为底板（可用厚约 1cm 的正方形木板替代）。

将小圆盒底部上胶，并置入底板上的圆洞内，上胶粘牢，用于放置蜡烛。

将一根稍粗的铁丝抻拉平直，一端弯曲为矩形（或三角形状、环形），然后呈直角弯曲与铁丝主干相垂直；铁丝矩形部分用透明胶粘牢固定于底板上，另一端用锉刀修整出锐利的尖头（或用 AB 粘固定上一支尖头向上的竹牙签），作为走马灯叶轮的顶撑支柱。

（2）制作叶轮与转筒

参考图 3-6-11 制作转动的转筒及其上的叶轮。

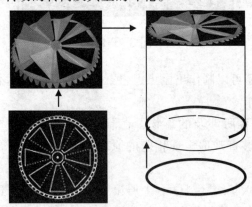

图 3-6-11

参照底板尺寸，用稍硬的纸材裁切出一个标准的圆形，圆周边剪为齿轮状，中间留一小圆，粘上一颗暗扣的子扣；再将圆沿着其半径，平分出八个或十六个相等的梯形（或矩形），每个梯形的三条边用美工刀切开，剪切、翻折为带外环的叶轮片状，叶轮片向上翻折角度约为 30°～45°。

参照叶轮周长尺寸，裁切宣纸为与周长相等的矩形，在其上绘制图画；然后卷合、粘接为圆筒状，用胶与叶轮粘合；再裁切 KT 板为圆环状，在转筒的下端内侧用胶粘牢。

（3）制作灯罩

参考图 3-6-12 所示，制作走马灯的灯罩。

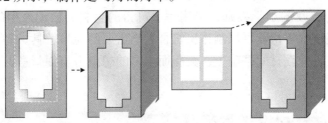

图 3-6-12

裁切 KT 板为矩形共四块作为侧面板，中部挖切出自定形状的窗口，底部切出小矩形状的通风口；裁切保鲜薄膜为矩形，上胶粘贴于侧面板窗口；将四块侧面板用胶拼合、粘牢，呈立柱筒状。

裁切 KT 板为矩形一块作为顶盖板，中部挖切出"田"字形状的通气窗口；将顶盖板与侧面板构成的立柱筒用胶拼合、粘牢。

灯罩的拼接可以用榫卯结构的方式实现。

（4）组装

先将带有叶轮的转筒从上往下与基座对接，注意基座上铁丝支柱的尖端应正好插入叶轮中心的暗扣中央；然后将灯罩小心地罩上。

适度加以美化、装饰，即可完成制作。

使用时，先将稍短的蜡烛点燃，固定在基座上的小铁盒内，然后装好转筒、灯罩，稍等片刻，即可看到转筒开始自动转动。

除了本例的支柱顶撑式以外，走马灯还可以做成转筒磁连接的悬挂式、转动轴与叶轮粘合固定并可共同转动的转轴式，如图 3-6-13 所示。外观样式上，还可以制作圆形、六角形等多种形状。

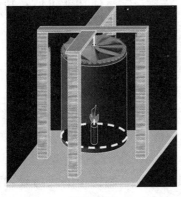

悬挂式　　　　　　　　转轴式

图 3-6-13

参考本例，还可以设计制作出蒸汽机、反冲小车（船）、飞机、乐器、三球仪等简易仿真模型类教具。

所谓简易者，泛指不需要专用的特种材料、不需要专业化的工具、不需要专门的生产加工技术，作为普及的小学教师，使用唾手可得的材料、借助通用的工具甚至不用工具、生活中的通用技术等，就可以制作出符合教学需要的简易教具。简易教具设计与制作成功的关键，是在吃透教材的基础上，大胆而丰富的想象力与创新意识。

3.7　简易教具的评价与使用

承载并表达、传递教育信息的简易教具制作好以后，能否适用于实际的课堂教学、能否实现"生动有趣、直观形象、启迪思维"的目标，则需要进行相应的评价，以做出正确的教学适宜性判断，并遵循相应的原则要求、按正确的方法使用，才能达成预设的教学目标。

3.7.1　简易教具的评价[①]

对教师自制的简易教具而言，制作完成后进行评价，不仅仅是对设计、制作者的工作成效与水平进行判断，更重要的也是从实质上讲，是对简易教具中所蕴含的教育信息及其教育价值进行估测、评判，同时还是对教学中使用效果的预判断，具有十分重要的价值。

1. 评价的功能价值

简易教具的评价，是针对教育信息的选择、组织与表达技术，以提升小学教师专业能力水平、提高教学质量作为根本目的，对教师、对教学都有重要的功能价值。

（1）鉴定功能

通过评价，可以从理论与实践层面找出简易教具与教师的教学实际需求相对应的地方，明确其能够解决教学中的什么问题、对教与学有何功能价值，判定其对教学的适宜性，为简易教具可否用于教学提供基本依据。

（2）诊断功能

评价作为一种"反馈—矫正"系统，可以帮助教师找出简易教具在设计与制作中存在的不足之处，关键是可以找出问题，便于总结经验教训，以备修改、完善和提高。特别是在教师的实际工作中，实施自我评价时诊断作用有较好的体现，通常可以直接为教师改进教具、提高教学成效而服务。

（3）激励功能

通过评价，可以发现或确定简易教具在设计、制作中的成功或创新之处，激励教师

① 牟洁.自制教具设计与制作[M].成都：四川科学技术出版社，2012：174-180.

有更多更深入的后续投入。特别是带有选优比赛性质的评价，对设计、制作者具有较强的激励效应。因此，在现实的评价工作中，为激励教师围绕实际的教学需要，更多地投身于自主研制开发新的简易教具、维护其创新积极性，应当多提倡正面评价。

（4）导向功能

评价特别是比赛、考核性质的评价，不仅能为广大教师提供具体的示范与参考，还能有效地引导教师明确简易教具的研制、选题方向，掌握相关的设计与制作技术发展现状及演进趋势，对教师今后的工作以及教师专业能力的自主发展等具有显著的引导作用。

总之，简易教具的设计制作，创意无限、方法多样、永无止境。因此，通过有效的评价，可以不断发现问题、催生新的创意，不断促进简易教具设计制作水平提高，促进简易教具不断更新、完善，并有利于带动小学教师专业能力水平与教学质量的提升。

2. 评价的基本原则

对简易教具进行评价，意义重要，不能盲目、随意地实施，应遵循目的性、客观性、系统性、激励性四项基本原则。

（1）目的性原则

评价必须有明确的目的指向，如是达标性评价还是评优性评价，是针对个别教师某项教学实际需要的评价，还是比赛选优性质的评价等，一定要分清楚，不能做无目的或目的不明确的评价。因为目的不同，评价的方法、标准乃至评价结果也会有差异。

（2）客观性原则

在评价工作中，不能先入为主，不能带有主观色彩，必须从实际出发，实事求是，以客观的评价指标为评价的参照，针对教学的实际要求，客观、公平而有针对性地对简易教具作出评估、判断，既不能夸大不足，也不能掩饰缺陷。

（3）系统性原则

评价工作不能只针对某一方面或某一要点，也不能只用一种评价方法，而应当从实际的教学需要出发，运用系统的方法与严谨的工作流程，多角度全面而仔细地考察简易教具的各个方面、各个环节，既注重整体又考察细节，既要有视觉上的观察，也要有实践的测试检验，同时评价指标体系也应当全面、系统。

（4）激励性原则

评价的最终目的是为了教学服务，是为了更好地提高教学水平与效率。因此，应着眼于促进简易教具制作质量的提高，多从正面鼓励的角度来实施，鼓励原创性、个性化的设计与制作，应有激励效应，而不能打击制作者的积极性。

简而言之，简易教具的评价是一项严肃的工作，与教学质量紧密相关，容不得半点弄虚作假，应当慎重为之。

3. 评价的基本要素

一般而言，构成并影响简易教具评价的基本要素主要有评价主体、评价对象、评价目的、评价工具、评价方法等。

（1）评价主体

评价主体即指由谁来实施评价，是具体实施操控评价的人。评价主体不同，直接影响评价原则的掌握以及评价方法、评价工具、评价标准的选择，并带来不同的评价结果。

作为简易教具的评价主体，实施评价者首先需要坚持严肃认真、客观公平的态度；二是应具有教育科学、学科教育教学、教育技术等相关的理论与方法；其三是应掌握实施评价所需要的理论、技术与方法。

通常，评价主体可以是制作简易教具的教师本人，即实施自我评价；可以是同行教师，即实施同行评价；还可以是大学或研究机构的教育专家、上级教育行政管理者、教具生产企业的工程技术人员等，即实施专家评价。不同层次的评价主体，水平不同，评价的切入点与侧重点也有差异，会对评价带来不同的结果。因此，为保证评价的客观性、有效性，建议在实施评价时，安排多个层次的评价主体共同参与评价，从而获得较为全面的评价结果。

（2）评价对象

评价对象是指对什么事物进行评价，即具体评价的是什么样的简易教具。这里是指已经制作完成的成品，未完成的半成品或者是还停留在设计思路等层面的内容，不属于这里所讨论的范围。

（3）评价目的

评价目的是指为了什么而评价，即指评价是为了解决什么问题。评价目的不同，评价的重心则不一样，评价方法、评价工具也不同。通常，作为简易教具制作者的教师本人实施的自我评价，属于教师日常性的常规工作，主要是从自身教学的实际需要出发，重心多在应用性方面，评价的目的在于发现问题，以便及时改进，相对来说评价有较大的自主性与随意性；平常在同行之间非正式的相互评价，除了帮助发现问题与改进之外，还有取长补短、互促共进的作用，以及是否可以移植借用的目的，因此，在实施评价上也有较强的主观性；上级教育行政管理者的检查评价，则是为了督查相关工作是否完成以及完成的质量水准如何，重心在于是否落实了有关的工作布置等方面，评价的督促意味较浓；而评优比赛等由教育专家组成评委来实施的评价，则属于是花中选花，是为了择优、选拔，有统一而明确的指标体系，相比较而言此类评价要系统、严谨得多。

虽然各类不同的评价主体有不同的评价目的，实施评价也各有其侧重，结果也不一样，但最终指向都是为教学服务的。

（4）评价工具

评价工具是指用于实施评价的基本依据，即指以什么事物或某种标准来作为评估判断的参照。常用的评价工具有调查表、问卷、测评表、量规等。

调查表是指根据一定的评价目的，将需要的评测项目内容编制为表格的形式，以被调查人员填表的内容作为评价的基本依据。在简易教具的评价工作中，调查表多以学生或同行作为调查对象，通过他们对教师的简易教具实际应用情况的信息反馈，来作为实施评价的依据。当然，如有需要，也可以由评价主体通过访谈等方式实施调查、填写调查表。

问卷是指根据一定的评价目的，将需要的评测项目内容编制为系列问题，以相关人员回答问题的情况作为评价的基本依据。在简易教具的评价工作中，问卷多以学生或同行作为调查对象，通过他们对教师的简易教具实际应用情况的信息反馈，来作为实施评价的依据。

测评表与调查表相似，是指根据一定的评价目的，将需要的评测项目内容编制为表格的形式，以评价人员直接在表内分项给予的评分、评语或等级，作为评价的依据，在评优比赛中使用较为广泛，有时也可用于教师的自我评价。

量规是指根据一定的评价目的，以一定的方式与权重，将需要的评测项目内容赋予不同的分值，形成量化的标准体系，作为评价的基本参照，在评优评先、检查评估中使用较为广泛，有时也可用于教师的自我评价。

为保证评价的客观性与准确性，建议在实际的评价工作中，不要只依赖于一种工具，而是尽可能将多种评价工具综合应用。

（5）评价方法

评价方法是指实施评价的基本思路、方式，也即实现评价的基本途径与操作方式。不同的评价方法，会带来不同的评价精度。通常，基于不同的分类标准，可分为绝对评价与相对评价、定性评价与定量评价两大系列。

绝对评价又称目标参照评价，是指以预先设定的目标作为评价的基本标准，来衡量简易教具距离圆满、达标程度差距的一种评价，往往又把此种评价称为达标评价，此种评价在自我评价中应用较多。

相对评价又称常模参照标准评价，是指在评价对象的集合之内，以平均水平状况作为评价的基本标准，来评价每个对象在对象集合范围内所处的相对位置的一种评价。这种评价客观性较强，适用于具有选拔性质的评优评先等比赛中。

定性评价是指根据评价目标，将评价内容分成若干个项目，分别进行描述性的概略评判，最后综合得出最终评价结论。这种评价多用于教师自我评价或同行互评，主要是针对教学需要，进行教学适宜性判断时选用，方法简便，操作可行性强，其评价的关键是要事先设定评价的项目内容。

定量评价是指根据评价目标，制定评价项目、指标体系与量化标准、权重，分项目进行数量化的评判，最后统计形成最终评价结果（评分或评等）。这种评价主要用于各种层次的简易教具比赛、教师职业技能考核等，多采用专家评价方式，评价的量化指标体系是关键。

在实际评价工作中，以上两种分类是有交叉的，经常会把不同类型的方法结合起来使用，如在实施相对评价时，就可以把定性与定量两种方式有机地结合起来使用。

简易教具并不一定完全符合教师教学的实际需要，因此在使用之前，应当针对教学实际，按照一定方法与标准，对其进行评价，明确其可能的功效，找出可能存在的问题，并及时加以改进或调整教学设计，这样才能保证简易教具实现其应有的价值。

4. 评价标准

要对简易教具实施评价，必须要有明确的评价标准。

（1）基本标准

通常主要是从科学性、教育性、技术性、艺术性四个方面标准来评价简易教具。

科学性：简易教具所表达的教育信息完整、准确，无科学性错误，符合学科知识内在的逻辑。

教育性：简易教具应当符合教育方针、政策，紧扣国家课程标准，能体现教师的教学策略，符合直观教学的基本要求，内容针对性强，形式上富有趣味性，能有效激发学生学习兴趣，并能充分启发、引导学生的思维。

技术性：简易教具的设计、制作技术选择运用得当，制作方法简便，操作应用简单易学，实用性强，便于收藏、维护、修改与扩展，并能针对教学内容、教学目标及重难点直观表达有创新的设计。

艺术性：简易教具在教育信息的表达上，富有艺术感染力与吸引力，有助于体现教师的教学艺术，能给学生以美的享受。

（2）定量化指标体系

表 3-7-1 是我国各级简易教具制作评选比赛中常用的量化评价标准，有详尽的评价项目分类与定量化的指标。

表 3-7-1 简易教具比赛评价标准

一级指标	二级指标	权重	项目评分				
			优	良	一般	较差	差
一、科学性（15%）	1. 教具本身科学合理 2. 揭示科学知识正确 3. 可复制性强	5分 5分 5分					
二、教育性（15%）	4. 满足教学内容的要求 5. 有助于解决重点、难点 6. 有助于开展教学研究和改革	5分 5分 5分					
三、简易性（15%）	7. 结构、自制方法简单 8. 取材广泛、价格低廉 9. 操作、保管简单	5分 5分 5分					
四、直观性（15%）	10. 形体大小、结构合理 11. 重点部位清楚 12. 实验现象明显	5分 5分 5分					
五、创造性（20%）	13. 是自己制的 14. 是创制的 15. 设计有新意	5分 10分 5分					

续　表

一级指标	二级指标	权重	项目评分				
			优	良	一般	较差	差
六、工艺性 （20%）	16.结构美观、外观大方 17.坚固耐用 18.采用新工艺、新技术、新材料	5 分 5 分 10 分					

来源：http://eblog.cersp.com/userlog8/96541/archives/2007/369029.shtml

这个评价标准以 100 分为满分，如果是用于选优评等，则总分在 90 分以上为一等奖，80 ～ 89 分为二等奖，70 ～ 79 分为三等奖，60 ～ 69 分为优秀奖。

其实，不论以何种标准体系来进行评价，简易教具的评价中，都必须紧扣科学性、教育性、技术性、艺术性这四个方面，并以科学性为基础，以教育性作为评价的重点。

5. 具体评价方式

在实际的工作中，简易教具的具体评价主要有两种情况。

（1）自我评价

在应用于教学之前，教师本人对自己设计制作的简易教具进行评价，是经常要做的常规性工作，一般的评价操作方式主要有形成性评价与总结性评价两种。

形成性评价：形成性评价也称过程性评价，主要是指在简易教具的设计、制作过程中，针对最终的需求目的，对计划、选题、设计、选材与加工处理、组装或集成等各个工作环节，及时进行诊断，找出存在的问题、分析原因，及时加以修正、改进、调整，以保证整个工作不至于偏离服务于教学的目标。

为便于评价工作的实施，一般采用填写工作进程控制表的方式，即将整个简易教具的工作分出详细的步骤并列表，在工作过程中，对应表格及时逐项检查、评估，以便于发现问题、及时调整。对于刚参加工作的青年教师或者对简易教具制作不太熟练的教师，这种评价方式有较好的促进作用。

总结性评价：总结性评价也称终结性评价，是指对简易教具的成品作出评价，着重于判断成品是否实现了预期的设计目标，以及对教学应用的成效进行预计估测。

这种评价主要采用定性的目标参照评价法，即以预先选定的评价目标体系，分项目逐项对简易教具进行评测，再得出最终的结果。由于在自我评价中不存在分等优先的问题，因此，不用具体地评分评等，操作较为方便。

需要注意的是，几乎每一位简易教具的制作者，都会非常重视自己花费了大量心血所制作出的作品，在自我评价时，难免会带有浓郁的感情色彩，都能说出许许多多的优点与特色，而往往会不自觉地回避或掩盖不足与缺点。因此，教师在实施自我评价时，要注意尽可能地保持头脑冷静与清醒。因为，最终的评价应该是以教学实践结果的优劣成败为依据，学生的反馈才是最终也是最具有说服力的评价。

（2）评优选拔

为鼓励教师立足教学实际、开发制作简易教具，从国家、省到各地区各级学校，经常会组织一些简易教具比赛，其中涉及的评价属于评优选拔性质，一般多采用定性与定量相结合的常模参照标准评价，基本的工作流程主要有以下四个工作步骤。

准备工作：通常此类评价有专门的组委会或相关机构牵头，制定工作计划与进程，设定并发布比赛的基本规则、章程，选聘具有一定资质的相关人员组成评委会，由评委会全体成员拟定具体的评价方法与标准细则、评价工作的基本流程等。

作品与资料收集整理：由组委会或相关机构的会务工作人员负责收集参赛的简易教具，以及相关的说明文档材料等，并将参赛作品进行某种形式的匿名编号处理。

实施评价：组委会或相关机构的会务工作人员将全部参赛作品集中起来展示，由评委会全体成员参与实施具体的评分评等，通常会去掉最高与最低两个极值，再取平均分作为参赛作品的最终成绩，最后分出优劣等次。

公布评价结果：最后由组委会或相关机构正式发布比赛结果，组织颁奖。

3.7.2 简易教具的使用

无论制作再精良、再漂亮的简易教具，如果在教学实践中不用或用之不当，那么其价值是难以得到体现和发挥。毕竟，简易教具作为教育信息的活化载体，要能够"生动有趣、直观形象"地呈示教育信息，还需要依靠教师在教学中合理地使用，才能真正发挥出应有的教育功效。

1. 基本原则

简易教具类型多样，具体的使用操作方法有较大差异，但从直观教学的角度来看，在教学应用中都必须遵循科学性、针对性、系统性、可视性、灵活性五大基本原则。

（1）科学性原则

首先，应遵循教育与心理科学规律。在教学中，教师必须以教育与心理科学理论为指导，根据教学目的要求、小学生当前的层次与能力水平等，适时、适度、恰当地选择、使用简易教具，而不能随心所欲地滥用。

其次，使用过程应科学、准确、规范。要注意简易教具的使用过程、步骤应当规范、严谨，教育信息的呈示方法正确，做到前后有序、有条不紊且操作控制得当，不能出现操作错误。

（2）针对性原则

其一，应根据现有条件来选择。选用什么样的简易教具，以及用何种方法来操作使用教具与课件，不能一概而论，而必须依据学校现有教学条件、教师个人能力水平等，进行综合判断、选择。

其二，针对实际需要来选择使用。在实际的教学中，教师应针对教学中那些抽象难懂而不易理解掌握的重难点、需要调动起小学生某种情感或引导激活思维的时候，以营造学习情境、活化信息、直观易懂为目标，来选择、使用简易教具。

（3）系统性原则

首先，应系统考虑并综合使用简易教具。在实施直观教学时，应从整体的角度出发，适度考虑小学生的参与性，系统地考虑将简易教具与其他教学手段有机地结合起来，取长补短、互为补充、综合应用。

其二，要注意系统化呈示教育信息。教师使用简易教具时，应注意客观、全面而系统地呈示教育信息，保证信息呈示的角度与层次丰度，并应针对重难点的教学而有所侧重。

（4）可视性原则

首先，应以视觉刺激为第一要素。视觉是学生获得感知、获取信息的主要信息通道，因此，在使用简易教具时，要把提供合理有效的视觉刺激放在第一位，应当将抽象内容尽可能地通过教具来直观地呈现，力争帮助小学生达成"一目了然"地获得认知、发展思维的目标。

其次，应注意兼顾所有学生。使用简易教具时，要注意面向所有小学生，应保证教室内处于不同位置、不同角度的每一个小学生都能看得见、看得清教师所呈示的教具以及相应的演示过程。

（5）灵活性原则

其一，要灵活把握使用时机与方法。在教学中，应根据教学的实际情况，特别是小学生当前的学习心理状态，灵活地选择简易教具呈示的时机与方法。

一般来说，在教学伊始，为更好地将小学生从课间的"耗散"状态迅速地引导、转入到"有序"的课堂学习状态，可以考虑运用简易教具来吸引小学生的注意力；在教学运行一段时间后，小学生出现了疲劳与懈怠时，也可以考虑操作简易教具、改变教育信息呈示内容，来重新刺激、调动起小学生的学习积极性。

其二，要注意多方式有机结合。简易教具是教师向小学生直观化呈示教育信息的手段，但并不是小学生获得教育信息的唯一手段。因此，教师在教学中使用简易教具时，不能排斥呈示教育信息的其他方式，要注意简易教具与口授讲述、板书以及小学生参与性、互动性活动等各种方式的有机结合，让小学生能够以更多的角度、更丰富的渠道来获得教育信息。

以上五项原则，教师在教学中应注意综合应用。

2. 简易教具的基本分类方法

在课堂教学中，教师可以从呈示简易教具的时机把握、操作演示的程式、演示时所处的空间位置与变化等方面，来考虑具体的使用。

（1）按呈示时机分类

按照教学进程中教师呈示简易教具的具体时间，有不同的使用方法。

引入呈示：通常可以在新授课的教学引入环节使用，通过教师的操作演示以制造悬念，帮助小学生尽快地转入课堂学习状态，有效地引发小学生学习、思考的积极性。此时，往往不宜将简易教具所表达的内容一次性地全部呈现，而只是部分呈示，既给学生留出思考的空间，也为教师后续的教学留出随机应变的余地。如在讲授《雪地里的小画家》时，首先只在简易教具的演示面板上粘贴呈示出小动物的脚印图片，让小学生猜猜是哪种小动物的脚印，再引导小学生对各种小动物的脚印进行比较，然后才引入新课的教学。

主题讲解：简易教具常用于新授课教学主题内容特别是重难点内容的讲解，教师应注意控制好操作、演示简易教具呈示教育信息的时序与节奏，分步骤逐次全面展示，并应适度重复，以突出重难点。如在使用简易教具来讲解"圆面积计算公式推算"时，应首先呈示完整的圆形、提出问题，然后演示如何分解圆为多个小扇形，再演示由多个小扇形拼接为近似的矩形，从而引导小学生由矩形面积计算公式推导出圆面积计算的公式。

练习巩固：教师在新授课内容讲解完成后，可运用简易教具来帮助学生巩固与强化，注意突出重点。有时还可以根据实际情况，让部分学生上讲台参与简易教具的操作演示。如在低年级讲授完生字之后，可以利用简易教具，以相应的直观图片或实物，对应汉字偏旁、部首的组合与变化，通过贴图、"找朋友"等活动，帮助小学生掌握生字的特点，巩固所学的内容。

小结升华：课堂教学的结束阶段，教师在进行课堂小结时，也可以考虑使用简易教具来帮助学生回忆、理清所学内容的逻辑线索等，要注意引导学生将所学内容整体化、系统化，并注意新旧知识之间的前后联系。如在讲解完成"余数"新课之后进行整理、小结时，利用预先制作的七枝花、三个纸筒花瓶，演示对花进行平分，得出"余数"，以加强小学生对概念的理解，从而把整除与余除前后联系起来。

需要提醒的是，简易教具启示的时机虽然可以提前预设，但在课堂教学中却有可能出现各种预想不到的情况。因此，教师要注意根据课堂教学中出现的各种意外，运用教育机智，灵活地应变，把握好简易教具使用的时机，让简易教具发挥出更好的功效。

（2）按操作程式分类

整体演示：这种方式是指教师在教学中，将所用简易教具作为一个整体来呈示，不对教具进行分解，或者不对教具的组成零部件等进行拆解、减除操作，不对教具进行形态等方面的变化，以体现教具所代表事物的整体性特征。如在小学数学"立方体"的教学中，不对自制的立方体模型教具进行拆解，而是将其完整的形象呈示给学生，并从多个角度翻转呈示，让小学生首先从整体上认识立方体的外部形态特征，以及外在的结构要素与特点。

分步增减：这种方式应用比较广泛，是由教师按照预设的教学进程，以简易教具的相应结构组件为基础，逐步地增加或减少教具的组件、内容，循序渐进地呈现教育信息。如在小学语文"小蝌蚪找妈妈"的课文教学中，可根据故事发展的顺序，在简易教具的演示面板上，配合教师的讲授，逐次粘贴相应的动物、场景事物，分步骤来呈示小蝌蚪找妈妈也即其变态发育的过程。

拆解分析：这种方式是指教师按照简易教具的结构特点，根据教学程序对教具实施分拆、分解，逐项分步骤演示、分析与讲解。如在讲解小学科学"花的结构"时，可利用自制教具，将放大的花朵模型从外向内逐次拆解，帮助小学生了解花的基本结构与各种功能。

　　动静结合：针对小学各学科教学内容中那些既具有动态特征又具有静态特征的事物，教师可根据教学内容与进程，将简易教具的静态展示与动态演示相结合，帮助小学生全面地认识了解事物。如在小学语文"乌鸦喝水"的课文教学中，可利用自制的简易教具，既要呈示口渴的乌鸦面对小口瓶、瓶内水位低而无法喝到水的现实情境，又要动态地演示由于小石子的不断投入，瓶内水位不断上升的动态过程。

　　需要注意的是，在实际的课堂教学进程中，某一件简易教具往往不会只用一种操作方式来使用，通常是根据需要将多种操作方式组合起来使用。

　　（3）按空间位置分类

　　简易教具往往需要以不同的观察角度向学生呈示，因此需要教师合理选择简易教具放置、呈示的空间位置。

　　手持演示：对于实物或标本教具、仿真模型等重量与体量相对较小、需要多角度向小学生呈示的简易教具，或者是为了让更多的小学生更加清楚地获得视觉认知，以及教学进程中为了提醒小学生、引起注意，教师可将简易教具握持于手中，立于讲台适宜的位置或移动呈示，或走到学生中间，进行操作、演示。如在小学语文"火车的故事"课文教学中，教师使用了各种仿真的火车模型，由于简易教具体量相对较小，因此，需要教师手持模型走到小学生中间，让各个位置上的所有小学生都能清楚地观察到模型的外在形态特征。

　　定位呈示：有不少简易教具带有底座、支架或挂绳，体量相对较大或者较重，不便于手持演示，那么教师可以将其稳定地放置于所有小学生都能够获得良好视觉效果的固定位置，如静置于讲台桌面（有时还需要用物品将教具稍微垫高些），或悬挂、粘贴于黑板上等，再进行操作演示。如在小学数学"5 以内的加减法"教学中，教师使用了带面板的挂贴式简易教具，就需要将教具固定放置好以后，再进行相应的操作演示。

　　除了以上三大类基本的方法以外，从简易教具的具体操作者角度，还可以分为教师单主体、学生适度参与协助两种情况，即有时是由教师在教学中全程操控简易教具的使用，有时也可适度邀请小学生参与或协助简易教具的操作使用。

　　需要提醒的是，以上使用方法的分类是相对的，在实际教学中通常是需要综合地加以应用。

　　3. 常见简易教具使用的基本要求

　　不同类型的简易教具，表达教育信息的方式与侧重点不同，相应有不同的使用方法与要求。

　　（1）卡片类教具的使用

　　卡片类教具制作方便，但由于结构简单、信息表达方式与内容相对比较单一，形态及其变化不够丰富多样，有时不容易引起小学生的注意，因此，需要教师特别注意在使用方法上下功夫。通常需要注意以下几个方面：

　　①手持操作

　　通常，教师使用卡片式教具主要采取手持方式，即单手握持卡片的下边缘中部、置卡片于教师自己身体的侧前方、卡片正面朝向学生来呈示，或者一手握持卡片的下边角，将卡片置于教师胸前，另一手用来指示卡片。要避免采用双手握持、高举过头顶的"投降式"呈示卡片的动作。

②分页呈示

使用卡片时，应根据教学进程，按照预设顺序来逐次更换，分页、分步呈示，注意不能把卡片的顺序搞混淆。

③适度变换呈示位置与朝向

由于卡片通常不会太大，因此要注意照顾到所有方向、位置上的学生，既可以适时向左、向右方变换卡片的正面朝向，还可以走到学生中间展示。

④控制卡片变换频度

对于多页成套的卡片，教师在换页时，不能搞错卡片的先后顺序，控制好变换的频度，既不能太快，也不能太慢，注意每张卡片要有足够的停滞呈示时长，保证学生能够看清楚每一页卡片的内容，还可根据需要有适度的前后重复。

⑤注意对比

有时，针对相似的、小学生容易混淆的内容，可以将两张卡片同时呈示，提醒小学生注意卡片内容中的相似与差异之处，通过比较来加以强化。

（2）图示类教具的使用

带有底座、支架或挂绳等的图示类教具，是小学简易教具中较为常见的类型，其使用的基本要求如下：

①定位准确、放置稳固

图示类简易教具在使用时，首先要注意摆放、定位要正确，一般是置于讲台桌面上（有时需要稍许垫高），或悬挂于教室黑板上，但不能挡住黑板上板书的内容。同时，应保证放置稳固，不会在使用中突然倾倒、坠落。

②图示有序而准确

教师在使用图示类简易教具时，如果采用的是零部件分步挂贴呈示，则应注意零部件挂贴操作的先后顺序，同时挂贴的位置要准确无误。如果涉及分布图，则应注意掌握正确的指图方法，对于点状分布的事物应准确指示出点的位置，线型分布的事物要沿走向线画线指示，面状分布的事物则要沿其边界线指示出具体的区域范围。

③注重方法引导

使用图示类简易教具时，教师不能只停留于单纯的视觉直观呈示，既要提醒小学生通过对图形图像的观察来掌握重点内容，又要有意识地引导小学生掌握对图形图像进行观察的顺序与观察方法，寓能力培养于知识的学习之中。

（3）实物类教具使用

对于模型、仿真物品等实物类的简易教具，其使用的基本要求如下：

①精选出示时机

模型、仿真物品等实物类的简易教具，可能是小学生日常生活中较为常见的，也可能是小学生没有接触过的，无论如何，都应精心考虑、选择最佳的出示时机，让教具的出现能有效吸引小学生的注意力，带动小学生进入良好的学习状态。

②合理选择呈示位置

在课堂教学中，教师应注意将模型、仿真物品等实物类的简易教具放置于合适的位置，一般是置于讲台上，并保证应有较好的稳固性。如果模型、仿真物品等的重量与体量不太大，也可以在适当的时候，手持教具走到小学生中间进行呈示。

③控制呈示时长

教师在使用模型、仿真物品等实物类的简易教具时，应根据实际，灵活地控制呈示的时长，要保证小学生能够获得足够丰富的视觉感知，但要注意防止出现视觉疲劳与认知懈怠。

④变换观察角度

在具体使用模型、仿真物品等实物类的简易教具时，既要注意呈示教具的整体特征，又要适时变换角度来呈示，并应指导小学生注意观察重点部位。

⑤说明区别

在具体使用模型、仿真物品等实物类的简易教具时，教师应当给小学生说明教具与真实事物之间的区别，避免小学生产生不必要的误会。

（4）实验演示类教具使用

在课堂教学中，使用有关自然科学方面的简易教具来实施实验演示时，基本要求如下：

①系统介绍教具结构与功能

使用实验演示类简易教具时，教师应当将整套教具全面地呈现给小学生，既要向小学生分别介绍教具各个组成部件的名称与基本功能，又要从整体的角度说明教具的主要特点与功能。此外，还可根据实际情况，采用边组装、边讲解的方式。

②引导学生学会观察与思考

在具体的实验演示操作过程中，教师应注意引导小学生掌握观察的基本方法，并提醒小学生通过观察学会从现象中进行分析思考，学会对现象进行抽象、提炼与归纳总结。

③阐明基本原理

教师应注意向小学生讲解应用教具实施实验演示所产生的现象与结果，阐明其中所包含的科学原理，引导学生树立起科学的态度、崇尚科学并勇于探索的精神。

教学有法而教无定法，以上各种操作使用方法与要求，在实际教学中，要注意根据情况，灵活应用。

练习与思考 3

1. 简述教具与学具的区别与联系。

2. 举例说明简易教具的功能价值。

3. 自选课题，设计制作一件小学学科教学用的简易教具。

4. 简述简易教具评价的基本原则。

5. 举例说明简易教具使用的基本方法。

第 4 章　课件素材技术

多媒体课件主要是依靠各种形态的多媒体材料及其组合来直观表达教育信息，因此，课件制作必须要有相应的课件素材。课件素材是信息化时代教育信息存储与表达的新形态，具有强大的教育信息存储与传播的功能，既是小学教育技术与应用的重要内容，也是小学教育信息资源建设的重要部分，对小学教师设计制作课件具有重要意义。

4.1　课件素材概述

相对于传统的教学方式，使用课件实施多媒体计算机辅助教学不是仅靠纸质教材、板书等来呈示教育信息，而是依靠多媒体技术，借助动静结合、富于色彩变化、容量丰富的文字、图像、音频、影视、动画等方式来呈现、传递教育信息，这些多媒体内容，即是课件素材。各类多媒体素材是教育信息的具体表达与呈现形式，直接决定着课件的表现力、吸引力与教学效果。

4.1.1　课件素材定义

1. 广义的定义

广义上的课件素材，泛指用于课件编制、表达教育信息的所有来源材料，如纸介质印刷品或照片、计算机多媒体文件、音像磁带等。

2. 狭义的定义

狭义上的课件素材，主要是指已经转化为计算机编码形式，可直接在计算机上处理加工与应用的多媒体计算机文件[①]。

---

① 牟洁.论课件素材的选用 [J].宜宾学院学报，2005(06)：77-79.

4.1.2　素材的意义

课件之所以具有辅助教育的功能，是因为其选用的素材是各种教育信息的具体载体和表现形式，承担着特定的教育功能，并与课件结构一起共同体现着教学策略、教育智慧。因此，素材对课件编制及其教育功效的实现具有重要意义。

1. 课件素材是教育信息的载体

课件要实现设计、编制者所期待的教育功能，必须包含有相应的教育信息。传统教具是依靠具体物质化的原材料质地、色彩、结构方式、形态与变化等来存储、表达教育信息，而课件则是依靠其中的多媒体计算机编码形式来存储与表达教育信息，两者在本质上都是教育信息的具体载体。因此，没有素材也就没有教育信息，课件也就失去了教育功能。

2. 素材决定了教育信息的传递功效

正如不同制作水平的传统教具对小学生有不同的吸引力，课件同样如此。同一教学内容，选用的素材不同，不仅会对小学生产生不同的信息刺激与感染力，还会影响教育信息表达的丰度与层次，从而带来不同的信息传递功效。

3. 素材体现了教师的教育专业素养

课件素材是对教学内容的具体多媒体表达。因此，选用何种素材、如何加工与组织素材，不仅体现了教师对教学内容的理解与把握程度、对小学生学情的认知程度，也反映了教师的教学思想、教学策略与教育智慧，以及教师的现代信息技术水平与能力，是教师教育专业素养的具体体现。

4. 素材体现了教师的人文艺术修养

教学不仅仅是知识的传递、思维的引导，还涉及情感的培养与熏陶，需要发展学生的人文情感与艺术修养。因此，以多媒体形式呈现教育信息的各种素材，能否从视、听等方面，以艺术的方式来传递人文情感、给学生以艺术美的享受与熏陶，反映了教师的人文艺术修养水平。

可以说，做好素材准备工作，等于保证了课件教育性的实现，也可以使课件具有一定的表现力和艺术性。从实质上讲，课件编制的过程，就是将各种富含特定教育信息的素材建立起逻辑联系，集成一个具有交互性和流程指向的系统的整体的过程。因此，素材对课件编制极为重要，选用必须慎重。

4.1.3　素材的分类

因分类标准的不同，素材可以有多种分类方式。

根据表现形式及媒体的不同形式，可以把课件素材分成视觉素材（文本、图像）、听觉素材（音效）、综合素材（动画、视频、程序）等类型。

按不同的来源方式与渠道，可以把课件素材分为商品化量产素材、网络素材、自制素材等。

此外，为便于计算机存储管理与调用，还可以按计算机文件格式的不同来分类。

4.1.4 素材选用的基本原则

合理选用素材，既有助于保证课件开发的质量，又可有效地提高课件开发的工作效率，为此，必须遵循五方面的选用原则[①]。

1. 前瞻性

素材应在动手编制课件之前就做好规划，尽可能避免一边制作课件一边找素材，必须有前瞻性，提前做好准备。

首先，在课件设计时应详细计划好所需的各种素材，特别应考虑好用何种素材、用在何处、将如何使用。最好在课件设计与制作脚本里详细说明，也可以将素材需求单独列出，汇总成为一个命名为"素材"的计划说明文档，建议按教学内容或要点来分项制成表格形式。

其次，本着"宁多勿少"的思想，对同一类主题的素材尽量多准备几个以备选用。

其三，应对将选用的素材来源与获取难易程度、加工处理难度、应用适宜性等提前作出评估、判断。

2. 教育性

编制课件是为了满足教育教学的需要，因此，要根据设定的教学目标、教学内容来考察、选用素材，应体现出素材的教育功能与价值。

（1）应紧扣教学目标，体现教学内容

所选用的素材，必须根据预设的教学目标来考虑，并与教学主题内容紧密对应，而不能冲淡教学主题，更不能单纯为体现多媒体效果而滥用素材。

（2）符合学生认知水平

所选用的素材，必须根据学生的年龄、认知特点、接受能力等来考虑，而不能只考虑课件的演示效果。

（3）体现教学规律和教学策略

所选用的素材，必须符合多媒体视听教育的特征，根据教学规律来选用。要注意素材是否能有效地"活化"教材，是否能提高信息刺激强度，是否有助于激发学生学习兴趣，是否符合感知与注意规律等。

3. 技术性

素材需要在课件中调用，因此，必须注意从计算机应用操作的技术角度来考虑。

首先，应考虑素材对计算机硬、软件环境的适宜性。即所选用的素材，应考虑能不满足当前最低的系统配置，能否用当前的工具软件进行加工、处理，是否便于在课件编制及使用的过程中便捷、顺畅地调用，以保证在课件中有较好的演示效果。

其次，文件大小要适宜。素材不能占据太大的存储空间，特别是涉及网络型课件或

① 牟洁. 论课件素材的选用 [J]. 宜宾学院学报，2005(06)：77-79.

需经网络传输的课件更要考虑此要求。

其三，进一步加工、处理的难度不能太大。毕竟实施课件编制工作的各科任教教师基本上是非计算机专业出身，如果加工处理的难度太大，不仅耗费大量的时间，效果也不易得到保证。

4. 艺术性

课件素材以具体的形、音、影及多媒体组合等形式，呈示教育信息，要达到使学生感兴趣、吸引注意并调动起学生的学习积极性，素材的艺术感染力必不可少。

首先，素材的媒体表现形式具有鲜明的艺术特色，主次分明，层次丰富，富有吸引力与亲和力，能给学生以艺术美的享受。

其次，素材的艺术性应当能够与教学的艺术性紧密配合，不能单纯为了艺术性而冲淡了教育性要求。

其三，应充分考虑素材组合应用的艺术性，各类素材在风格上应统一、协调，不能产生冲突。

5. 经济性

作为非商业目的的课件开发，在选用素材时，不能不考虑经济性，即要注意最佳消费比，尽可能从物美价廉角度来考虑选用，不能一味地追求素材效果而不顾自己的经济承受能力。

首先，来源的经济性。要避免购买商品化量产素材的举动，应尽量避免需要自己花费大量时间、动用多种昂贵设备来自制素材，如拍摄录像然后转成计算机文件格式等，就需要仔细考量是否有必要。最好多应用互联网来选取免费的素材，例如，要选用的图片最好是用"百度"的图片搜索功能或从现成的光盘里获取。

其次，素材加工处理的经济性。应尽量不选择需花钱请专业人员、动用专用设备来加工处理的素材，最好是利用现有的硬、软件，自己就能解决，或选择可替代的素材。

此外，还必须考虑在素材准备工作上应尽可能节省时间。

总之，尽管素材类型多样，但综合上述五项原则来选用，是完全可以达到事半功倍的效果。

4.1.5　素材获取基本途径

1. 网络收集

通过百度、Google、必应等网络搜索引擎，利用关键词进行分类搜索。此外，还应注意要善于从各种专业的素材网站上去搜索、获取免费素材。

2. 光盘截取

在各种 VCD、DVD、CD 等影视音光碟、软件光碟等光盘中，通过屏幕截图、屏幕录像或专用软件，截取所需素材。

3. 自制素材

借助计算机本身的多媒体功能，利用一些易学好用的多媒体制作处理类应用软件，自制各种所需的素材。

4. 购买专用素材光碟

现在市面上有专门开发并公开发行的正版多媒体教学素材，可以由学校购买并上传存储到校园局域网的服务器上，供全体教师共享使用。

有条件的学校还可以组织教师自建素材资源库。

总之，素材准备在课件编制工作中占有重要的地位，是保证课件教育功能实现的重要前提。因此，只有认真做好素材规划，综合应用上述原则来合理选用素材，才有可能开发出最佳的课件。

4.2 文字素材

在传统的教学方式中，文字是表达、传递教育信息的主要形式，而在计算机辅助教学中，文字同样有其价值，是基本的素材之一。毕竟，担负传承文明重任的教育，所需要传递给学生的内容，主要是前人先贤对自然与人类社会长期探索、归纳的精华总结，而这些东西主要还是依靠文字形式流传至今的。同时，由直观、意象到文字，这是训练小学生形成抽象逻辑思维能力的重要内容与渠道。因此，必须重视文字的作用。

这里所说的文字素材，主要是指计算机中各种格式的文本文件所存储的文字信息，凡是计算机能够单独识别与处理的数字及文字都统称为文本，具体表现为 txt、doc、wps、html 等计算机文本文件形式。在课件中，表达一些归纳性、陈述性的非感官性内容时，常以文字为主，其他形式为辅；而以图像等直观性方式表达内容时，往往也需要相应的文字作为图示或辅助说明。

4.2.1 分类及要求

在课件中，主要是各类标题、教学主题内容、练习题、提示说明等方面需要使用文字。

1. 标题类

如教学课题、教学内容分章节或分层次标题等，此类素材应力求准确、简练、概括性强。一般字形、色彩、大小相对要比较特殊，常用突出表现方式呈现，以示强调、区别于其他文字内容。

2. 教学主题内容

如课文、注解、扩展性学习资源、练习题等。此类素材首先要精选，应全面、完备、详尽，并要注意突出重点。

3. 各种提示、说明

主要是指课件中所显示的各种操作提示、说明类文字，应尽可能简明扼要、言简意赅、指示性强。

4.2.2　文字素材的获取

1. 网络搜集

通过网络搜索引擎如百度等，在"网页"选项，用"关键词"法搜索，找到需要的文字内容后，复制、粘贴到文本文档中，以相应的文本文件格式保存以备用，最常用的是 txt、doc 格式。对于字数较多的课文、扩展性学习资源等，可用此法。

如果找到的网页是经过脚本加密的，无法使用复制功能，则可以选用带有解除、停用网页脚本功能的浏览器来进行解密处理，也可直接通过查看网页源代码的方式，从其源代码中查找相应的文字并复制。

2. 键盘输入

较多的文字，可以先在 Windows 操作系统自带的写字板软件或者用 WPS、Word 等文字处理软件中输入、存储为文本文件以备用。如果只需少量的文字，则可以通过键盘直接在多媒体编辑软件中输入。

3. 扫描输入

通过扫描仪，将纸质材料中的文字内容，借助 OCR 技术（图文识别技术）转换为文本文件形式，存储备用。

4. 手写输入

利用手写板、手写软件实现文字输入，有些汉字输入法还支持用鼠标直接进行手写输入。

5. 语音输入

利用语音识别输入软件以及相应的语音输入设备，通过语音形式实现文字的输入。例如在微软公司的 Office 2003 及其后版本里面就可以安装免费的语音识别控件，IBM 公司的 Viavioce 软件也能实现连续语音输入识别，此外还有百度语音、讯飞输入法等。

从技术角度讲，文字素材要先做成文本文档，字体应尽量使用计算机操作系统自带的通用型字体，如宋体等，然后以某一种适宜的文本文件形式存盘备用。

4.2.3　文字素材的使用

在使用预备好的文本素材时，先打开相应的文本文件，选择所需要的文字内容后执行"复制"操作，然后再打开多媒体编辑软件，在需要的位置执行"粘贴"命令即可。

在具体的课件编制中，应用文字素材时，应注意以下几个方面：

首先，应根据实际要求，灵活编排文字的页面版式，要突出重点，注意分步呈示文字信息。

其次，如果课件的页面内只有文字时，可以考虑给文字添加边框、背景色、关系指向箭头等，或者以框图、流程图、组织结构图等富于结构化的形式来表达信息。

其三，课件中使用文字，要注意与图像等直观形式信息的有机结合、搭配，力求做到图文并茂。

4.2.4　文字素材与背景

在课件中使用文字素材，应正确处理文字与背景的关系。

一般要求文字的字体、色彩等应与背景相协调，应突出呈示文字而不能让文字被背景色彩所淹没。通常，文字多选择高亮度颜色，应当明亮、清晰，而背景则多选配低亮度较浅颜色且略显暗淡、模糊，文字与背景在色差上应非常显著，具体可参考如表 4-2-1 所示。

表 4-2-1　文字与背景的产色搭配

文字颜色	背景颜色
黑色	白色、浅蓝色、浅绿色、黄色
蓝色	白色、绿色、黄色、红色
白色	蓝色、蓝黑色、绿色、棕色
黄色	蓝色、蓝黑色、暗红色、棕色

如果背景是图片，则通常先将图片进行模糊处理，然后对于文字则再加上某一对应色调的边框与背景，有些多媒体编辑软件还可以为文字加上半透明背景，应注意充分利用。

此外，还应注意对于需要强调或突出呈示的文字，应当在颜色上与其他文字的颜色相区别，在字体字形与字号大小上，也应当有所变化。

文字虽然是比较传统的教育信息呈现方式，在课件中依然是不可或缺的，有其特定的作用。但仅靠文字，不仅有可能把功能强大的多媒体辅助教学设备变成单一功能的"电子黑板"，而且对于直观性的实现来讲是远远不够的，还需要与图片等其他方式相搭配使用来呈现教育信息，这样才能真正体现计算机辅助教学的功效。

4.3　图像素材

在计算机辅助教学中，与文字相比，在没有实际物品的情况下，图像既能直观而方便地表达事物的静态特征，也可以用分幅图像来表达动态过程，因而能更有效地实现教学的直观性要求，对构造教学情境也有重要作用。因此，图像在课件中意义重要，应用极为广泛。

4.3.1　图像概述

图像是指客观事物、景观等通过视觉系统映射，使人们产生的感受，是各种图形与影像的总称。在计算机中所处理的是数字化之后的图像，称为数字图像或数码图像。根据表达和生成图像的方法不同，通常可以将数字图像分为图形和图像；按生成的原理不同，又分为位图图像和矢量图形两种。

在计算机中，图形（Graphics）和图像（Image）是两个既有区别又有联系的概念。它们可以是同一幅图面，但产生、处理、存储的方式是有差别的。

1. 图形

图形又称为矢量图，或称为面向对象的图像、向量图，是用计算机绘图软件生成的，存储的是描述生成图形的相关数学参数、数学模型的指令，并使用点、直线和曲线等来显示、描述事物影像景观。因此，在计算机中，图形文件保存的并非是真正的影像色彩等，而是绘制图形的各种参数，通常信息量较小，占用存储空间少。图形的分辨率完全独立，如果对其进行放大、缩小或旋转等操作，都不会失真模糊，但色彩较为生硬、单调，一般用来表达比较小且易于用直线、曲线等表达的对象，如图标、按钮、简示图等，但不适合表现色彩层次丰富的真实事物、景观或人物图像。

2. 图像

图像又称光栅图像、点阵图像或绘制图像、位图，是由扫描仪、数码相机等输入设备捕捉的真实事物景观画面后产生的映像，经过数字化处理后，由称作像素（图片元素）的单个点组成的。这些点是计算机图形与图像中能被单独处理的最小基本单元，是能被计算机独立赋予色彩和亮度的最小成像单位，每个像素点的颜色信息采用一组二进制数描述，众多像素点可以进行不同的排列和染色，以构建成矩阵来记录、再现图像。当放大图像时，可以看见构成整个图像的无数个小的方块。因此，扩大图像尺寸的效果实际上就是增大了单个方格状的像素点，从而使得线条和形状显得参差不齐。图像占存储空间比较大，色彩自然、柔和、逼真，适合表现真实的自然景观、人物、动植物等，缺点是放大时会出现失真、模糊现象[1]。

4.3.2　常用文件格式

在制作课件工作中，既可使用位图图像，也可以使用矢量图形，常有多种格式的文件可供选用[2]。

1. jpeg 格式

jpeg（Joint Photographic Experts Group，联合图像专家组）文件是使用设定的标准压缩方式来存储的图像文件，扩展名为 jpeg 或 jpg，使用了有损压缩算法，去除了冗余的图

---

[1]　金琳. 数码图形 [M]. 上海：同济大学出版社，2002.
[2]　王丽敏. 浅谈计算机图形图像格式 [J]. 数字技术与应用，2013（05）：248.

像和色彩数据，在获得极高压缩比的同时，仍能保持较高的图像质量；jpeg格式支持灰度、RGB真彩色和CMYK真彩色图像，文件的体积相当小，在互联网络上有海量的jpeg图像资源，课件制作中也经常使用这种格式。

2.gif格式

gif（Graphics Interchange Format，图形交换文件格式）文件是CompuServe公司开发的图像存储格式，图像深度从1位到8位，最多支持256种颜色，表示的颜色数量有限，适合存储颜色较少的卡通、图标等图像。此外，一个gif文件中可以存储多幅图像，将这些图像依次显示就形成了一种动画效果。所以，gif格式可以用于存储简单动画，在课件中具有良好的表现力。

3.png格式

png（Portable Network Graphic Format，可携带的网络图像格式）文件是20世纪90年代中期开发的位图图像文件存储格式，融合了gif格式和tiff格式的优点并避免了两者的缺点，在网络上应用较为广泛。png图像能表示的颜色数多，存储灰度图像时，深度可达16位，存储彩色图像时，深度可达48位。同时，它还支持Alpha透明通道，适于制作透明背景的图像。

4.3.3　应用分类与要求

各类图形图像素材用在课件中的不同地方，有不同的要求，起着不同的作用。

1.背景类

按其用途又可分为边框类背景、底图类背景。

边框类背景又分为标准矩形和异形（如椭圆、多边形等）两种边框，主要起视觉限定作用，也有部分的陪衬、美化演示界面的功能。因此，此类背景多以暗色调为主，既要与界面主体有所区分，又要注意不能太过于亮丽，色彩、图案不能太繁杂，以免干扰视线、喧宾夺主。

底图类背景主要用于作为文字、图像等各种教学主题内容的陪衬，以避免因背景过于单一而带来视觉疲劳，但应注意与所呈示的教学主题内容有相对一致的风格，反差不能太大，同时应虚化、模糊化，不能太过于明亮，构图不能太繁杂。

2.教学主题类

此类图像通常包括景观式、独立对象式两种，这一类图像以生动有趣、直观形象的方式，直接表达教学主题内容，是课件中教育信息的主要载体之一，也是吸引学生观察、激发学生思维的主要对象。因此，在课件设计制作时，要善于使用图像，充分发挥图像的直观作用，同时要注意图像应表达科学、准确，图像主题突出而鲜明，色彩清晰而恰当，并应富有代表性与启发性。

3.图标类

主要是指logo标志、各种提示小图标、交互按钮等图像，是课件中不可或缺的内容。此类素材要求其文件占用存储空间不能太大，构图应简练，提示性或指示性较强，并尽可能富有趣味性，可选用图幅较小的 gif 动画、png 格式的卡通画等。

4. 补白类

补白即填补空白，这一类图像多用在课件页面的边角位置，对课件的演示界面起着美化、视觉平衡的功能，一般要求不能太大、太明亮，构图活泼而又不能太过于复杂。

在课件中，上述四种图像都有可能用到，应注意不同的地方有不同的应用要求，并体现出不同的信息功能[①]。

4.3.4　图像素材的获取

获取图像素材的方法、途径很多，最常用的是通过互联网搜索、下载，也可以通过计算机屏幕截图来获得所需要的图像，还可以用数码相机来拍摄获取，对于印刷材料上的图像则最好用扫描仪来获取。

1. 网络获取

通过网络搜索引擎如百度等，在"图片"选项，用"关键词"法搜索，查找到需要的图片后，先在新的窗口打开"原图"，再在新窗口以 100% 比例完整显示的图片上，执行右键快捷菜单命令"图片另存为"，存储到指定的位置即可。

使用网络搜索、查找时，要注意图像的文件大小、格式。一般静态图片可选用 jpeg、png 格式，动态图片多选用 gif 格式。

如果需要尺寸较大的图像，但搜索查找到的却太小，可以使用百度识图网站 http://shitu.baidu.com 来查找相同内容的图片，即在浏览器打开 http://shitu.baidu.com 网站后，选择"粘贴图片网址"或者是"从本地上传"，然后点击右侧键按钮"识图一下"，可以查找到相同内容的多种尺寸图像，再选择其中有较大尺寸图像的网页来打开、下载图像。此外，google 网站也提供类似的"以图搜图"功能，可以实现相似图片搜索查找。

互联网上还有许多专业素材网站，如昵图网、图库网、懒人图库网等，有大量免费图像资源可供参考、下载。

2. 计算机屏幕截图

如果想要把当前计算机显示屏幕上的画面以静态图像形式保存下来，可以直接按一下键盘上编辑键区的 PrintScreen（Prt Scr）键，然后打开 Windows 操作系统自带的"画图"软件，按下 Ctrl+V 组合键即可将刚才的屏幕画面图像粘贴到"画图"软件的工作区内，再执行"画图"软件的菜单"文件→另存为"命令，就可以将图像以选定的格式与文件名保存到指定的位置。

也可以使用专业抓图工具软件如 SnagIt、红蜻蜓抓图精灵等来获取当前的屏幕图像，常用的即时聊天软件腾讯 QQ、智能手机等也提供快速屏幕截图功能。

3. 数码相机拍摄获取

目前数码相机已经相当普及，不少手机也都具有较高分辨率的拍摄功能，这为获取

---

① 牟洁.论课件素材的选用 [J].宜宾学院学报，2005，(06)：77-79.

图像素材提供了极大的方便。

4.扫描仪获取

现在市面上价廉物美的平板式扫描仪有很多种，是获取印刷材料上图像的常用方法之一，应用操作也比较简单。

5.自己绘制

如果找不到所需要的图像，还可以利用 PhotoShop、CorelDraw 等图像软件来自己绘制。

4.3.5 图像素材的加工处理

通过各种方式收集的图像素材，一般不能直接用于课件编制，而要根据教学的实际需要，经过合理的加工处理后，才能用于课件中。通常，可用 PhotoShop 软件来对图像素材进行加工处理。本书以 PhotoShop CC 版本为例来介绍该软件的应用，各个版本软件的使用方法大同小异①。

以课件"小蝌蚪找妈妈"的封面主题图像制作为例，将多幅图像编辑处理，制作成为一幅新的图像。

1.打开图像素材

启动 PhotoShop 后，执行菜单"文件→打开"命令，在出现的对话框中选择所需要的图像素材，选择"打开"，则图像出现在工作区，依次重复执行前边的操作，可以在工作区打开其他需要的图像。

2.新建图像

执行菜单"文件→新建"命令，在"新建"对话框中，"预设"选"自定"，自行设定"宽度""高度"，"分辨率"一般为72，"颜色模式"为"RGB""8位"，"背景内容"项选为"透明"，然后点右下角"好"按钮，则出现"未标题—1"背景透明的新图像，其标题栏为亮色，而工作区原有图像则在其下，标题栏变为暗色。

3.选择、复制图像

左键单击先前已在工作区打开的图像标题栏，激活需要的图像，用"选框工具"或"套索工具"从中选取需要的图像区域，然后执行菜单"编辑→拷贝"命令。

4.粘贴图像

左键单击前边新建的透明背景图像标题栏后激活，执行菜单"编辑→粘贴"命令，刚才框选并复制的部分出现在新图像中。

依次重复执行前述操作，可以将多幅图像内容粘贴到新的图像内，在程序窗口右下方"图层"窗口，可以看到依次分层的图像，左键选中相应图层并上下移动鼠标可以调整图层上下层的位置。对于选中的图层还可以在选中"移动工具"后，通过键盘光标键、鼠标来调整该图层图像在新图像中的空间位置；还可以应用菜单"编辑→变换"命令的各项

---

① 李金明，李金蓉.中文版 Photoshop CC 完全自学教程 [M].北京：人民邮电出版社，2019.

子菜单命令，来改变图像的形状、大小等。

5. 合并图层

执行菜单"图层→合并可见图层"命令，所有的图层合并为一层，同时在程序窗口右下方"图层"窗口内，多个图层变为一层。

6. 存盘

执行菜单"文件→存储为"命令，在出现的对话框中，先在"保存在"项中选择存盘位置，并在"文件名"项中输入名称，"格式"项中选"*.JPG；*.JPEG；*.JPE"，再点"保存"按钮，在随后出现的"JPEG 选项"中，向右拉动滑动条设为"大文件"，再点右上角"好"按钮。

4.3.6　图像绘制

Photoshop 提供了比较强大的图像绘制功能，主要是利用各种绘图工具如画笔工具、铅笔工具、各种擦除工具、油漆桶工具等来实现。

1. 新建图像

执行菜单"文件→新建"命令，在"新建"对话框中按需要进行选项设置，如"预设"选"自定"，"宽度"设为 1024，"高度"设为 768，"分辨率"一般为 72，"颜色模式"为"RGB""8 位"，"背景内容"项选为"透明"或其他项，然后点右下角"好"按钮，则出现"未标题—1"背景透明的新图像，其标题栏为亮色。

2. 工具应用

按需要选择各种工具，绘制图形、图像，调整对象之间相对位置，填充相应的颜色。

为便于修改，通过"图层"窗口建议多个图层，分图层进行绘制。如绘制一幅风景画，可设定最下边一个图层为背景图层，其上依次叠加其他景物的图层，完成后要注意合并图层。

3. 存盘

执行菜单"文件→存储为"命令，在出现的对话框中，先在"保存在"项中选择存盘位置，并在"文件名"项中输入名称，"格式"项中选"*.JPG；*.JPEG；*.JPE"，再点"保存"按钮，在随后出现的"JPEG 选项"中，向右拉动滑动条设为"大文件"，再点右上角"好"按钮。

至此，图像绘制完成。

此外，也可以用操作较为简单的光影魔术手、可牛影像、美图秀秀等对图像进行简单的加工处理。如有需要，还可以选择 CoreIDRAW 软件，来制作矢量图。

4.4　音效素材

在用于计算机辅助教学的课件中，除了文字、图像等视觉类素材外，很多时候还需加上音效。一方面，通过图像、声音相配合，综合地借助视、听感觉通道，可以充分调动起学生左、右两部分大脑的活动，比用单一的感知方式要有效得多，对小学生的刺激也更强烈；而另一方面，在小学语文、英语、音乐的教学内容中，有关的语音、音乐则还是教学主题内容。因此，在制作课件时，应考虑音效素材的选用。

这里所说的音效素材，主要是指各种计算机编码形式的声音媒体文件。

4.4.1　计算机音效概述

由于计算机内所有的信息均以数字 0 或 1 表示，所以，计算机要处理声音，也必须先将声音进行数字化编码，即将声音信号用一组二进制数字表示，成为计算机能够识别、处理的数字音频。将模拟信号（如语音、音乐等）转换成由二进制数 1 和 0 组成的数字信号，这一转换过程称为模拟音频的数字化，模拟音频数字化过程涉及音频的采样、量化、编码。

1. 音频采样

采样是指每隔一个确定的时间间隔，在声音的波形上截取一个振幅值，把时间上的连续信号变成时间上的离散信号，这个确定的时间间隔 T 称为声音的采样周期，其倒数 1/T 称为采样频率。采样频率越高，两次采样的时间间隔越小，单位时间内获取的声音样本数就越多，进行数字化处理后的音频信号就越接近于实际的声音信号，效果也就越好。不过，随着采样频率的提高，存储数字化声音文件所需的存储空间也会相应地增大。

通常，为满足不同的需要，采用三种采样频率标准，即高保真效果 44.1kHz、音乐效果 22.05kHz 和语音效果 11.025kHz。

2. 音频量化

量化是指将每个采样点得到的表示声音强弱的模拟电压幅度值以数字方式存储。量化位数（也称采样精度）表示存放采样点振幅值的二进制位数，它决定了模拟声音信号在数字化以后的动态范围，通常量化位数有 8 位、16 位和 32 位，若量化等级为 8 位，则有 $2^8=256$ 个阶距（意味着将采样幅度划分为 256 等分），即对每个采样点的音频信号的幅度精度为最大振幅的 1/256；若量化等级为 16 位，则有 $2^{16}=65536$ 个阶距，即为音频信号最大振幅的 1/65536。因此，量化位数级越大，对音频信号的采样精度就越高，信息量也就相应提高。

一般而言，采样频率越高，就越接近实际真实的声音，效果也就越好。而在相同的采样频率下，量化位数越大，则采样精度也越高，声音的质量也就越好。在数字系统中，量化位数的多少还直接影响系统的信噪比，最终影响听觉感受。虽然采样频率越高，量化位数越多，声音的质量就越好，但同时也会带来一个问题——庞大的数据量，会对后续的存储、处理、网络传输与调用带来不小的麻烦。

因此，为了在声音质量和数据量之间找到平衡点，对于基频频率范围 50 ~ 800Hz、泛音频率不超过 3kHz 的人类语言，使用 11.025kHz 的采样频率和 10 位的量化位数来进行数字化，即可以满足普通人的要求。而乐器类声音的数字化，则需要根据不同乐器的最高泛音频率来确定选择多高的采样频率，如钢琴的第四泛音频率为 12.558kHz，打击乐的频率从基音一直到 20kHz 左右，通常是采用 44.1kHz 或更高的采样频率。

3. 音频编码

编码是将采样、量化后得到的数据，以一定的数字化格式记录下来。音频编码的方式很多，常用的编码方式是脉冲编码调制（PulseCodeModulation，PCM），主要优点是抗干扰能力强、失真小、传输特性稳定，如 CD-DA 采用的即为此种方式。

除了上述三个方面外，影响声音数字化效果的另一个重要因素是声道，即声音的通道数，它是指一次采样记录产生的声音波形的个数。在记录声音时，如果每次只产生了一个声道数据，即是单声道；如果每次产生了两个声道数据，则为双声道。通常所说的立体声音乐就是使用双声道，能使听者获得身临其境的感觉。不过，随着声道数的增加，声音文件所占据的存储空间也会增加[①]。

4.4.2　常用音效文件格式

在编制课件工作中，常用的音效素材文件主要有以下几种。

1. 波形文件

波形文件是计算机录音时用的标准 Windows 数字音频文件，扩展名为 wav。这种格式的音效文件普适性强，一般的计算机声卡都支持这种格式文件的生成、编辑和播放，能够较好地表达原始音源的效果，常用于歌曲、人声等自然声音的录制与存储，但占用存储空间较大，故一般只用于较为短小的语音提示或片段音乐等，主要用来作为过渡、提示音，时长一般不超过 10 秒钟。

2. midi 文件

midi 是 Musical Instrument Digital Interface（音乐设备数字接口）的缩写，是在 1982 年提出并不断发展确定的数字音乐国际标准，规定了电子乐器和计算机之间进行联接的硬件及数据通信协议，已成为电脑音乐的代名词。这种格式的文件记录的不是数字音频波形，而是以数值形式存储的音乐代码或乐谱命令，其文件占用存储空间较小，通过软件可以实现非常方便、灵活的编辑处理，可按需要任意地修改乐曲速度、音调，变换乐器等，但无法完全、准确地再现重自然声音，表达能力有限，常用于较长段的背景音乐。

3. mp3 格式

mp3 是利用 MPEG Audio Layer 3 的技术，将波形文件的音乐进行压缩后所得到的音频文件。这种格式的音效占用存储空间比较小，同时对音源有较好的还原率，使用较为普遍。

4.4.3　应用分类与要求

在课件中不同的地方，应按实际需要来选用不同的音效。

---

① 彭妙颜 . 音频技术百年回顾与前瞻 [J]. 电子世界，2002；7-9.

1. 提示音效

这类音效主要是对课件使用者的操作行为、对学习者引起注意等加以提醒时所用的音效，起着询问、提醒、强调、夸奖、警示等作用。一般选用较为短小、轻快的乐音或打击乐器声音，也可以使用自己录制的短语式语音，多用波形文件，时长通常不超过 5 秒。

2. 过渡音效

此类音效主要是用于课件的进入、页面切换、主题变化、退出时同步呈现，起着提示、预告、放松紧张心情等作用，也有助于构造学习情境。在课件中使用时，一般选用较为轻快而短小的音乐旋律乐段，多用波形文件，时长一般不超过 10 秒。

3. 背景音效

在需要学习者观察、阅读、思考时，如呈现较为大段的文字、练习题、教学主题图片等时，可配上背景音乐，以创设学习情景，调动学习兴趣，激发学生想象力与思维。根据实际需要，一般可选用较为舒缓、轻松的抒情性轻音乐。如果是呈现带有竞赛性的练习题时，则可以选用节奏轻快的音乐，所用时长按需要而定，并能适时重复。

4. 主题音效

在语文或英语教学内容中，课文朗诵、生字词的范读、语音介绍，以及音乐课的主题音乐等，是教学的主题之一。这类音效一般要求发音标准、语音清晰、速度适中，时长与文件格式则因实际情况而定。

总之，音效多种多样，但不能滥用，而必须在需要的地方才选用①。

4.4.4　音效的获取

除了通过网络搜索下载音效以外，也可以自己录制，还可以通过剪辑已有音效文件来获取。

1. 计算机录音

在 Windows 操作系统中，利用系统自带的"录音机"软件，就可以实现计算机录音②。

（1）设备准备

除多媒体计算机外，还需话筒、耳机（或成套耳麦），应与主机连接好。通常，在台式机的主机背面声卡接口处对应接口为话筒的标识是 MICPHONE（或一小话筒图标），耳机为 LINE OUT（或三条圆弧加一箭头），有的主机在机箱前边的面板上也有声音的输入、输出接口。

（2）设置录音通道

常用两种方式：其一是按路径"我的电脑→控制面板→声音与多媒体"执行；其二是在任务栏系统任务区的小喇叭状"音量"图标上鼠标右键单击，在出现的菜单中选"调

① 牟洁.论课件素材的选用 [J].宜宾学院学报，2005(06)：77-79.
② 牟晓东.CAI 课件中声音的处理技巧 [J].中小学电教，2010（04）：74-75.

整音频属性"，在出现的对话框中，点选"音频"，在其中"录音"栏内选择相应的设备，然后"确定"。

（3）设置录音属性

在任务栏系统任务区的小喇叭状"音量"图标上鼠标左键双击，在出现的"主音量"窗口中，点选菜单"选项→属性"，则出现"属性"设置框，在"调整音量"项下点选"录音"，然后在其下"显示下列音量控制"内，在所需设置的音频通道上点选打勾，然后"确定"，再将相应的控制滑条向上推到最高处，再点"选项→退出"即可。

（4）录音

①启动"录音机"程序

操作路径为"开始按钮→程序→附件→录音机"，单击左键即可启动"录音机"软件。

②录音

在"录音机"程序窗口内，用鼠标左键点选红色小圆按钮"录音"，即可开始录制声音，如要停止则按黑色小矩形"停止"。

在录音时，音源应与话筒保持约 30cm 的距离。

③存盘

在 Windows 7 操作系统中，按下"录音机"的"停止"键，则出现"另存为"对话框，选定存盘位置、名称、格式（默认的存盘格式为 WMA），点"保存"按钮即可。

2. 软件生成朗读文件

可以使用软件来自动生成语文、英语等课文的朗读文件，常用如 Balabolka 软件[①]。

Balabolka 是一个文本转语音（TTS）的程序，能使用微软的语音 API（SAPI）的各种版本，也可以使用计算机系统上安装的所有语音，能够改变语速和语调等语音参数，该软件可以从网上免费获得下载，既有软件开发官方提供的安装版，也有绿色免安装版。

使用 Balabolka 软件来生成课文朗读文件的方法如下：

（1）设置语音库

该软件默认的语音库是英文，可按需要更改设置。在图标式的工具栏左下方，三个选项卡中选择中间的 SPAI5，然后单击该项内右端的黑色三角形，从出现的下拉菜单里选择中文语音库。

（2）添加转换内容

将需要转换为朗读语音的文字内容（可提前做成 txt、doc 等文本文档）复制、粘贴到软件主界面的文本输入框，按下键盘上的 Ctrl+Home 组合键，使光标定位于文本最前边，再单击工具栏上的"朗读"按钮即可试听效果。如果不太满意，则可以对"语调""语速"选项进行调整，直至满意为止。

（3）存盘

如果合乎要求，则执行菜单"文件→保存音频"命令，在出现的对话框内选择保存

---

① https://jingyan.baidu.com/article/bea41d43c5900fb4c51be693.html

位置、格式，然后"确定"即可。

此外，软件"能说会道 XP"也能实现朗读语音文件的自动生成，比较具有专业特色，不仅提能供英语、中文普通话发音，还有中文广东话以及韩文、日文语音[1]。

3. 自制计算机音乐文件

如果没有现成的音乐文件，可以利用 Sonar（原名 Cakewalk）、作曲大师等软件来自己制作。这两款软件不仅可以像用文字符号来撰写文章一样用音符来写出乐谱，让计算机按操作者所制的乐谱自动生成音乐文件，还支持插接上电子合成器等乐器，直接记录音频信号后转成乐谱来用于编辑，功能十分强大。

4.4.5 音频处理

1. 格式工厂应用[2]

利用"格式工厂"等软件，可以对声音文件进行简单剪辑、格式转换处理。

格式工厂（Format Factory）是一款多功能多媒体格式转换软件，适用于 Windows 操作系统，为免费软件。该软件可以实现大多数格式的视频、音频以及图像进行不同格式之间的相互转换，操作非常简单。

（1）启动软件

双击桌面图标，启动"格式工厂"软件。

（2）音效剪辑及 MP3 压制。

①任务选择

在程序主窗口左侧边栏任务选项区，左键单击选择"音频→所有转到 MP3"。

②选择处理文件

在出现的"所有转到 MP3"对话框中，左键单击右上角"添加文件"按钮，在出现的"打开"对话框中，单击选中前面自己的录音文件，然后"打开"，则返回到"所有转到 MP3"对话框。

（3）片段剪辑

在"所有转到 MP3"对话框中，左键单击"截取片段"按钮，在新出现的工作界面中部，左键按住播放滑块至起始时间点，然后单击下边的"开始时间"按钮；再左键按住播放滑块至结束时间点，然后单击下边的"结束时间"按钮（也可直接用键盘输入这两个时间）；确定无误后，点右上角"确定"按钮，则回到"所有转到 MP3"对话框，在最下边"输出文件夹"选项，设置输出存盘的位置，再左键单击右上角"确定"按钮，回到程序主界面。

（4）实施转换

在程序主界面当前任务区域（有来源、大小、转换状态、输出等项），检查无误后，

---

① 小档案.能说会道 XP[J].电脑知识与技术：经验技巧，2013（2）：18.
② 大草原.格式工厂文件格式任你转 [J].电脑爱好者（普及版），2009（03）：19.

左键单击选中"来源"标签下的文件，再左键单击工具栏"开始"按钮，然后可以看到进度条呈示的转换工作进程至结束。

（5）回放检查

可以用 Windows 自带的 Windows Media Player 播放器来播放、检查剪辑、转换好格式的音效文件，或者用第三方软件如千千静听等软件来回放、检查。

此外，利用格式工厂软件还可以从 MTV 或 CD 光碟中提取 MP3 音乐、转换格式等，操作方法与上例基本一致。

能够实现音频转换的软件还有很多，如全能音频转换器、音频转换大师等，可根据实际与个人喜好来选用[①]。

2.Adobe Audition 应用[②]

如果对音效有较高的要求，可以用较为专业的软件 Adobe Audition 软件来进行音效处理。

Adobe Audition（前身是 Cool Edit Pro）是 Adobe 公司开发的一款功能强大、效果出色的多轨录音和音频处理软件，不少人把它形容为音频"绘画"程序，目前主流版本是 Adobe Audition CC。

（1）软件窗口

双击桌面 Adobe Audition 图标，打开程序，会进入 Audition 的编辑界面，编辑界面主要是由工作区和素材框组成，在素材框上方的选项卡里可以选择效果调板和收藏夹调板。

（2）录音

在计算机上插接好耳麦后，于程序窗口左下部的传送器调板上，直接单击红色圆形录音键，会出现"新建波形"对话框。

根据预计的录音需要，选择采样率和分辨率，完毕后，单击"确定"按钮即可进入录音界面，此时就可以开始录音了，在录音的同时可以从工作区看到声音的波形。

录音完毕，再次单击录音键即可结束录音。可以用传送器调板上的"控制"按钮进行音频的重放，试听录制效果。

如果满意的话，可执行菜单"文件→另存为"命令，在弹出的对话窗口中选择保存的位置、文件名，单击"保存"按钮即可。

此外，也可以按照一般的步骤，在启动软件后，执行菜单"文件→新建"命令，然后会弹出"新建波形"对话框，进行选项设置之后，进入编辑界面，此时再单击传送器调板里的录音键即可开始录音，其后的步骤和先前所述一致。

（3）音频剪辑

利用 Adobe Audition 可以实现对音频进行较为精确的剪辑处理，去掉音频文件中不必要的部分，或者将多个音效文件的音频无缝拼接、合并制作为一个新的音效文件，以及多

---

① 编辑部.手把手教您视频转码之格式工厂[J].计算机与网络，2013，39(Z1)：53.

② [美]Adobe 公司.Adobe Audition CC 经典教程[M].贾楠，译.北京：人民邮电出版社，2020.

音轨混合等。比如，要将一段自己录制的课文朗读音频加上一段轻音乐作为背景音乐，可以参考下面的制作方法。

①启动程序、打开多轨模式

两个以上的多个音频文件编辑，需要在多轨模式下进行。因此，启动 Adobe Audition 打开软件窗口后，首先用鼠标左键单击窗口左侧素材框上的"多轨"按钮，即可进入多轨编辑模式。

②调入音频文件

执行菜单"文件→打开"命令，在出现的对话框中，找到需要处理的音频文件，左键双击即可将音频文件调入，这里需要分两次分别导入预先保存的"朗读"与"轻音乐"两个音频文件。

分别选中素材框内已导入的音频文件，可以用窗口左下方的传送器调板上的按钮来播放、试听，确定将要剪辑删除的音频波形位置、起始时间。

③放置音轨、初步剪辑

将素材框内的两个文件，用鼠标左键分别拖放到音频 1 和 2 的轨道上，可以对两个音频进行初步的剪辑，将音频中不需要的部分删除。方法是鼠标左键单击工作区上方的时间选择工具，将鼠标移至多轨音频显示区内的音频波形上，光标将变成"I"形，于需要剪辑删除的音频波形起点位置，按下鼠标左键，拉黑选中相应波形区域（也可以在音频波形区的右下方"选择/查看"调板上，"选择"项右侧的时间显示项内输入相应的起始时间，同样可以选中需要的片段）。确定所选无误后，执行菜单"编辑→删除所选"命令或直接按下键盘上的 Delete 键，即可将选区删除。

④对准音频

鼠标左键单击工作区上方的移动工具，然后将鼠标光标移动至多轨音频显示区内的音频波形上，光标变为带十字箭头的形状，此时按下鼠标左键并移动，即可以对音频块进行整体移动，将两段音频的起始位置对准。

有时，为了让朗读的音频与作为背景的轻音乐能更好地协调搭配，可以将朗读音频分切成多个小段，其操作方法是利用时间选择工具，单击音频中需要分切开的位置，然后使用快捷键"ctrl+K"，或者选择菜单"剪辑→分离"命令，就可将音频分切开，再利用移动工具将分切线之后的音频移动至适宜位置即可。

⑤试听、存盘

用窗口左下方的传送器调板上的按钮来播放、试听，如果符合要求，即可选择"编辑→混缩到新文件→会话中的主控输出"，按照需要选择立体声或者单声道之后，软件会自动开始进行混缩，并在单轨模式下自动生成一个混缩文件，然后再按照单轨编辑的保存方式，执行菜单"文件→另存为"命令，在弹出的对话窗口中选择保存的位置、文件名，单击"保存"按钮即可完成存盘。

（4）从原唱歌曲中提取伴奏音乐

有时，课文朗诵需要伴奏音乐，可以从伴奏网（http://www.fcmp3.com）等网站下载，但如果找不到需要有伴奏，又想从已有的歌曲中将旋律单独地提取出来使用，可以参考下列方法。

①导入音乐

启动 Adobe Audition，执行菜单"文件→打开"命令，在出现的对话框中，找到需要处理的原唱歌曲文件，左键双击即可将其导入。注意，应在编辑视图模式进行。

②声道重混缩

在编辑视图模式下，鼠标左键双击波形，选中音频文件的全部波形，然后执行菜单命令"效果→立体声声像→声道重混缩"，将出现"VST 插件—声道重混缩"设置框。

在此对话框中，先将"新建左声道"项下边的左声道设置为100，右声道设置为 –100，再反过来设置下边的"新建右声道"，然后点击"确定"按钮，程序会自动开始运行、处理。

经过此步操作处理后，已经大大地消减了原来歌曲中演唱者的声音，但是并没有完全去掉，而有些伴奏的旋律声音也会有一定程度的减弱。

③修复伴奏效果

先将声道重混缩后的音乐，另存为一个新的声音文件，可命令为"伴奏01"。

再执行菜单"效果→滤波和均衡→图示均衡器"命令，将出现"VST 插件—图示均衡器"对话框。

在此对话框中，左上部三个频段选"30 频段"，左下方"区域"数字处双击左键激活后输入"100dB"或者更大，再将 30 个频率段中处于中间的 10 个频率段拉动滑动块，调到最小。之所以这样做，是因为人的声音主要集中在这个频率段，这样就可以基本消除掉原唱中人的声音，而同时又最大限度地保留了音乐的低音和高音范围。

左键单击左下方带有黑色三角形的"预览"按钮，可以试听修改后的效果。如符合需要，则左键单击右下方"确定"按钮进行处理。待程序处理完成后，执行菜单"文件→另存为"，并命令为"伴奏02"。

④混缩处理

打开先前保存的"伴奏01"，进入到多音轨编辑界面，将"伴奏01"与"伴奏02"两个文件分别拖入不同的音轨，再用鼠标右键将两文件对齐，然后执行菜单"编辑→混缩到新文件文件→会话中的主控输出（立体声）"命令进行合成。

合成完成以后，会出现一个名为"混缩"的声音文件，先关闭其余两条旧音轨，保存该文件，就可得到消除人声后的伴奏音乐。当然，通过上述操作处理后的音乐，还是会有那么一点点原唱的声音。

在结束选项中，先选"是"再选"全不"，这样就得到了从原唱歌曲中提取出来的伴奏音乐。

（5）内录带伴奏的演唱或课文朗诵

利用 Adobe Audition 还可以实现录制带有伴奏的演唱录音。

①启动软件，导入伴奏

启动 Adobe Audition，在多轨模式下，选中第一音轨后，在音轨一空白处单击鼠标，执行"插入→音频"，然后选择并插入事先准备好的伴奏。

②选择音轨录音

在多轨模式下主群组面板内，选中第二音轨用于录制演唱声音，点击其轨道上的"R"按钮，选择录音缓存位置；然后点击程序窗口左下方传送器的红色按钮，开始边听伴奏边演唱、录音（最好使用耳麦）。

③播放试听

录制完成之后，点击"停止"按钮，点击"播放"键试听。

④导出存储

试听满意后，执行菜单"文件→导出→多轨混音→整个项目"，在弹出的对话框给文件起名、选择要保存的音频格式、指定存储位置保存文件即可。

此外，Adobe Audition 还可以实现对音频的降噪、变调、变速等，功能十分强大，是处理音效文件的优秀工具软件。

在课件中合理地选择、使用音效，可提高课件的表现力，能有助于构造情境，吸引学生注意力，调节学习情绪等。因此，掌握好录音、制作与剪辑操作，可为以后编制课件作好准备。

4.5　视频素材

在课件编制中，常需要引入表达连续过程的动态影像，以提高直观性和吸引力，视频素材即为常用选项。动态的视频能将形、音、影等有机融合，更加真实地再现客观世界，对学习主题的"活化"程度最高，能对学生提供最直观、最全面的学习信息刺激。

4.5.1　视频概述

所谓视频，其实就是将一个连续动作或过程分解为多幅静止的图像，以一定的速率依次序显示、播放而成，其中的每一幅图像称为一帧，多个连续帧构成视频。视频播放图像的速度称为帧频率 fps（frame per second，帧 / 秒），常见的帧频率有 24fps、25fps 和 30fps，通常应保证帧频率在 12fps 以上，人眼才不会感到画面有过于明显的停顿[①]。

按照处理方式不同，视频可分为模拟视频、数字视频两种。

模拟视频是用随着时间连续变化的电磁信号来记录视频图像和伴随的声音，早期电视的视频信号记录、存储和传输都是采用模拟方式，存储介质为磁介质的录像带。这种格式的视频制作成本较低、图像还原性好，但随着时间推移，录像带上图像信息强度会逐渐

---

① 封敏. 电影的原理与发明 [J]. 电影评介，1989：36.

衰减，会出现图像质量下降、色彩失真等现象。

数字视频有两种情况，一种是将模拟视频信号进行数字化处理后得到的视频信号，另一种则是在拍摄视频时即采用数字化成像的方式来获得、记录视频信息，是真正的数字视频。与模拟视频相比，数字视频在存储、复制、编辑、检索和传输等方面有巨大的优势，正逐步取代模拟视频，成为视频应用的主流形式，常见的 VCD、SVCD、DVD、数字式便携摄像机等所记录、呈示的都是数字视频[①]。

4.5.2　常见的视频文件

1.AVI 格式

AVI 文件（Audio video interleaved，音频视频交错）是 Windows 标准的视频格式文件，音、视频信号交错存储在一起并可同步播放，不需要专门的硬软件支持就可实现音频与视频压缩处理、播放和存储，调用方便、通用性与普及性较强，可实现每秒钟播放 15 帧画面，但文件占用存储空间较大，画面较小，如果放大则影像会变得模糊。

2.WMV 格式

WMV（Windows Media Video）是微软开发的一系列视频编解码和其相关的视频编码格式的统称，一般同时包含视频和音频部分，是 AVI 之后 Windows 操作系统的通用视频文件格式，分辨率可达 720p 和 1080p，可以边下载边播放，适合在网上播放和传输。

4.5.3　应用分类与要求

在课件中，并非所有的地方都要用视频，通常主要用于三个方面。

1. 课件片头

视频常用于课件的起始模块部分，用来呈示课题、提出问题、制造悬念，以构造教学情境、激发学生思考和求知探索欲望，对学习主题有预告作用，但一般不宜太长，格式上没有具体的要求。

2. 教学主题

对于不少需要动态表达的学习主体内容、重难点知识等，常用视频来直观呈示，选用时应保证视频播放画面清晰、内容准确而典型，主题突出，并能够控制播放。

3. 课件结尾

有时也在课件结尾处使用视频，带有小结的性质，最好能提出新问题、预告新的学习内容，体现新旧知识的联系。

必须注意的是视频文件一般占用空间大，并对硬软件有相对较高的要求，在课件中调用时会出现显示滞后、暂时停滞等现象，故应注意技术上的适宜性，不能滥用视频素材[②]。

---

① 况扬，江婕.计算机视频文件格式探究 [J].科技广场，2011：209-211.

② 牟洁.论课件素材的选用 [J].宜宾学院学报，2005(06)：77-79.

4.5.4 视频文件的获取

视频文件可通过网络搜索下载获得，也可对现有视频进行剪辑获得。

1. 网络搜索

利用互联网络，可以找到非常丰富的视频资源，但以 flv、mkv、mp4 格式等居多，下载后需要转换格式。同时，网络上的不少视频是对真实的地址进行了加密，不容易直接获取。通常，对于没有提供直接下载的视频，可用以下两种方法来获取。

（1）缓存文件法[①]

①打开视频所在网页

启动 IE 浏览器，通过百度，找到所需的视频并打开其所在网页，正常观看视频，等待缓冲完成即可暂停播放，其间不能关闭浏览器。

②打开缓存文件夹

等视频加载完毕，打开当前计算机的缓存文件夹，一般是 C:\Documents and Settings\ 你的用户名 \Local Settings\Temporary Internet Files 这个文件夹，先在名为 Temporary Internet Files 的窗口执行菜单"工具→文件夹选项"命令，在出现的对话框执行"查看→高级设置→显示全部文件"设置操作；然后，在窗口内按扩展名来查找视频文件，按时间排序，可以很容易找到。此外，由于视频文件一般都比较大，因此，也可以按大小来查找。

或者在当前网页执行菜单"工具→ Internet 选项"，在出现的"Internet 属性"对话框中，"查看"选项卡内，执行"浏览历史记录→设置→查看文件"操作，也可以打开 Temporary Internet Files 窗口。

有时临时文件可能比较多，因此建议事先将 Temporary Internet Files 文件夹清空，再打开视频所在网页，进行相应操作。

③存盘

将找到的视频文件复制、粘贴到自己所需要存放的相应文件夹存放以备用。

（2）软件捕捉下载法

迅雷视频下载、迅雷看看等比较成熟的软件，可提供播放、下载、转换等功能。有不少视频网站也提供了客户端，只要下载、安装了客户端软件后，可以下载需要的视频文件。

此外，还可以用 VideoCacheView 软件，直接将视频文件从计算机缓存中查找、提取出来并保存。也可以借助"硕鼠"网站（http://www.flvcd.com），来下载需要的视频。

2. 剪辑获取

如果要从已有的视频中剪辑片段来使用，最简单的是使用"格式工厂"软件来实现[②]。

---

① 李菡飞. 网络视频资源下载不求人 [J]. 才智，2018(02)：215.
② 大草原. 格式工厂文件格式任你转 [J]. 电脑爱好者（普及版），2009(03)：19.

（1）任务选择

启动"格式工厂"后，在左侧边栏任务选项区，左键单击选择"视频→所有转到 WMV"；如果是从光盘中获取视频，则应选择"光驱设备 \DVD\CD\ISO"选项，再根据所用的光盘类型，来选择相应的子项。

（2）选择处理文件

在出现的"所有转到 WMV"对话框中，左键单击右上角"添加文件"按钮，在出现的"打开"对话框中，单击选中所需要的视频文件，然后"打开"，则返回到"所有转到 WMV"对话框。

（3）片段剪辑

在"所有转到 WMV"对话框中，左键单击"截取片段"按钮，在新出现的工作界面中部，左键按住播放滑块至起始时间点，然后单击下边的"开始时间"按钮；再左键按住播放滑块至结束时间点，然后单击下边的"结束时间"按钮（也可直接键盘输入这两个时间）；确定无误后，点右上角"确定"按钮，则回到"所有转到 WMV"对话框，在最下边"输出文件夹"选项，设置输出存盘的位置，再左键单击右上角"确定"按钮，回到程序主界面。

（4）启动转换

在程序主界面当前任务区域（有来源、大小、转换状态、输出等项），检查无误后，左键单击选中"来源"标签下的文件，再左键单击工具栏"开始"按钮，就可以看到进度条呈示的转换工作进程至结束。

（5）回放检查

使用视频播放软件如 Windows Media Player 等，回放、检查剪辑后的视频片段。

3.Windows movie maker 应用

如果对视频没有太高的要求，可用 Windows 自带的 Windows movie maker 软件来处理、编辑视频。该软件是 Windows Me 以后直到 Windows XP 版本中新增的一个进行视频录制、编辑的应用程序，使用该应用程序，可以自己当导演，利用文字、图像、已有的视频等制作出具有个人风格的视频。如果操作系统中没有，则可以去网上下载官方中文版 Windows Movie Maker 2.6 进行安装。

（1）启动软件

通过"开始"按钮，执行菜单"开始→程序→ Windows Movie Maker"或者"开始→程序→附件→娱乐→ Windows Movie Maker"，即可启动该软件。

（2）导入文件

程序启动后，窗口左侧有三步骤工作导航（捕获视频、编辑电影、完成电影）与电影制作提示，首先是左键单击执行"1.捕获视频"中的选项来导入文件，如从视频设备捕获、导入视频、导入图片、导入音频或音乐等。执行选项后，在工具栏"任务"之下的空白窗口内，就可以看到导入的内容。

（3）裁剪视频片段

对于导入的视频，Windows Movie Maker 会自动呈示为多个分解的片段，左键点击选中片段，可以在右侧的预览窗口播放。

如果要将某个片段进行裁剪，则先点击选中该片段，然后在右侧预览窗口内，拖动播放滑动控制块至需要裁剪的时间点，再左键点击滑动控制块右下侧的按钮，则可将该段视频分为两段，工具栏"任务"之下的视频文件预览列表窗口内可以看到分解后的情况。

（4）视频编辑处理

如果要将多个片段的视频重新组合为一个新的视频，在导入视频后，依次用左键将工具栏"任务"之下的视频文件预览列表窗口内的视频逐个拖至窗口下边的拍摄剪辑栏内，放置于合适的影片格状位置上即可。

如果要在视频内插入图片，可以在拍摄剪辑栏内需要的地方，选中某一个片段后，插入图片。

在工具栏"收藏"项内，可以选择"视频效果""视频过渡"效果。

在窗口左侧工作导航区左键单击执行"2.捕获视频"中的选项"制作片头或片尾"，可按出现的提示，制作出需要的片头与片尾。

此外，还可以在拍摄剪辑栏，为视频添加音乐、录音等音效。

（5）导出影片

视频制作好以后，执行窗口左侧工作导航区"3.完成电影"之"保存到我的计算机"，按提示可将视频以需要的格式存盘 ①。

此外，也可以利用微软公司通过服务器向互联网用户的电脑等终端提供各种应用服务的 web 服务平台 Windows Live 进行"影音制作"，不仅可以将照片和视频制作成精彩绝伦的电影，还可以高质量地将其他格式视频转换成为 wmv、MP4 等目前流行的兼容格式。Windows Live 中的"影音制作"是 Windows 7 在原来 Windows XP 系统中的 Windows Movie Maker 升级而来的，可以免费在微软的官网下载、安装，也可以在 Windows Live 中国主页（http://www.windowslive.cn）免费下载安装。

4."会声会影"应用

可用功能比较强大的"会声会影"软件来剪辑处理视频素材。

"会声会影"是美国友立公司出品的"视频编辑"软件，具有图像抓取和编修功能，提供有超过 100 多种的编制功能与效果，可导出多种常见的视频格式，甚至可以直接制作成 DVD 和 VCD 光盘；支持各类编码，包括音频和视频编码，是最简单好用的 DV、HDV 影片剪辑软件。

以"会声会影"X2 为例，如果是安装后首次启动，则会出现启动选项界面。通常选择第一项，则可进入视频编辑主界面。

---

① 刘伟.用 Windows Movie Maker 制作数字电影 [J].中小学电教，2005(01)：56–57.

（1）导入素材

在菜单栏右侧左键音击选择"1 捕获"，可直接从与电脑连接的摄影设备、光驱等直接导入视频素材，也可通过预览屏幕右侧的下拉式菜单以及工具图标，选择需要导入的视频、音频、图片等素材。

（2）编辑处理

在菜单栏右侧左键单击选择"2 编辑"，进入编辑界面，窗口下部出现视频、音频等编辑轨道，可将各类需要的素材拖放至对应的轨道内，然后按序放置。

在"2 编辑"右侧，还有"效果""覆盖""标题""音频"等编辑选项，可按需要选用。

（3）导出视频

在菜单栏右侧左键单击选择"3 分享"，进入导出界面，可按需要选择相应的导出方式与视频格式，并存储于指定的位置。

（4）保存当前工作

如果需要后续处理，可以执行菜单"文件 / 另存为"命令，将当前的编辑工作暂存为项目，其文件扩展名为".VSP"，以便于以后再进行编辑处理。

如果是一般性应用，还可以通过"影片向导"，按其出现的对话框与提示，进行操作即可，其基本步骤为：启动会声会影→影片向导→插入视频→选取素材视频片段→下一步→选择主题模板→更改标题或调整背景音乐→调整区间→预览效果→下一步→创建视频文件→选择文件类型→保存①。

此外，如果有较好的硬件设备，对视频质量要求较高，还可以选用专业级的 Adobe Premiere Pro 软件来处理、编辑视频。

如果找不到现成的视频素材，有条件的话，可以自己用数码摄影机或者具备摄像功能的手机来拍摄，然后再通过多媒体计算机来剪辑，并转换为需要的文件格式。

视频素材能有效地活化知识，增强教学的直观性，但因获取与自制相对较难、占用存储空间大、调用影响软件运行速度等原因，因此，实际应用中，有时会用各种计算机动画文件来代替。

4.6　动画素材

计算机动画在各个领域已经有了非常广泛的应用，不仅在电子游戏开发中大量使用了动画，网页、电视广告、电影片花与特技特效等也有大量的应用。在计算机应用程序中加入动画可以使程序更加生动。此外，动画还大量用于生产过程仿真模拟、科研实验模拟、产品设计、建筑设计等方面，可以节约大量的经费，减少实验过程中可能出现的危险与伤害。目前，计算机动画已经发展成为一门综合性艺术门类，成为集合了绘画、漫画、

---

① 参考了 COREL 公司出品的《会声会影 ULTIMATE2018 用户指南》中的部分内容。

电影、数字媒体、摄影、音乐、文学等众多艺术门类于一身的新型艺术表现形式。

4.6.1　动画概述

1. 动画渊源

英语中动画 Animation 一词源自拉丁文字根的 anima，意为灵魂；动词 animate 是赋予生命，引申为使某物活起来的意思，所以，Animation 可以解释为经由创作者的安排，使原本不具生命的东西像获得生命一般的活动。英国动画大师约翰·哈拉斯就曾指出，动画的本质就是动作的变化。因此，从广义上讲，把一些原本静态的事物，通过制作、放映，变成活动的影像，即为动画①。

动画与视频的原理一样，都是根据视觉暂留原理来制作产生的。相对于以真实客观影像为主题的视频，动画更容易直观地表达人们的情感，可以把现实中不可能看到的事物转为现实的动态影像，扩展了人类的想象力和创造力。

2. 传统动画

传统动画主要依靠手工绘制、后期拍摄而成，是由多幅连续动作的静态图像构成。传统动画分为全动画与半动画，全动画的帧频率为 24fps，动作流畅而自然；半动画又名有限动画，帧频率为 12fps，是出于经济方面的考虑而节约制作成本。需要注意的是，如果要生成画面动作过渡比较平滑、连贯的动画效果，帧速率一般不能小于 8fps。

3. 计算机动画

计算机中所涉及的动画则主要是指采用计算机图形与图像处理技术，借助于软件编程或动画制作软件来生成一系列的连续景物画面。其中，当前影像帧是对前一帧的部分动作或形状形态的修改。与视频相似，计算机动画也是采用连续播放静止图像的方法产生物体运动的效果。

计算机动画一般分为二维动画、三维动画两大类。

二维动画是指显示为平面画面的动画，无论画面的立体感有多强多逼真，都只是在二维平面上模拟真实的三维空间效果。

三维动画是指能在画面上呈现随视点调整变换而变化的三维空间内容，能够看到景物的正面、侧面和反面等的变化。在三维动画中，动画的对象不是简单地由外部输入，而是根据对象的三维数据在计算机内部生成，对象的运动轨迹、动作等设计也是在数字化的三维空间中实现。

从播放控制角度看，计算机动画还可以分为顺序动画（连续动作、持续播放）和交互式动画（可控制、重复再现动作）两类②。

① 王鹏.动画表现的本质——运动着的思想 [J].现代传播（中国传媒大学学报），2010(05)：165-167.
② 林保真，杨四亦.计算机动画原理及进展 [J].计算机工程与设计，1992(05)：3-10.

4.6.2　常用计算机动画文件

在计算机中，主要有以下格式的动画文件[①]。

1.gif

gif 动画（Graphics Interchange Format，图像互换格式）是 CompuServe 公司在 1987 年开发的图像文件格式，扩展名为 gif，是在一个 gif 文件中存储多幅图像数据，显示时逐幅读出并显示到屏幕上，构成最简单的动画。gif 动画文件不能存储声音，只支持 256 色以内的图像，支持透明色，可以使图像浮现在背景之上，占用存储空间较小，应用范围广，可用 ImageReady、Animagic GIF 等软件制作，网络上有较为丰富的资源。

2.swf

swf（Shockwave Format）动画是 Macromedia 公司（已被 ADOBE 公司收购）的动画设计软件 Flash 的专用格式，扩展名为 swf。这种动画是基于矢量技术制作的，支持矢量和点阵图形，能够用比较小的体积来表现丰富的多媒体形式，可以边下载边看，具有高清晰度的画质和小巧的体积，不会因画面放大而有任何损害，如今已被大量应用于 WEB 网页进行多媒体演示与交互性设计，目前已成为网上动画的事实标准。这种格式的动画可以用 Adobe Flash Player 打开，浏览器则必须安装有 Adobe Flash Player 插件。

3.flc

flc 文件是 Autodesk 公司在其出品的 2D、3D 动画制作软件中采用的动画文件格式，扩展名为 flc，是对一个静止画面序列的描述，连续显示这一序列便可在上产生动画效果。flc 文件结构简洁，弹出速度快，虽然每种基色最多只有 256 级灰度，图像深度只有 8 位，但使用起来很方便，不过其本身不能同步保存声音。

4.mmm

mmm 格式动画是微软公司的媒体动画标准格式，由 Macromedia 公司的 Director 生成的，一般集成在软件程序内，得少单独使用。

此外，在网络上有部分动画使用的是基于视频的 flv 格式，还有转换为 exe 的可执行文件格式。

4.6.3　应用分类与要求

1. 课件片头类

动画可用来取代视频素材作为片头，可有效构造学习情景，提出问题并制造悬念，激发学生求知探索欲望，还有活跃课堂气氛，预告学习任务等。片头一般不宜太长，常选用 Flash 动画或 gif 动画。

2. 页面图标类

图标类动画素材主要是指各种操作提示图标、按钮等，此类素材要求其文件占存储

---

① 黄峥 . 浅谈数字视频格式（一）——动画格式 [J]. 电脑爱好者，2002(20)：35.

空间不能太大，构图应小而简练，提示性强，并尽可能富有趣味性与艺术性，常用各种卡通类 gif 动画。

3.教学主题类

教学主题类动画素材则集静态图像、视频的优点于一身，表现力丰富，常用 swf 格式的 Flash 动画文件，目前在互联网上有不少这类现成的素材。它一般占用空间不大，互动性强，其制作与使用不需要添置专用设备，便于按教学需要自行制作、修改，在很多时候可以替代视频素材。这类素材要求紧扣教学主题，富有趣味性，起到"活化"教材的作用。

4.课件片尾类

用于课件结束处，应带有小结性质，并能预告新的学习内容任务[①]。

4.6.4 动画素材的获取

在互联网上，有海量的动画素材，gif 类动画可以用下载图片的方法来获取，swf 等格式的动画则可以用前述获取网页视频的缓存文件法来获取，也可利用维棠下载、FLV 探测器等专用软件来获取。此外，还可以借助以下方法将网页中的 Flash 动画单独提取出来。

1.查看网页源文件[②]

（1）打开网页源文件

打开带有所需要下载的 Flash 动画的网页，鼠标于网页空白处单击右键，在出现的快捷菜单里执行"查看源文件"命令，将打开一个记事本窗口，其中显示的是网页的所有源代码。

（2）查找、复制 Flash 文件链接地址

在记事本窗口执行菜单"编辑→查找"命令，或者按下快捷键"Ctrl + F"，在弹出的对话框中输入".swf"，确定后即可查找到 Flash 的 swf 文件的链接地址，复制下该链接地址，应注意看是绝对链接还是相对链接。

（3）验证地址与下载

打开浏览器，将刚才复制的地址粘贴到浏览器的地址栏上，按回车键，Flash 动画就可以全屏地出现在浏览器窗口。

接着复制整个地址，打开下载工具软件如迅雷、网际快车 flashget 等，新建下载任务、粘贴链接地址 URL，然后就可以将动画下载到指定的位置存储。

如果网页里含有多个 Flash 文件，则可能需要按上面的方法多试几次，直到找到想下载的 swf 文件。

2.通过全屏显示链接下载

有不少网站为了方便登录的浏览者观看 Flash 作品，常提供了"全屏欣赏"方式，有

① 牟洁.论课件素材的选用 [J].宜宾学院学报，2005(06)：77–79.
② PWB.Flash 动画下载技巧 [J].电脑迷，2004(10)：92.

不少网页上的"全屏欣赏"提供了真实的动画文件的地址，则可以直接在"全屏欣赏"链接上点击鼠标右键，执行右键快捷菜单"复制快捷方式（copy url）"，然后到下载工具如迅雷、网际快车 flashget 等上粘贴地址链接 URL，然后就可以将动画下载到指定的位置存储。

3.Flash Jester Woof 应用

Flash Jester Woof 软件可以从计算机硬盘里的 IE 临时文件目录内查找出需要的 Flash 档案、Real 档案和 JPEG 档案。

从网上找到 Flash Jester Woof 后下载、安装，运行该软件，在本机硬盘内搜索网页缓存文件中的 swf 动画文件。

预览后找到想保存的文件，在前面打上勾，执行菜单"文件复制"命令，选择保存的路径，确定后即可将动画文件保存到指定的位置。

4.6.5 简单的 GIF 动画制作

使用 Ulead GIF Animator 软件，可以很方便地制作出课件中所需的 gif 动画①。

以制作汉字书写笔顺动画为例，Ulead GIF Animator 软件使用方法如下。

第一步，启动软件，使用工具栏"画布尺寸"工具，可设定图像大小。

第二步，添加帧。在左下方帧轨道的第一帧上，右键，执行"添加帧"命令，按预设需要的帧数，添加 9 页新的帧。

第三步，输入汉字并转化为图像。在第二帧使用"文本工具"，输入汉字，然后在汉字上右键，快捷菜单中执行"转换到图像"使用。

第四步，选取工具状态下，使用工具栏的"复制""粘贴"工具，复制汉字至后续其他帧。

第五步，从第一帧起，选中对象、逐帧套索或使用橡皮擦工具，删除不需要部分，第二帧笔画保留最少，至第 10 帧呈现完整的汉字。

第六步，预览后，选中全部帧，设置帧属性。

第七步，菜单"文件→另存为→ GIF 文件"，即可完成制作。

合理应用 Ulead GIF Animator 软件，还可以制作出各种教学课件中所需用的 Gif 动画素材。

4.6.6 Flash 动画制作

如果找不到合适的动画素材，也可以用 Flash 来自己制作。

Flash 是一种多媒体创作工具软件，常用来制作二维矢量动画，所制动画文件占存储空间很小，放大以后播放出的图像不会变模糊，而且有很强的软硬件适应性。其前身是 Future Wave 公司的 Future Splash，1996 年 11 月被美国 Macromedia 公司收购并改名为

---

① 李强 . 令人惊叹的动画制作软件 Ulead GIF Animator 5.0[J]. 网络与信息，2001(10)：62-63.

Flash，在 Flash 8 以后 Macromedia 被 Adobe 公司收购并继续开发新的版本，成为 Adobe 公司开发的面向设计、网络和视频领域的专业软件套装 Creative Suite（简称 CS）中的一个组成部分，集矢量绘画、动画制作和 ActionScript 编程于一体，广泛应用于网页制作、多媒体教学和游戏开发等领域，目前已升级更新至 Adobe Animate CC[①]。

本书以制作小学古诗《绝句》教学动画片为例，介绍 Adobe Animate CC 制作教学用动画素材的基本方法，其他版本在基本操作上大同小异。

1. 插入音效

（1）片头音乐

启动软件，选择菜单"新建→ ActionScript2.0"命令，选中第一帧，点击"文件→导入到舞台"，选择音频文件，将图层 1 改名为"片头音乐"（提醒：做好的图层，需要锁定）。

片头音乐如果因帧数较多而没有完全显示，可在 140 帧处点击右键，插入帧，并在右侧的属性面板之"声音"项下边"名称"选择"片头音乐"即可。

（2）朗诵音效

新建图层，重命名为"绝句朗读"。在 115 帧处插入关键帧，执行菜单"文件→导入→导入到舞台"命令，在右侧菜单栏选择"绝句朗读"音频，参考前一步，导入朗诵音效。

2. 片头制作

（1）片头背景

新建图层"片头背景图片"，选中该图层的第 1 帧，点击菜单"文件→导入→导入到舞台"，选择首先准备好的片头底图，再选择任意变形工具，调整图片大小以适应舞台。

（2）大幕拉开效果

新建图层"左幕"，并选中"左幕"图层的第 1 帧，在左侧的工具栏底部，改变线条颜色和填充颜色为红色，并选择矩形工具，画出左侧矩形。选中第 140 帧，插入关键帧，并选择任意变形工具，将左幕的形状往左侧缩小直到退出舞台，最后选中左幕图层的第 1 帧，选择创建补间形状，左幕图层变为绿色，则表示创建补间形状成功。

新建图层"右幕"，重复以上步骤画出右侧矩形。

（3）字幕

新建图层，重命名为"字幕"。在左侧工具栏选择文字工具，输入字幕需要呈现的文字，在 115 帧插入关键帧，在 245 帧处插入关键帧，并移动到舞台上方的空白处，右键选中 115 帧，创建传统补间，字就能缓慢地往上移动。

3. 诗句主题动画制作

按诗句分图层制作动画，每句诗可以有多个图层动画构成。

新建文件夹"诗句一"，在该文件夹下新建图层"柳树"，在 250 帧处插入关键帧，

---

① 杨根福 .Adobe Animate CC 中文版基础教程 [M].上海：上海交通大学出版社，2017：12.

在左侧菜单栏选择刷子工具，修改刷子的颜色为褐色，先画树枝，再改成绿色画柳树叶，将柳树叶全选，右键选择转化为元件，并在底部插入文字"两个黄鹂鸣翠柳"。

从第 250 帧开始，依次往后分 6 次，在递增 25 帧的位置插入关键帧，每插入一次就选择任意变形工具，移动柳树的位置。分别在每个关键帧处点击右键，选择创建传统补间，就形成了微风吹拂下的动态柳树枝。

新建黄鹂 1 和黄鹂 2 图层，分别在 250 帧处插入关键帧，将黄鹂 GIF 动图导入到舞台，将上述创建传统补间的方法运用到两只黄鹂上，也能呈现出黄鹂飞翔的画面。

参考上述方法，分别完成其他诗句主题动画的制作。

4. 片尾制作

参考前述片头的制作方法，制作片尾动画。

5. 动画预览

按下键盘上的 Enter 键，或者按下 Ctrl+Shift+Enter 组合键，即可预览动画效果。

6. 导出动画

执行菜单"文件→导出→导出影片"，在出现的对话框中输入文件名，格式设定为 swf 格式，导出即可（也可设定为 exe、avi、gif 动画等多种格式）。

如果执行菜单"文件→保存"命令，将以 Flash 文档形式保存动画的源文件，扩展名为"*.fla"，该文件只能在 Flash 编辑环境下打开。如果将 Flash 文档保存后，可再次按键盘上的"Ctrl+Enter"组合键来预览、测试动画，同时系统将自动形成与源文件同名但扩展名为"*.swf"的动画文件，该文件可以脱离 Flash 编辑环境，直接在安装有 Flash Player 播放器的计算机上播放。

Adobe Animate CC 软件功能强大，可用来制作出符合教学意图的各种动画，而且占用空间较小，调用方便，是制作课件动画素材的优秀工具软件之一。建议在实际制作时，首先要注意根据教学需要来考虑动画创意与设计，再进行具体的制作操作。

课件素材是存储、表达教育信息的重要载体，是制作课件前期重要的准备工作，既体现了小学教师对教学内容中教育信息的精准把握，又体现了小学教师的教育技术专业技术能力水平。因此，应当重视课件素材工作，为后续设计制作课件奠定坚实的素材基础。

思考与练习 4

1. 课件素材选用的基本原则是什么？
2. 文字素材的获取方式有哪些？
3. 课件制作中，常用哪些类型的图像素材？
4. 如何实现计算机录音？
5. 在课件中，应该如何使用视频与动画素材？
6. 自选课题，设计、制作出编制课件所需的各种素材。

第 5 章　课件设计与制作技术

随着多媒体计算机的不断普及，借助课件实施多媒体计算机辅助教学，已成为当前小学课堂教学的重要形式，设计与制作课件也成了信息化时代小学教师必备的专业技能。

5.1　课件概述

课件是随着多媒体计算机辅助教学，在学校信息化教育不断发展中，由大型专业化的教学软件逐步演化而来。它既是承载与存储教育信息的二进制编码，又是表达教育信息的多媒体形态集成，是计算机成为现代小学教育技术的重要媒体支撑与前提条件。

5.1.1　课件的定义

对于什么是课件，不同的研究者基于各自的学术背景与研究目的，有多种不同的定义表述[①]。综合多位研究者的探索成果，此处所论述的课件有时也称为教学课件，是指用于小学课堂教学的计算机辅助教学软件，即在教育科学理论的指导下，针对课堂教学的实际需要，根据教学目标、体现教学策略、以多媒体形式来直观表达呈示教育信息的计算机辅助教学软件，属于计算机的一种应用软件。

微软公司开发的 PowerPoint 2010 软件因多媒体集成功能强大、使用方便、普及性强，已成为非计算机专业的小学各学科教师制作课件的主要工具。因此，本章主要介绍 PowerPoint 课件（简称 PPT 课件，软件版本为 PowerPoint 2010），后续如未加专门说明，所述课件一律是指 PPT 课件。

作为教育信息的存储与表达载体，课件有其独特的信息与文件构成。

---

① 黎加厚 . 从课件到积件：我国学校课堂计算机辅助教学的新发展 [J]. 电化教育研究 .1997（03）：10-15.

1. 课件的信息构成

一个完整的课件，通常应当包括：向学习者提示的各种教学信息；用于对学习过程进行诊断、评价、处方和学习引导的各种信息和信息处理；为了提高学习积极性，制造学习动机，用于强化学习刺激的学习评价信息；用于更新学习数据、实现学习过程控制的教学策略和学习过程的控制方法①。因此，作为教育信息的存储与传递载体，从信息功能角度，课件可以分解为导航与操控、教学主题、练习与反馈、版权信息等多个信息构成部分。

（1）导航与操控

为便于教师操控使用，避免信息迷航，课件应当有提示使用者的操作与导航类信息，常见为文字或与文字相搭配的图示图标等，如课件中的目录、课件页面边角处的文字式按钮、带有超链接的操作提示性文字等。

（2）教学主题

教学主题是课件中教育信息的主体部分，通常包括教学课题及来源、教学导入与铺垫、主题内容、学法指导以及拓展延伸等。从媒体属性角度来看，教学主题则可以由文字、图像、音频、视频、动画等多媒体信息构成。

（3）练习与反馈

课件中，为便于教师能够及时掌握教学效果，帮助小学生巩固学习成效，课件通常还包含与主题教学内容相对应的课堂练习与答案，相应的语音、文字、图像等激励性反馈评价信息。

（4）版权信息

为表明对课件内容负责，作为课件的设计与制作者，教师需要在自己制作的课件内（通常是在课件的最后页面），注明简要的个人信息，以表明课件作者对所制作课件"文责自负"的态度。同时，也需要申明有关课件版权的问题。此外，对于课件中借鉴、使用了他人所提供或制作的各类素材，还需要免责声明等说明性文字。

2. 课件的文件构成

由于 PowerPoint 在教学应用中，常需要调用如音频、视频、计算机动画等外部文件。因此，从系统的角度来看，一个完整的课件，往往是由多个计算机文件共同构成，并同时存储于一个计算机文件夹内，即多个文件同处于一个根目录。

（1）主程序文件

主程序文件即指 PowerPoint 演示文稿，是课件的主体文件，由 PowerPoint 编辑制作而成，其文件扩展名为 ppt、pptx、pptm、ppsx 等。

（2）外部文件

外部文件即指在 PowerPoint 编辑制作时，无法嵌入 PowerPoint 演示文稿内部并保存的其他音频、视频、计算机动画等文件，这些文件通常是以超链接形式调用。在拷贝课件

---

① 傅德荣. 计算机辅助教学软件设计 [M]. 北京：电子工业出版社，1995：3.

到其他电脑播放使用时，必须把这些外部文件一起拷贝，才能正常播放使用。因此，外部文件应当提前处理、存储好，并与 PowerPoint 演示文稿同处于一个根目录。

（3）使用说明

为便于课件能够得到有效的交流、推广和使用，一个完整的课件，还需要有相应的操作使用说明，多为 txt、doc 等文本文件，其内容主要是说明课件安装与应用所需要的硬件、软件环境条件，以及有关课件操作使用的基本方法、相关注意事项等。

5.1.2 课件结构

课件是借助各种多媒体素材来表达教育信息，但并不等于各种多媒体材料随意堆积聚合。课件应当按照学科内在的知识逻辑，结合小学生的认知发展规律，按照预设的教学策略和教学进程，来对表达教育信息的各类多媒体素材进行合理的安排、组织，这样才能发挥出其应有的作用。因此，课件具有与其功能相适应的内部结构。

1. 基本含义

所谓课件结构，即指课件中多媒体材料的组织形式与逻辑顺序。通常，课件结构主要由学科内在的逻辑发展线索、教学控制策略与进程等方面来决定。

在小学教育中的任何一门学科，其教学各单元之间、单元内各知识要点之间的逻辑关系或先后顺序，受到学科知识体系内在关系及逻辑发展线索所制约，小学生只有先掌握了基础或初级的内容，才能进一步过渡到更深入、更高级内容的学习。因此，课件中多媒体材料的组织，必须具备知识点的内在逻辑线索、先后顺序。

同时，小学生获得认知与发展，要受其内在的学习心理规律的制约，如从直观到抽象、由近及远、先易后难、先简后繁、由浅入深、理论与实践相结合等等。只有按照小学生的学习心理规律，制定相应的教学控制策略，合理安排教育信息的组织方式与呈现顺序，形成适宜的信息组织结构，才能符合小学生认知发展的需要。

此外，课件通常是以系统集成的方式，将多媒体信息以线型或者非线型方式有机地聚合为一个计算机应用软件。因此，其组织结构还受到计算机功能及操作应用的影响。

总之，根据教学任务和需求，按照教育信息内在逻辑顺序与小学生的认知发展规律，以合理的教学控制策略来组织、安排多媒体材料，才能保证课件具有合理而有效的信息组织结构。

2. 结构单元

从计算机软件角度来讲，课件就像是一本书，是由承载有各种多媒体材料、相互衔接的多个计算机显示画面所构成，这些画面是构成课件结构的最基本组织，称为课件页面。加载有多媒体材料的多个显示页面，可以组合、链接而形成具有不同功能的结构单元。简而言之，即由多个表达教育信息的多媒体元素组合、构成课件的各个页面，再由多个课件页面构成不同的课件单元，而多个课件单元则构成完整的课件。

一般而言，一个课件主要是由引入、课题、导航、主题、练习、归纳、扩展、说明等多个单元来构成。

（1）引入单元

引入单元是课件运行的起始环节，主要起着辅助教师组织教学、引导小学生由课间状态转入学习状态、预习知识铺垫、呈示新课切入点等作用。在具体的页面组织形式上，一般包括等待页面、启动引导页面等，既可以是单页面方式，也可以是多页面组合方式。

（2）课题单元

课题单元的主要作用是呈示课件的课题名称。有时为了节约系统资源、减少页面数量，还把学习目标及要求、授课教师信息、学习资源导航等也放置在此单元内，多以单页面方式来实现。

（3）导航单元

导航单元的主要作用是呈示课件学习资源基本构成、提供课件内各部分资源的跳转链接，有时也将课件的操作使用指导、学习方法指导等内容安排在此单元内，一般为单页面方式来实现。

有的课件为减少软件开关，或是为了方便在课件运行中能够随时跳转到其他资源页面，取消了专门的导航单元，将导航、链接功能安排到其他单元内的每一个页面中。

也有部分课件，页面是按自然数序前后链接而成，在应用时是顺序控制播放、呈示，因此取消了专门的导航单元。

（4）主题单元

课件主体部分是各种直接对应教学主题内容、体现教学目标的多媒体信息，通常以多个页面的方式构成主题单元，各页面可以是前后顺序链接，也可以通过导航设置等方式来实现任意跳转链接。

（5）练习单元

为了便于教师掌握学生的学习成效，常以各种类型的检测题构成课件中的练习单元，其具体形式、数量多少、难易程度等，由教师根据实际情况来确定。

（6）归纳单元

或称小结单元，是指为帮助学生将所学新内容与已有认知或技能加以系统化、发展学生抽象思维，在课件中安排一个专门用于对教育信息进行系统化、条理化梳理的单元，主要是起着总结、提炼、归纳与思维引领的作用。

（7）扩展单元

基于多媒体计算机强大的信息功能，在课件中不仅可以用多媒体材料对教学主题内容从广度、深度等方面加以适度的扩展，而且还可以提出新的问题，从而延伸至新的教学课题，为后续课程内容的学习提前做好铺垫。

（8）说明单元

课件通常需要说明相关设计、制作人员的信息，并对有关版权的问题进行声明。有时，为帮助课件使用者了解掌握课件的概况与操作方法，有的课件还可以加上简要的操作使用说明。

以上八个单元中，有些是可以在课件页面的设计制作时，根据实际情况加以归并、融合在一起，而不必以分页面的形式独立存在。

3.结构类型

在实际的课件中，各个结构单元主要是采用直线型和分支型两种结构形式来组织。

（1）直线型结构

直线型结构的课件是在教育信息的呈示上，按照预设的教学先后顺序，从开始直到结束，呈前后顺序连接组合，按序呈现，一般不需要导航，中间没有分支与跳转，人机交互简单，操控方便，主要用于模拟演示类的教学课件。具体可参考图 5-1-1 所示。

图 5-5-1

（2）分支型结构

分支型结构的课件以导航单元为中心，带有分支与跳转，可按实际需要任意选择教学内容与环节的先后次序，较好地实现人机对话与交互，操控灵活性强，既可用于模拟演示类教学，也可用于学生探索性自定进度的自学、练习或测试等。如图 5-1-2 所示。

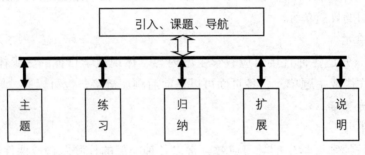

图 5-1-2

使用 PowerPoint 制作的课件，如果有多页幻灯片构成一个课件，在播放时默认就是按其自然顺序来顺次呈现，天然后地就是直线型结构。而如果使用了 PowerPoint 的"对象→页面"超链接功能，则可以很方便地实现分支型结构。

5.1.3 课件的分类

具备某种组织结构的课件，按照不同的标准，可以分为多种类型[①]。

1.按应用模式

根据课件应用的不同需求，可以分为模拟演示教学、检测测试习题和自主学习辅导三种类型。

---

① 赵俊峰.浅析课件的类型及其应用 [J].太原大学教育学院学报，2010（04）：92-94.

（1）模拟演示教学类

此类课件为课堂教学中最常见的形态类型，通常是按教学进程或教学逻辑线索来制作，以多媒体形态分步呈示教育信息，在课堂教学中主要由教师操控使用。

（2）检测测试习题类

此类课件主要是根据阶段教学成效反馈或练习巩固的需要，针对预设的检测或练习目标，由教师设计的序列化练习题、测试题等构成，通常用于专门的习题课中范例习题的讲解，也可用于小学生自主练习。

（3）自主学习辅导类

此类课件主要为满足小学生自主学习的需要，根据学科课程标准、教材内容，按照教材中的教育信息内在逻辑，而设计制作。学生可以按照自己的实际需要，自主选择，自定步调，自行安排学习内容、进度。通常是把此类课件存储在网络服务器内，学生可在教师或家长的指导下，在任何能够登录上网的地方，借助相应智能终端设备进入课件。此外，也有作为书籍附件正式发行，以光盘为载体的课件形式。

2. 按结构形态

按照课件的不同结构形态，可以分为直线结构类和分支结构类两种类型。

（1）直线结构类

即借助 PowerPoint 演示文稿内部页面的自然顺序，以直线型结构方式来组织各个内部单元的课件，是小学课堂教学中应用最为普遍的课件，操作使用极为方便，也便于后续进一步增删内容、修改完善内容。

（2）分支结构类

即借助 PowerPoint 演示文稿的超链接功能，以分支型结构方式来组织各个内部单元的课件，各个构成单元采用"总←→分"链接形式，通常以导航单元为中心，教师在使用中可按教学个性化需求、学生的实际状况等，进行适宜的分支选择与跳转。模拟演示教学类、检测测试习题类、自主学习辅导类课件都可用此种方式。

3. 按学科类别

为便于管理，可以按学校教育中所开设的学科类别，分为语文、数学、英语、科学等类型。

此种分类方法，一是便于管理部门分类统计、集中存储、评优评先，二是便于教师之间相互交流借鉴、取长补短、推广应用，三是有利于后续进行修改完善。

4. 按来源位置

按照课件存储位置来源，可分为单机类与网络类课件。

单机类课件主要是指存储于教师教学所用的计算机中，开机后即可启动调用，是最常见的小学课堂教学使用的课件形态。

网络类课件则是指存储于网络服务器内的课件，教学中教师可以通过互联网或校园局域网调用，学生也可以在教师或家长指导下使用。

课件分类的多样性，一方面说明课件内涵极其丰富，教师可广泛参与并值得去深入钻研；另一方面也提醒教师应当通过课件的常见分类，从整体上把握课件的内涵，加深对课件的理解，以便更好地掌握、研制、应用课件的内在规律。

5.1.4　课件的功能性特点

作为现代信息化的教具，类型多样的课件不仅具备教具应有的科学性、教育性与直观性，同时，从其功能价值角度看，还具备以下五方面特点。

1. 数字化多媒体集成度高

课件是根据教学需要，充分利用了 Powerpoint 的多媒体集成功能，将文字、图像、音效、视频、动画等多种形态的数字化多媒体信息综合集成为一体的应用软件，具有很高的系统化、数字化信息集成性。

2. 教育信息容量丰富

在表达教育信息的技术上，课件不仅可以像教科书、黑板、挂图那样呈现静态文字、图像，而且可以像电影电视那样呈现动态化、过程性的真实或模拟内容，直观化表达教育信息的功能强大，同时各类信息转换变更快捷而方便，能在同一教学时间内给知识积累尚浅的小学生提供更丰富、更全面而强烈的信息刺激，可以有效帮助小学生从多个角度获得容量丰富的教育信息。

3. 良好的复用性与共享性

课件作为一种数字化编码的计算机应用软件，在教学中可以很方便地重复再现教育信息，也可以多次重复应用，还可以拷贝或通过计算机网络传输至异地使用，具有良好的复用性与共享性，便于优质教育信息资源的推广、普及与应用。

4. 使用操控便捷

课件的操作使用不需要太过于专业的培训与要求，只要能操作鼠标，就可以通过鼠标单击或双击操作，操控课件进入正常使用，实现分步呈示教育信息的目的。

5. 技术依赖性强

作为现代信息技术发展的产物，课件对多媒体计算机硬件、软件都有显著的依赖性。随着计算机硬软件的不断升级演进，课件在制作技术与应用方面也需要相应地更新发展。因此，在应用的成本上，课件也比传统教具要高，需要有一定的经济与技术条件支持。

正是因为具有上述功能性特点，课件才能迅速进入教育领域，并在小学课堂教学中逐步替代传统教具，成为教育信息存储与表达呈示的重要技术手段。

5.1.5　基本工作流程

为保证课件开发编制工作的有效性，一方面，需要遵循计算机软件开发工程的专业技术要求与技术规范；另一方面又要符合小学教育教学的基本规律要求，这样才能使所制作的课件最大限度地发挥出多媒体计算机的功效，获得最佳的教学效率。因此，小学教师在设计与制作课件时，应当按照科学而规范的工作流程来进行。

132

1. 分析需求与评估条件

首先，从教师与学生两个方面，根据课程标准与教材，结合学情，具体分析教学内容，提炼教学目标，明确教学重难点及关键点，针对小学生的学习心理特征与学习风格，确定需要使用多媒体辅助教学的内容与形态。通常，只有当教师使用常规的教育技术手段而又无法有效实现教学目标、教学效果不太理想、有比较特殊的教学需求时，才考虑是否需要制作课件来实施计算机辅助教学，千万不能为了课件而课件。

其次，立足实际，分析现有的制作课件、使用课件的硬件与软件条件，并考虑教师自身的能力水平是否足以胜任相应的工作。

简言之，通过具体分析与评估，明确是否需要制作课件，是否能够实现课件制作与应用。

2. 确定课题并完成教学设计

首先，在需求与条件分析评估基础上，拟定所需课件的课题名称，确定课件所需表达呈现的具体内容，并拟定制作课件的工作方案或计划。

然后，根据学情，设定与课件辅助教学相适应的教学目标，选择恰当的教学策略，规划好教学环节与教学进程，选择教学内容，设计教学反馈检测与评价方案，形成完善的教学设计。

3. 课件设计并撰写脚本

根据已有的教学设计与现实条件，合理选择课件的类型与结构，选择教学内容的媒体表达方式，规划好所需素材的类别与内容，具体划分课件的各个功能模块，设计课件的人机交互方式等，并将这些内容加以归纳综合，形成课件的设计文档。

以部编本小学《语文》二年级上册"小蝌蚪找妈妈"课题为例，课件的设计文稿可参考以下方式。

其一是分项文字式，即以分项目的文字陈述形式，逐项说明准备制作的课件具体将是什么内容、样式等。

"小蝌蚪找妈妈"课件设计

一、课件类型与结构

模拟演示类课件，直线型结构。

二、教学内容的媒体表达方式

以视觉媒体为主，用图像、文字相配合来呈示课文内容，动态影像（视频、动画片）来吸引小学生的注意力，突出重点。另需课文朗诵音效、过渡与提示音效。

三、主要素材

（一）文字素材

课文全文、生字与生词、练习题、小结。

（二）图像

1. 主题对象图片

小蝌蚪、青蛙、鲤鱼妈妈与小鲤鱼、乌龟、害虫。

2. 背景图像

荷塘、荷花与荷叶、水草。

可用静态图像或 GIF 动画图像。

（三）视频影像

完整的电影《小蝌蚪找妈妈》，青蛙变态发育过程影片或动画片。

（四）音效

课文朗诵、过渡与提示音效。

四、课件功能模块

分为预备等待、教学引入、课题呈现、课文教学、生字词、练习、影视欣赏、扩展学习、课堂小结、课外延伸等模块。

课件运行流程图（略）

五、交互方式

鼠标点击控制。

其二是表格分项式，即以课件的模块划分为基础，以表格的方式来分项说明课件设计的基本内容。具体可参考表 5-1-1 所示。

表 5-1-1　表格式课件设计文档参考

课件模块	内容	媒体表达形式	素材	交互
预备等待	学校画面，提示性文字（包括提示学生以及提示教师操作的文字）	图像、文字等视觉元素	学校的景观图片	鼠标单击控制
教学引入	短视频、问题	视频（自制）、文字	蝌蚪、鲤鱼妈妈与小鲤鱼，提示短音效	鼠标单击控制
呈示课题	课题文字、主题图片	图像、文字等视觉元素，加上片头音效	小蝌蚪与青蛙、荷塘等图片，片头用的轻音乐	鼠标单击控制
……	……	……	……	……

然后，根据课件设计，进一步撰写出制作课件的脚本，通常以分页卡片或文档形式，撰写出课件各个页面的设计制作脚本（也称稿本）。具体可参考图 5-1-2。

名称：小蝌蚪找妈妈　　序号：2　　内容：教学引入　　设计者：陈小冬

用中国水墨画风格的荷塘图片作为背景。

用大号的彩色艺术字制作课题，置于页面中上部。

课题下为插入的小蝌蚪 GIF 动画图片。

五个文本框位于页面底部，为带有超链接的按钮。

页面之间可通过单击鼠标左键翻页，或者通过文字式按钮实现跳转。

图 5-1-2

以部编本小学《语文》二年级上册"小蝌蚪找妈妈"课题为例，课件的脚本可参考图 5-1-3 所示。

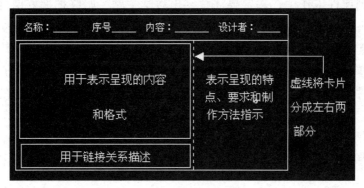

名称：____　序号____　内容：____　设计者：____

用于表示呈现的内容和格式

表示呈现的特点、要求和制作方法指示

虚线将卡片分成左右两部分

用于链接关系描述

图 5-1-3

4. 搜集准备课件素材资源

根据制作的工作计划，按照课件设计，借助互联网络或自己制作等方式，搜集汇总制作课件所需要的各种多媒体素材，并按课件制作的实际需要，进行素材的加工处理，并分类存储以备用。

5. 制作课件并初试修改

应用 Powerpoint 软件，具体实施课件的制作工作。在初步完成课件制作后，试运行课件，并对照课件设计，进行相应的调整、修改。

6. 检查评估及教学应用

根据预设的教学目标，模拟教学试用课件，并对课件作出教学适宜性的评价，撰写出相应的使用说明，即可应用课件来实施具体的课堂教学。

在实际工作中，参照上述六步骤工作流程，逐项进行课件制作，既可以避免出现不必要的疏漏、减少走弯路的可能、提高课件制作的工作效率，还能够使课件编制工作具有更多的理性色彩，保证编制出符合实际教学需求的优秀课件。

5.1.6　课件制作基本要求

教师自制的课件要以能提高教学效率为目标，必须按以下四方面基本要求来考虑设计与制作工作。

1. 以教育性为核心

课件不同于其他计算机应用软件，是用于课堂教学并以提高教学效率为目标，其存储与表达呈示的信息，具有明确的教育价值和特定的教育功效，具有明确的教育目的指向性，这是课件的根本属性。为此，教师在设计制作课件时，必须时刻牢记教育性这个最根本的要求。

要使自制课件体现显著的教育性，就应当做到：

（1）目标明确，富有针对性

教师在自制课件工作中，一定要注意突出教学主题，始终把握好课件是为教学服务的。为此，必须首先明确为什么目的而教、具体教什么、教到何种程度，并能准确把握好教的重点、难点及关键点。

同时，一样的内容与目标，因教学对象的差异性，而有不同的教学方式方法。因此，教师在制作课件时，要明确自己的教学对象，课件的设计制作应有相应的针对性与适宜性，要能准确定位"教谁"、"对谁施教"，还要明确掌握小学生的学习基础、接受能力、兴趣倾向、具有何种个性品质与学习心理特征等。只有准确把握这些特点，才能保证所制作出的课件在表现形式、素材的选用与处理、媒体手段的选择等方面，更符合学生成长发展的实际需要。

（2）遵循教学规律，活用教学策略

课件最终是要用于教学，因此应当以教育科学相关理论为指导，根据学科的教学规律，来合理构建课件中教育信息的组织结构、呈现流程，能灵活运用并充分体现科学的教学策略。特别是要注意通过课件给予的信息刺激，来有效激发小学生主动参与学习积极性与探索的兴趣，启迪小学生的思维发展。

（3）体现以育人为中心的理念

教育的目的是培养人，既要让学生成才，又要让学生成人，而不能仅仅停留在知识传授层面。因此，教师在课件设计制作中，要注重融思想品德教育于知识传授与技能训练之中，要能深入挖掘教育信息中的育人功能，并在课件中能够明确体现课程的思政内容。

2. 确保科学性

教育是科学，用于教育的课件，应当以科学理念为指导，运用科学合理的进程与方式方法，来传授科学的内容。因此，教师在制作课件时，必须确保课件的科学性。

（1）课件内容的科学性

首先，课件所存储、呈现的教育信息，在具体内容表达上，要确保不能有任何科学性错误，并与预设的教学目标有良好对应性，在内容选择、编排结构、方式等方面要符合科学的逻辑顺序，并与小学生的认知发展特点相适应。

其次，注意教育信息表达呈示的规范化，即在课件内容的具体表达上，应按照国家的相应标准与规范要求来表达，如计量单位、符号等，要遵循统一的科学标准与科学规范。

其三，要确保课件中教育信息表达呈示方式的科学性，要按照视觉认知科学等理论，在教育信息的表达呈现方式上，既要能够对小学生产生足够强度与维度的信息刺激，又不能带来信息干扰、产生信息超载。

其四，教育信息表达呈示应通俗易懂、简洁明了，便于小学生接受理解，不得滥用超出课程标准范围的专用术语或是新名词，更不能哗众取宠、故弄玄虚。

此外，还要注重新颖与实用。科学的发展最终是要能够在实践中应用，以解决实际的具体问题。因此，课件既要方便非计算机专业的普通学科教师操控使用，又要避免成为教材内容的简单翻版，还要对教材中的教育信息加以恰当再创造与"活化"处理，形式上要有所创新，内容上应当更充实，表达方式应更完善、更丰富多样。

（2）工作方法的科学性

应按照系统科学的原理，科学、合理、高效地实施课件的设计与编制工作。

其一，注意课件信息的系统化。用于教学的课件，是一个多种类信息的综合体，不仅有多种形式的多媒体信息综合，而且还有教学与反馈、控制与管理等其他信息，各类信息在课件中是相互支持、协同作用的。因此，课件的设计与编制工作应当遵循系统科学理论，以系统的方法作为指导，保证课件中信息的科学系统性。

其二，注意课件在实际教学中的有机组合。从教育传播学角度看，教学是一个由教师、学生、教育信息等共同构建的动态开放式信息系统。课件作为教育信息的存储与传输载体，是教学系统的构成要素之一，只有与教学系统中的其他要素做到有机组合，才能协同作用，发挥其应有的功效。因此，在设计、制作课件时，必须遵循系统科学原理，使课件能够做到与教学系统其他构成要素的有机组合与协同，让教师、学生、教育信息等各个要素能够真正融合，形成有效的教学系统。

3. 体现技术性

作为非计算机专业的小学任科教师，计算机应用技术不是自身的长项。因此，在设计制作与应用课件时，不能单纯追求技术的先进或高端，而应注重合理应用现有技术，以提高学科教学效率为目标，用好并用活技术。

（1）合理考虑硬件条件

当代信息技术处在不断更新发展之中，新的硬件设备在不断涌现。因此，在设计与制作课件工作中，不能盲目追求硬件设备的技术先进或高级，而应当立足现实条件，用好、用活现有的硬件设备，充分发挥现有硬件设备的技术性能。

（2）灵活选用软件

与硬件一样，计算机系统软件与应用软件也在不断更新换代升级。因此，在设计与制作课件工作中，应根据实际情况合理选择软件，操作系统力求稳定改为"且"具有普遍性，所选用的各类应用软件也应注意既易于学习掌握又便于操作使用，制作出来的课件要能够具有良好的易用性、通用性，便于后续进一步修改完善。

此外，要特别注意课件中人机对话的交互性设计，课件界面应当友好而且灵活多样，人机交互方式应简明易用，交互响应准确而敏捷，操作简便。

简而言之，技术的关键在于如何灵活运用，技术不应成为教师制作课件的障碍，更不能为了技术而技术。

4. 富有艺术性

教学既是科学又是艺术，教师在设计与制作课件时，也要注意体现艺术性。

（1）教学的艺术性

有效的教学在于使学生于不知不觉之间，就能迅速进入并维持良好的学习状态，这就需要教学的过程应逻辑严密、流程完整、结构紧凑而过渡自然。因此，课件在教育信息的内容选择与组织构建上，应充分体现教学的艺术性，充分吸引小学生并能有效激发、调动小学生的学习兴趣与主动性，要能让小学生产生探索的快乐、获得发展的成就感，使其在课堂的学习中是如沐春风而非如坐针毡。

（2）呈现信息的艺术性

在教学中，应用课件来呈示表达教育信息，要能让小学生喜欢观看、乐于观看课件。因此，教师自制的课件中，各类素材及其组合呈现的方式、课件页面形态、页面切换等，都应注意要尽可能地给小学生以艺术美的享受，使其得到美的熏陶。

概而言之，教师在制作优秀的课件时，应综合考虑上述四个方面的要求。其中，教育性是课件的核心与重点，科学性是课件有效性的前提，技术性是课件的功能基础，艺术性则是课件功能的升华。实际的课件制作工作中，不能单纯只强调其中的某一个方面，而应是四个方面全面统筹兼顾，这样才能保证自制的课件能实现其最优的成效。

5.2　课件风格控制

不同主题内容的课件，在信息表达与呈示上，需要有与其主题相对应的风格，来突出其鲜明的主题内容特征，营造教学情境，从而更好地吸引学生、帮助学生获得信息感知。

5.2.1 风格与课件风格

1. 所谓风格

风格，通常意义上是指具有独特于其他事物、其他人的表现，如外在形态、色彩、人的打扮、行事作风等行为和观念，是事物、人等以一定形式表现出来的带有综合性的总体特点、特色。

从艺术的角度讲，风格是识别和把握不同艺术作品之间区别的标志，也是识别和把握不同流派、不同时代、不同民族文化之间区别的标志。同时，风格又不同于一般的艺术特色或创作个性，具有相对的稳定性，反映了一定的内在思想观念、审美理想、精神气质，是独特内容与形式的有机统一[①]。

在艺术实践中，风格主要是通过相同或相似的构成元素或手法、技巧等来表现。

2. 课件风格

教学是艺术，同样的，课件设计与制作也要求具有艺术性。用于教学的课件，由于设计与制作者在自身素质、审美倾向、技术水平等方面的差异，也会有不同的风格。从本质上讲，所谓课件风格，实际上就是在教育信息的组织与表达形式上，使用相似的信息表达手法，或者是重复再现相同或相似的特色性元素，并在课件的起始至结束都保持前后相对的统一。

相对统一的课件风格，不仅有利于突出教学主题、创设教学情景、展现教师的个性、优化教学设计艺术，更有利于减轻多页面切换状态下学生的视觉认知负荷，避免不必要的认知干扰与认知超载。

课件风格通常包括两个方面、一是教学设计风格，即按照最能吸引调动学生、最有效帮助学生学习的思路进行课件设计制作，注重课件内在的逻辑和引导，体现教师的教育理念与个性化教学风格；二是媒体设计风格，即通过独特的信息呈示表达的具体形式，以强大而适宜的多媒体效果为核心，进行课件设计与制作。在实际工作中，一般是将这两个方面有机结合起来，共同体现出课件的整体风格。

5.2.2 常见的课件风格

总体上讲，用于小学教学的课件，常见的主要有中式古典风格、卡通童话风格、现代科技风格、图片叙事风格、现代简约风格、Web 网页风格等多种类型。

1. 中式古典风格

一般而言，中式古典风格的课件在页面空间布局、构形元素、色彩色调等方面，大量吸取了我国传统文化的特色。其中，在页面版式上，强调整体布局对称均衡、端正稳健；在页面信息表达形式上，充分体现汉字的字形构架与协调；在装饰细节上，多用具有中国特色的构图元素，崇尚自然情趣，花鸟鱼虫等精雕细琢，富于变化。这样的设计，体

[①] 张友宪.风格的形成——关于风格问题的思考[J].美术，2008(12)：76-81.

现了天人合一、道法自然、注重写意的理念，是中华民族含蓄大气、古朴典雅风格的体现，充分展示出中国传统的美学精神。

2. 卡通童话风格

此类风格的课件整体清新靓丽，页面设计如同唯美的童话故事画面，凭借自然清新的色彩、半透明的水晶式项目符号、活泼可爱的卡通插图、灵动的线条构图与灵活的版式，对小学生而言具有良好的视觉与认知牵引效果，在小学各个学科的课件设计制作中都有非常广泛的应用。

3. 现代科技风格

这类风格比较适用于小学数学、科学等课程的课件，小学语文中涉及科学内容时也常选用。主要特点是在色彩上主要以深蓝色、蓝黑渐变色等作为基本色调，版式上多采用上下窄而中间宽的横向三分法为基础来均衡分划版面，文字排列整齐、有序而富有逻辑，插图多用与自然科学或现代科技事物相关的内容，整体上富有节奏且明快而简洁。

4. 图片叙事风格

这类风格的课件，主要是吸取了电影宣传海报、商业广告等的制作技法，其基本的设计理念是"图说主义""无图无真相"，即主要依靠大幅面的实例或实景图像来叙事，每一个课件页面单独都成为一张以图为主、图文搭配的海报形式，强调页面图像的整体视觉吸引力，文字则相对较少且精炼。在制作叙事性内容的小学语文课件时，常选用此种风格。

5. 现代简约风格

此类风格的课件在设计理念上主要吸取了 20 世纪初期的西方现代主义艺术设计风格，以及日本工程师高桥征义的极简式演示文稿风格①。主要的特色是将课件页面上表达信息的相关元素、色彩等简化到最少的程度，页面色彩上多采用单纯的片色，具体内容表达上仅依靠少量的文字、单一的标志性图符等来突出显现，往往能达到以少胜多、以简胜繁的效果，在小学数学课件的制作中常用。

不同的教学内容，在设计制作教学课件时，应注意选择不同的风格，以保证有较好的视觉效果。

5.2.3　课件风格的设计原则

用于小学的课件要具有适宜于教学的风格，应注意从以下四方面原则来综合考虑。

1. 紧扣教学主题

根据所要表达的教学内容主题，来选择、确定课件的整体风格取向。例如，制作用于小学语文中古诗词内容的课件，应当选择使用中国传统文化风格；制作小学语文中西方童话内容的课件，则应当选择卡通童话风格或者图片叙事风格；如果是小学数学或科学的

---

① 雍佳.极简主义语境下的路演 PPT 版式设计技巧探析 [J].柳州职业技术学院学报，2017，17(03)：126-130.

内容，则可以考虑使用现代科技风格或者现代简约风格。总而言之，课件风格应尽可能与教学主题内容及其所反映的文化特色相一致，做到形式与内容的协调统一。

2. 整体系统一致

课件中用来表达教育信息的文字、图像图形、表格、色彩、版式、音效等，在呈现形式或样式、形态上，应保持前后相对一致，一个课件中不使用风格相冲突的教育信息表达形式。

但是，课件风格的统一，并非是指特色性元素在前后的完全一样，绝对的统一反而会让课件显得呆板和僵化，缺乏活力而导致产生视觉疲劳。因此，教师在实际工作中设计制作课件、选择课件风格时，应根据教学需要来灵活考虑，而不能生搬硬套。

3. 活用视觉表达

课件中，应尽可能减少单纯的文字，善于灵活选用图片，恰当地应用图示转换方法来直观表达教育信息，用图像来突出表现课件的风格。

4. 简洁清爽明了

课件毕竟是为了表达教学内容而服务的，不能只为了突出风格而冲淡了教学主题。因此，应尽量避免过于烦琐、过于复杂的表达形式，课件内容表达以简洁清爽取胜，既能让课件的整体风格一目了然，又不至于淹没教学主题，带来不必要的视觉干扰和认知超载。

5.2.4　课件风格的实现途径

课件的风格主要是通过页面版式、页面信息表达形式、辅助性元素等来表现。

1. 页面版式

所谓页面版式，即指表达信息的各种构成元素，如标题、主题文字、表格、图片、控制按钮等在课件页面上的相互位置关系以及整体布置、排列、摆放的空间格局。如对称式、均衡式、分栏式等。

为了提高课件编制开发的效率，在使用 PowerPoint 来制作课件时，常应用其模板与母版功能，借助预设的页面基本样式来保证课件风格的统一。

2. 页面信息表达形式

课件页面上表达教育信息的方式不同，往往体现出不同的风格。如单纯使用简练的文字，用文字的字体形态变化，或者用图文搭配、图符组合、表格化等视觉化、结构化的表达，还可以单纯只用图片的方式来呈示教育信息。

3. 辅助性元素

课件中，页面的背景、各类指示图标、背景音效等非教学主题类元素，对构建课件风格有着重要的辅助作用。

通常，在课件页面上，背景不仅用于陪衬、突出主题内容、构造教学情境，同时也是体现课件风格的重要辅助性元素。如在制作有关中国古代诗词类、传统文化类教学内容的课件时，采用中国传统的水墨山水画、中国传统纹饰图案等作为底图式背景，可以很好地体现课件的中式传统风格。

用于美化、突出主题内容的各种图标，以及各种操作按钮，也可以体现课件的整体风格。同样是在制作有关中国古代诗词类、传统文化类教学内容的课件时，采用具有浓郁中国传统风味的红灯笼、中国结、青铜器、古装儿童等作为插图、图标或按钮，可以较好地映衬课件的中式传统风格。

用来作为提示作用的音效、烘托主题的背景音乐，也能起到体现课件风格的作用。

在实际应用中，上述三个方面往往是综合使用的，其中页面版式是课件风格的基础，页面信息表达形式是体现风格的主体，辅助性元素则是进一步强化课件风格。

5.3 课件页面信息表达

页面是课件最基本的组织构成单位，是直接承载与表达多媒体信息、实现人机对话并控制教学进程的计算机显示界面。因此，页面是影响课件教育功效的重要因素。在设计、制作时，应按照教学主题与教学实际需求，合理划分、布局幻灯片页面的功能区域，配置页面上的教学主题信息类及辅助类元素，形成具有特定页面要素结构与布局风格的课件页面信息表达。

5.3.1 课件页面版式

所谓页面版式也即课件页面的版面格式，主要是指页面上的功能分区以及各个功能区域在页面上的空间布局、区域内要素排列形态、视觉牵引走向等样式。

1. 课件页面功能分区

通常的课件页面，可以按功能与内部构成元素的不同，分为边框区、主题信息区、交互控制区、其他信息区等多个功能区域，具体可参考图 5-3-1 所示。

图 5-3-1

边框区主要功能是限定视觉、陪衬主题、美化页面界面。常见有以图形图像等为基本元素构成连续性环绕封闭式边框区域，或者是分置于上下或左右边缘上、对角上的不连续对称式边框区域，还有无任何图形图像的空白式隐形边框区域。

主题信息区主要功能是呈示教学主题信息。通常占据页面的中部位置，是页面上最大的一片区域，内部以文字、图片等教学主题内容作为基本构成元素。

交互控制区主要功能是提供用于人机对话操作的按钮、对话框等。通常也是课件的操作导航区，在空间位置上常处于页面边缘，往往与边框区域重合。有时，根据实际情况，无超链接的直线型结构课件可以不用在页面上专门安排交互控制区。

其他信息区一般位于页面底部。其主要功能是用于呈示操作提示、注解、版权信息等内容，也可用于放置补白图像。根据实际情况，有的课件也可以不用安排其他信息区。

2. 课件页面常见版式

实际制作课件时，常见的版式主要有以下三种。

（1）回字型封闭版式

此类版式的主要特征是有环绕页面边缘呈回字型封闭的边框，边框内部为主题信息区。在主题信息区内，可以横向、纵向排列布局相关主题内容。具体可参考图 5-3-2 所示。

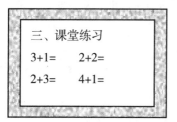 

图 5-3-2

（2）对称型半封闭版式

这类版式的主要特征是有分置于上下边缘且平行，或者分置于左右边缘且平行，或者对角对称的半封闭式边框，边框的中部则为主题信息区。具体可参考图 5-3-3 所示。

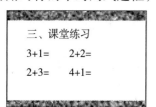 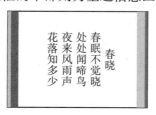 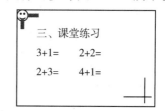

图 5-3-3

（3）均衡型开放版式

这类版式没有具体形态意义上的边框，在布局形式上相对比较灵活，主要依靠页面背景或底图、底色等来划分主题内容呈现的空间，常见的有上下均衡式、上下等分式、左右均衡式等。具体可参考图 5-3-4 所示。

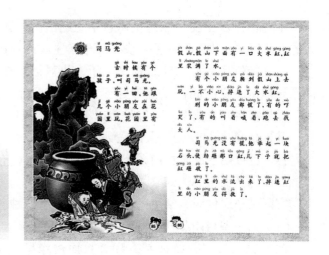

5以内的加减法

4-1=　　3-2=　　1+2=　　2+3=

4+1=　　3+2=　　2-1=　　3-2=

图 5-3-4

以上分类只是就功能区别相对而言的，并非绝对和一成不变的。在实际应用中，还可以在这些类型的基础上进行适度的变化。

3.页面版式设计基本要求

要设计制作出符合教学要求的课件页面版式，应注意综合考虑以下基本要求。

（1）突出页面主题

从总体的结构角度来讲，每一个页面在课件中都担负着不同的功能，或者起着引入作用，或者具有导航作用，或者是教学主题呈示功能等等。功能不同，页面主题也不同，页面表达的信息及表达形式、所用技术等，也会有很大的差异。如果对页面赋予的功能太多、主题太杂，往往会加大页面的信息承载量、增加课件运行的系统开销及技术复杂程度，干扰主要功能的有效实现。因此，在设计、制作时，必须要明确某个页面在课件中所承担的主要功能，并以此为基础来考虑页面版式的设计制作。通常，一个页面只赋予一个功能、体现一个主题，相关内容不宜太复杂，并用适宜的方法突出表达呈现页面主题。

（2）分区布局合理

就构成课件的每一个具体页面来讲，其内部界面上有区域功能分化，或者呈示主题信息，或者是限定视觉，或者是美化界面等，在设计上应注意合理规划与布局各个功能区域，灵活运用平面设计中的基本原则，协调布置区域内的构成元素，杜绝顶天立地，注重视觉牵引，力求做到主次分明、简洁明了、美观大方、均衡协调。

（3）内容与形式统一

课件是用于教学的，因此，其页面的版式设计必须以符合教学需求为基础。按照教育信息的主题特点来考虑版式，尽可能做到版式在形式上与所承载的教育信息所对应的文化特色相映衬，做到形式与内容统一，这样也有利于体现课件的风格。

4.页面版式设计常用方法

在具体设计制作课件的页面版式时，有多种方法可供参考。

（1）非均衡九宫格分区布局法

非均衡九宫格分区布局法是指在中国传统的九宫格平均分区的基础上，运用两横两纵"井"字形的四条直线，将页面分为一大八小的九个矩形区[1]。其中，中部最大的矩形区域用于呈示页面主题内容，而周边区域则用于安排边框，或设置跳转链接按钮、操作提示、补白等功能区域。具体可参考图 5-3-5 所示。

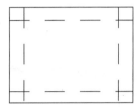

图 5-3-5

（2）图形分区法

在非均衡九宫格分区法的基础上，利用不同形状、颜色的几何图形，将页面分为不同的功能区域，可进一步变化出两分区、三分区等多种页面功能区域分划布局的形态。具体可参见图 5-3-6 所示。

图 5-3-6

（3）图片辅助分区法

有的课件页面可以利用表达主题的相关图片，来实现页面分区，一般包括左右、上下两种分区方法。具体可参考图 5-3-7 所示。

图 5-3-7

---

① 肖文飞.九宫格与米字格背后的玄机[J].书法，2021（03）：160-165.

（4）均衡协调法

在课件页面上具体安排功能区域布局时，可以借助各种视觉元素，合理利用对称、对比、均衡等方式来体现版式。

方法一：善用对称

对称是在平面设计中常用的视觉要素排版方式，是指按照中轴线（对称轴线）或中心点（对称点）为基准，将各种视觉要素或上下或左右或对角方式相对应地展开、排列。这种要素对称的页面，往往能给人以稳定、严谨、庄重、理性的感觉，在我国传统建筑设计中，这种方式体现得非常明显。

对称又可分为完全对称与相对对称两种。完全对称是指沿中轴线或中心点，两边的视觉要素在位置、大小、形态等方面，呈完全的一一对应状态排列。如在呈示分栏文字、图片或者图文搭配时，就可以将同样大小的图片，上下、左右对称地安排。相对对称是指视觉要素总体上是以对称方式，沿中轴线或中心点展开、排列，但也不是完全的一样，存在有局部的不对称，具有适当的变化，使版面不至于太呆板。如在呈示文字时，以同样大小的文本框形式，左右对称安排，但在文字的具体段落上，则有差别。

方法二：活用对比

对比是指在页面版式设计中，将两个或两个以上具有明显差异的视觉要素，安排在同一个页面内，从大小、形态、颜色等方面，形成相辅相成的比照、呼应关系，从而使页面富于变化，产生美感。

形态对比是指在安排页面文字时，可以从字体类型上加以区别呈示，或者加上不同形态的文字边框，使页面显得活泼、生动。在使用多幅图片时，可以将图片裁剪为不同的轮廓形状，既可以吸引注意力，也能使页面变得更富有活力与感染力。此外，背景图片与主题图片可以用不同的形状来搭配，以突出主题。

大小对比是指在文字较多的页面上，以大小来区别呈示不同的文字，特别是将重点文字放大呈现，通过大小的对比，来突出表达主题。使用图片、图形时，可以用不同的外形尺寸大小来对比呈示。

颜色对比是指在页面上安排文字要素，可以用不同的颜色来区别呈示，还可以加上不同的底色来区别、对比，体现不同的功能区域。不同功能的控制按钮，为便于区别，也可以用同一色系的不同颜色来标示，但按钮上的文字最好是统一的颜色。

方法三：注重均衡

均衡是指在页面版式设计时，将视觉要素按形态、大小、多少、明暗等关系，主次搭配、相辅相成地协调安排，从不对称中求得平衡和协调，从而获得视觉上的美感，并表达出要素内在的逻辑性。

大小均衡是指课件页面上，可利用文字、图形等形态大小的规律性变化，取得视觉上的平衡感受。

空间均衡是指充分利用文字或者图形在页面中的上下、左右等空间位置关系，来进行各种均衡设计，如平直排列均衡、斜向均衡、上下均衡等。

颜色均衡是指针对页面中不同的视觉要素，运用色块的大小变化，灵活运用渐变色，借助色彩的冷暖、明度、纯度的变化，以及中间色的间隔变化等形式，达成页面颜色搭配上的协调和平衡，从而实现版面功能分化，并获得视觉上的舒适感、美感。

以上方法在具体设计页面版式时，应注意综合应用。

5.3.2　课件页面信息的结构化

教育信息是课件页面上最重要、最核心的构成部分，其在页面上的表达呈示既要按照学科内在的逻辑来组织编排，同时又要考虑学生的认知发展规律，结合教师的教学策略来组织。因此，课件页面上教育信息的表达，应以富有逻辑的结构化方式来呈现，才能符合教学的要求，实现引导学生思维发展的目的。

1. 结构与结构化

所谓结构，泛指事物外在或内部构建要素的组织、搭配、排列、组合或集成的方式，如人体结构、植物结构、原子结构、语言结构、文章结构、戏剧结构、建筑结构、经济结构、组织结构等。认识、掌握了事物的结构，有利于把握事物的整体特征，了解事物内部构成要素的相互关系，也有助于掌握事物的演化、发展线索与规律[1]。

结构化则主要是指为实现某种特定功能、需求，按照一定的标准或原则，将相互关联的要素，以特定的方式有机地组合、集成，形成具有某种结构与逻辑的整体性事物。因此，结构化即是指事物的一种有序化组织形态，也是事物的某种组织形态的形成或演化过程[2]。

2. 页面信息的结构化

课件的页面信息结构化，主要是指根据教学主题的内在逻辑与教学逻辑、教学流程，合理设计、制作幻灯片页面上教学主题信息类元素的布局形态方式。特别是文字类信息要按其逻辑进行分解、分步呈示，以引导学生思维发展。

（1）基本原则

通常，在对课件页面信息实施结构化表达时，应注意遵循以下五项基本原则：

①针对性

首先应根据教学的实际需要，针对教育信息的具体特点，来考虑结构化表达的方式，不能为了结构化而盲目地生搬硬套。

②层次性

结构化表达信息时，要注意体现出信息表达的层次性与顺序性。

③整体性

要从页面信息的主题出发，考虑其整体特点，注意表达形式上应当整体一致。

---

[1]　施启良.结构定义述评[J].系统辩证学学报，1995(02)：39-44，34.

[2]　胡河宁.结构与结构化：理解组织传播学科的关键概念[J].今传媒，2010(01)：51-52.

④简洁性

信息的结构化表达，本身就是将相对比较繁琐、复杂而不容易理清逻辑的内容进行简化处理，让学生一目了然。因此，在表达形式上也应注意尽可能简洁、清晰而且使主题突出、要点明确。

⑤灵活性

某一主题信息，本身可能存在着多种解构的方式或角度，同时结构化表达的方式也是多种多样的。因此，应根据实际灵活运用各种结构化表达信息的技巧与方法。

（2）基本思路

总体上讲，根据教育信息内在的特征，课件的页面信息结构化表达主要有五种基本思路。

①按时间先后表达信息

对于含有时序性、具有先后发展或演变特征的教育信息，可以考虑按其时序的先后或进程等来进行分解表达。如语文课中的小蝌蚪找妈妈的过程、科学课中的植物生长发育过程等。

②按逻辑顺序表达信息

对于具有逻辑关联性的内容，如因果关系等，可以按其内在的逻辑结构方式来进行解构表达。如数学中关于数的分解、科学课中的现象与成因关系的表达等。

③按空间位置表达信息

对于涉及空间位置分布、变化的信息，可以从其空间组织结构特征的角度进行分解表达。如语文课中涉及游记的叙述、景物或场景景观的描写，数学中的几何图形、几何体等。

④按类别分划表达信息

对于具有分类特征的信息内容，可以按其系统分类方式来分解表达。如数学中涉及统计、分类的内容，语文中有关多音字、词汇、组词等。

⑤按层次级别表达信息

对于具有层次或级别分化特征的信息，可按其层级结构来考虑分解表达。如语文中涉及叙述方法的"总→分→总"层次分解、数学中的分步计算等。

3.结构化表达常用方法

在课件页面上，结构化表达教育信息，通常有下列四种方法。

（1）项目符号顺序法

此种方法是指利用各种项目符号，按时间或者逻辑顺序、类别分化等，以横向、纵向等布局方式，分解、分步表达教学主题信息。具体可参考图5-3-8。

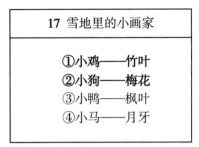

图 5-3-8

在实际制作时，项目符号除了用数字、字母外，也可以用自行绘制的图形、png 格式的图片等作为项目符号的底衬。

（2）流程递进解析法

此方法是指用带有箭头、连接线、图框等的流程框架图形式，按照逻辑顺序来分解、分步表达教学主题信息。具体可参考图 5-3-9。

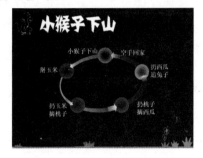

图 5-3-9

（3）关联解构推演法

这种方法是指按照一定的逻辑关系，以横向、纵向、放射状等多种图示与文字结合的方式来解构、推演呈示信息的内在联系，并借此分解、分步表达教学主题信息。具体可参考图 5-3-10。

图 5-3-10

（4）表格分项呈示法

此方法是指将教学主题信息进行分项、归类整理后，以显性表格（有显现明确的表框线）或隐性表格（无明确的表框线，但以底衬色加以区分）的方式来分项展示表达。可参考图5-3-11。

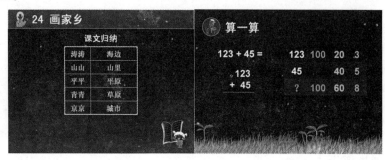

图 5-3-11

参考以上方法，以结构化方式在课件页面上表达、呈示教育信息，不仅有助于化繁为简、突出重点、使信息表达更富有逻辑，利于引导学生思维，还可以有效提升课件的艺术性，使课件页面显得更加简洁明了，能进一步地体现出课件的风格。

5.3.3　课件页面信息的视觉化表达

所谓视觉化，主要是指借助点、线、面的构图以及以色彩搭配为基础，合理运用图形、图像、图符等视觉元素作为认知、沟通与引导的桥梁。在课件页面上，醒目而直观地表达教育主题信息，变抽象为直观，显现教育信息内在的主题与逻辑，帮助小学生更好地获得认知与思维的发展。同时，以富于视觉化的方式表达教育信息，还可以使课件页面更具美感，增强学生的信息刺激与吸引力，也有助于体现课件的风格特点[①]。

1. 视觉化表达的基本原则

视觉化不能随心所欲地滥用视觉元素，必须考虑按以下基本原则来处理。

（1）针对性

并非所有的教育信息都需要以视觉化的方式来表达呈示，凡是能用简洁易懂的文字即可描述清楚的，是用不着视觉化处理的。只有那些相对于小学生来说比较抽象、不容易理解的内容，才需要考虑视觉化。一般来说，主要针对教学中的重点、难点，或者是远离学生生活实际的内容、不容易重复再现的内容等，才着重考虑进行视觉化处理。

（2）直观性

视觉化的主要目的是将教育信息化抽象为直观，将教材中处于存储状态的教育信息加以活化，显现隐形的内在逻辑。因此，应尽可能考虑以"一目了然"的方式来表达呈示教育信息，特别是对于文字信息，应当以视觉化的方式来加以转换处理，提高教育信息传

---

① 曾军.从"视觉"到"视觉化"：重新理解视觉文化 [J].社会科学，2009(08)：109-114，190.

递的效率。

（3）趣味性

课件页面上呈示的信息，应当比学生手里图文并茂的教材更富有吸引力，能够充分调动起学生的学习兴趣。因此，在进行视觉化处理时，应考虑学生的学习心理特征与兴趣倾向，以最具有吸引力的方式来表达教育信息。

（4）艺术性

以视觉化方式表达教育信息，应注意适度的艺术化，使课件页面呈示的内容能给学生"坐如春风"般的美感，能给学生艺术美的享受，使学生在接受知识的同时能得到艺术美的熏陶。

2. 视觉化表达的基本途径

实际制作课件时，可通过突出显示、图符指代、图表转换、活用色彩等途径来实现视觉化表达信息。

（1）突出显示

对于课件页面中必须要呈现的文字类信息，可以有多种方法将其突出显示，以增强视觉刺激效果。

①文字变形法

每一个页面都应当有醒目的标题文字，这些文字可以在字体、形态大小、色彩等方面与其他文字内容相区分，突出体现主题。

②视觉限定法

对主题内容的文字可加上较为显著的线框，或加上区别于背景的半透明底色陪衬，重点内容还可以用特殊的几何形状作为底衬将其与其他内容区分，以牵引视觉、突出主题。

③空间隔离法

可以在主题文字与其他内容之间，适当地留出一定距离的空间间隔，来突出表达页面上的主题文字内容。

此外，将主题文字内容以动态的形式呈示，也是视觉化突出呈现的常用方法之一。

（2）图符指代

图符指代是指用直观图形、图像，替代单纯的文字或与文字搭配，来表达教育信息，美化课件页面。具体可参考图 5-3-12。

图 5-3-12

①使用真实的事物或景观图像

对于教育信息中那些远离学生生活实际，但又能以真实视觉形态来显现的客观事物，可以用实例图像替代文字，或者与文字相配合使用。

②使用寓意指代图

对于涉及某些思想、观念层面的内容，可以考虑使用蕴含有相关含义的图像、图形或图示符号等来直观表达。如用两手相握的特写图像来表达合作与沟通，用摊手耸肩的人物图像表示无奈等。具体制作时，建议最好使用 png 格式的图片。

③灵活运用补白图

为美化页面、牵引视觉，可以充分利用页面上边角位置的空白处，用富有指示意味、能有效引导视觉的卡通图片、人物照片等作为补白图，一般选用手或教鞭指向页面主题内容的图像。

（3）图表转换

图表转换是指将单纯的数字内容的表格，转换为图示化的直观图表，用图像、数字、文字相搭配来表达教育信息。

PowerPoint 本身就带有图表工具，可以很方便地将单纯的数据表格转化为圆饼百分比图、柱状图、曲线图等比较直观的图示化效果。

此外，还可以进一步运用较为简洁的图形化符号、卡通插图等形式，将单调枯燥的数据表格变换为直观的示意图，还能起到美化的作用。具体可参考图 5-3-13 所示。

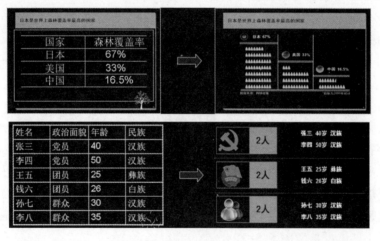

图 5-3-13

（4）活用色彩

根据实际合理地运用色彩，是提高课件页面视觉效果的重要方式。不仅可以有效地区分不同内容、突出重点与关键点，还有助于提高课件的吸引力与艺术性。

在实际应用中，主要使用的文字颜色一般不宜超过三种。文字颜色选择纯色，底衬则用浅渐变色，同时应注意配色要在页面上有较好的注目性与识别度。

此外，还应注意以下两个方面。

①紧扣主题，适度渲染

课件页面在整体及具体内容的色彩选择与搭配上，要注意与所表达的主题及其内容相一致，合理运用色彩来渲染、陪衬主题，有助于教学情境氛围的营造。

由于每一种颜色有不同的心理暗示与内容提示作用，因此在使用颜色来表达某种意义的时候，要注意色彩潜在的含义与心理引导作用。比如用红色来表示警示、停止、危险，用蓝色来提示安静、思考，用黄色引起注意、提示要点，用绿色来代表自然、环保等等。

页面中总体使用的颜色不宜过多过杂，注重清淡素雅、美观大方，一般四、五种颜色就足够了，太多的颜色及过分的色彩渲染，会干扰学生的注意力、带来认知超载，进而引发视觉疲劳。

②主次分明，对比适度

课件页面中，不同的功能分区、不同的内容在颜色上最好能有所差别，有适度的反差与对比。主题事物或内容在色彩上应与其他次要内容区分，通常主题事物的色彩比较鲜艳、亮丽且突出，而背景则相对较暗淡、柔和，操作提示、控制按钮等也不能太明亮。

总之，对于文字或较为抽象的内容，在课件中以视觉化方式来表达，不仅有助于化抽象为直观、活化难点、突出重点，还能有效吸引小学生注意力，帮助小学生更好地获得信息感知，同时也能获得较好的整体艺术风格与视觉效果。但应注意不能滥用，否则会适得其反。

5.3.4　课件页面信息的动态化

如果只是以静态的方式在课件页面上呈示教育信息，时间稍长后可能会让小学生产生视觉疲劳、注意力下降。而小学教育中有不少内容，本身就涉及动态性的过程，是需要在教学中以动态表达的方式来加以活化、直观化呈现，才能有助于学生理解、接受。因此，课件设计制作时，应注意根据教学需要，合理使用动态化的方式在页面上表达教育信息。

1.动态化表达的基本要求

（1）突出主题，表达准确

使用动态化方式，应注意根据教学的实际需要。首先要考虑针对教学中的重难点、页面中的主题内容来使用；其二则是注意表达方式上要科学、准确，特别是涉及动态性、过程性的教育信息时，要保证动作形态变化、前后顺序等不能出错。

（2）生动有趣，直观形象

使用动态化方式表达教育信息，要考虑尽可能符合小学生的兴趣倾向，呈现方式与内容上要注意富有趣味性，能有效激发调动起小学生主动学习、探究的欲望。同时，要能够以动态化的方式直观形象地呈示相对比较抽象的内容，活化教学中的难点。

（3）简洁明了，运用适度

使用动态化方式表达教育信息，不能做得太过于复杂。应当体现出对抽象复杂内容的简化处理，以简洁清晰的方式实现"一目了然"的目的，不能什么地方都用动态化方式来表达呈现，更不能滥用让学生眼花缭乱的动态方式，以免干预视觉。

（4）富有创意，出人意料

在具体的表达方式上，在保证内容科学性的同时，要注意充分发挥想象力，能给学生以出人意料、恍然大悟、原来如此之类的感觉。

（5）分步呈示，响应灵活

在页面信息显示的控制上，要注意根据教学进程，按照学科知识内在的逻辑线索，有序地分步呈示，逐次展开，不能在同一时间把太多的内容同时呈现出来。同时，控制呈示的响应要准确及时，没有明显的延后时滞，响应的方式应灵活多样，富于变化。

（6）切换流畅，操作便捷

课件页面内容的动态变化、切换呈现方式上，应注意灵活多样，过渡自然流畅。在具体操作方式上，不论是用鼠标还是键盘，都应简便快捷，并能保持前后相对一致。

2.动态化表达的常用方法

PowerPoint 提供了强大而丰富的信息动态呈示功能，可分为两大类四种。具体详见表5-3-1 所示。

表5-3-1　PowerPoint动态功能

软件内嵌功能	页面对象的自定义动画
	页面整体切换的自定义动画
调用外部文件	插入 GIF 动画图像
	插入或超链接外部视频、动画片

（1）自定义动画

①基本类型与功能

在 PowerPoint 软件中，针对页面上表达信息的对象，内嵌有四大类可供用户选用的自定义动画：进入、强调、退出和动作路径，组合应用可制作出多种效果。

进入动画是指页面上选定的对象在进入动画开始前是处于隐藏状态、不在幻灯片上显示，启动进入动画后才以某种设定的方式出现，如擦除、百叶窗等待动画完成后，对象默认为静止停留在页面上。进入动画包含基本型、细微型、温和型、华丽型四种亚类，每一种亚类还包含有更多的具体动画方式。进入动画适用于需要分步呈示的文字、图形图像或组合对象等主题内容。通常使用基本型进入动画。

强调动画是指页面上选定的对象在动画开始前和结束后，都始终都停留在页面上。

强调动画包含基本型、细微型、温和型、华丽型四种亚类，每一种亚类还包含有更多的具体动画方式。强调动画除了单独使用之外，还可用在对象进入动画完成之后再次突出呈示，或者是用于动作路径的过程中的关键节点。

退出动画是指选定的动画对象在动画启动、运行后，从页面上以某种设定的方式消失。退出动画包含有基本型、细微型、温和型、华丽型四种亚类，每一种亚类还包含有更多的具体动画方式。退出动画除了单独使用之外，还可用于连续对象呈示的过程中，作为过渡效果。

动作路径是指页面上选定的对象按照预定的路径产生运动、改变位置，其运动路径可根据需要来设定。动作路径动画包含基本型、直线和曲线型、特殊型等三种亚类，每一种亚类还包含有更多的具体动画方式。动作路径动画除了单独使用之外，还多用于表达较复杂的运动变化过程或状态，常与其他动画效果组合应用，其关键在于控制好起始与结束点、时间与速度。

②应用范畴

使用 PowerPoint 制作课件时，自定义动画主要用于设定、控制课件页面内的文本框、图片等信息分步呈现，其次是用于分步动态表达某些图形化的教学主题，其三是模拟制作场景式动画片效果。

页面信息分步呈现：课件页面内如有文本框、图片等多个各自独立的多媒体信息，通常不会一次性的全部直接呈现，而是按照教学进程，分步逐次呈现。其基本实现方法是：按需要的呈示顺序，依次选中页面内的文本框或图片等信息，然后利用 PowerPoint 菜单"动画"的"动画"组项，选择、设置适宜的动画方式、响应方式等即可，一般"进入动画"用得比较多。

分步动态表达图形化教学主题：在小学各学科的教学内容中，有不少主题内容、重要知识点是需要以动态化、过程化的方式来分解表达呈现，如汉字或拼音的书写笔画顺序，汉字偏旁部首的组合变化，代表数值变化的图形数量的增减，用割补法推导几何图形面积公式，几何图形的分切、变形或旋转，人或车辆的行程问题等。这一类动画方式的实现，既没有绝对固定的做法，也不能仅靠某一种自定义动画方式，往往是需要教师根据实际，发挥想象力，充分应用多种自定义动画方式才有可能实现，是课件设计与制作中比较富有创新性与挑战性的制作内容，值得每一位教师去探索和尝试。

模拟制作场景式动画片效果：合理发掘、灵活运用 PowerPoint 的各类自定义动画功能，还可以模拟制作出类似于动画片的场景式动画效果，具有强大的表现力与艺术感染力。由我国上海锐普广告有限公司主办的多届"锐普 PPT 大赛"中，涌现出了许多堪比 Flash 动画片的精彩作品，如"惊变""创世之路"等，完全是依靠 PowerPoint 的自定义动画制作出来的。参照这些富有创意的作品，教师也可以设计、制作出符合教学需要的情景式动画作品，如书页翻动效果、卷轴动画等效果，以及"小小竹排画中游""雪地里的小画家""荷叶圆圆"等主题场景动画，对提升课件的技术水平、增强课件的艺术性有着重要的作用。

（2）幻灯片切换

①简介

在 PowerPoint 中，内嵌有多种幻灯片切换动画效果，是以幻灯片页面整体作为动画对象，在演示时可按照预设的动态切换方式，从一张幻灯片过渡到另一张幻灯片。用户可以按自己的需要设置切换方式，还可对切换效果的速度、持续时间、伴随声音效果等属性进行自定义设置。

切换效果分为三大类，包括有细微型 12 种、华丽型 16 种、动态内容 7 种。

②使用方法

在课件制作中，对某一页面幻灯片设置切换效果的基本方法是：

首先，在包含"大纲和幻灯片"选项卡的窗格中，单击"幻灯片"选项卡，选择需要设置切换效果的幻灯片的缩略图，即选定某个页面作为动画切换的对象；

然后，在鼠标左键单击选择"切换"菜单，在出现的"切换"选项卡内，"切换到此幻灯片"组项中，单击要应用于该幻灯片的切换效果，可从其右侧下拉箭头单击激活呈现出更多的效果选项，接着在右侧"效果选项""计时"项内进行相应的设置，即可完成切换效果的设定。

③注意事项

合理使用幻灯片切换效果，可有效避免学生产生视觉疲劳，提高课件的表现力与艺术性。但需注意：一是不得滥用，二是在一个课件内应尽可能使用同一类型系列的切换效果。

（3）插入 GIF 动画

在 PowerPoint 中可以直接通过菜单"插入"，在其中的"图像"组项面板内选择"图片"按钮，在页面上插入 GIF 格式的动画图片，不仅能够突出重点，有效避免学生产生视觉疲劳，还可以提高课件的表现力与艺术性。

实际使用时，建议选用背景为透明的 GIF 动画图片。如果背景是不透明的，则可以在图像被选中的情况下，通过菜单"图片工具 格式"，在其中的"调整"组项面板内，单击"颜色"按钮，在出现的下拉式选项中，左键选择"设置透明色"，然后将已变为带有小箭头的鼠标光标移至不透明的背景处，单击左键就可以实现背景透明。

（4）插入 Flash 动画

在 PowerPoint 中可以调入外部的 swf 或者 exe 格式的 Flash 动画，常用的方法有以下三种。

①使用超链接

这种方法是利用课件页面上的某个对象，如自己绘制的按钮、插入的图片或文本框等，作为链接 Flash 动画的响应对象，借助 PowerPoint 的超链接功能来调用外部 Flash 动画片，其方法是：

首先，选择确定实现超链接的响应对象；然后，在响应对象上单击鼠标右键，在出现的快捷菜单中左键选择执行"超链接"命令；随后，在弹出的"插入超链接"对话框中，选择需要链接的 swf 或者 exe 格式的 Flash 动画，再单击对话框右下方"确定"按钮即可完成超链接设定。

按照此种方法制作超链接后，当进入幻灯片播放状态时，将鼠标移至响应对象上，光标会变为手指指示状，单击左键后，会出现风险提示对话框，一律选择"是"后，出现 PowerPoint 演示文稿之外的新窗口，播放呈示 Flash 动画，播放完以后左键单击其右上方的"关闭"按钮可关闭动画窗口。

②使用控件

使用控件是将 swf 格式的 Flash 动画作为一个控件插入到 PowerPoint 文件中，其特点是动画呈现的窗口大小在制作时就固定下来，并与幻灯片页面其他区域有功能的分别：当鼠标在 Flash 播放窗口区域内时，可以响应 Flash 动画内的鼠标事件，当鼠标在 Flash 窗口区域之外时，则响应 PowerPoint 的鼠标事件。

使用控件的基本方法是：

首先，确定要运行呈示 Flash 动画的幻灯片页面。

其次，在菜单"开发工具"的"控件"组项内，单击选择"其他控件"，在弹出的"其他控件"对话框中，双击左键选择"Shockwave Flash Object"选项，对话框关闭，鼠标光标变为细线十字状。

第三，鼠标光标为细线十字状态下，于当前幻灯片页面内，按下左键并拖动鼠标，画出带有对角线的实线矩形框，即演播时页面上动画的大小范围与位置。画好后如对矩形框的大小、位置不满意，可以将光标移至线框内，当光标呈十字箭头状时，可按下左键并移动，则可调整矩形框的位置，而矩形框大小可以利用其边角上的圆形句柄来调整。

第四，在带有对角线的实线矩形框内单击右键，于弹出的快捷菜单中左键选择执行"属性"命令，则出现"属性"对话框。在"Shockwaves ShockwavesFlash"选项的"按字母序"选项面板内，找到"Movie"属性项，于其右侧的空格内单击左键，则出现闪动的光标，通过键盘可输入 Flash 动画的完整路径地址，要注意输入的路径中必须完整地填写动画文件的文件名与扩展名。输入完成后，单击"属性"对话框右上方的红色关闭按钮，即可完成设置。如进入播放状态，则页面上会出现相应的 Flash 动画。

使用此种方法时要注意，如果是拷贝课件到其他地方的电脑上使用，则需要在播放课件前，重新做一次"属性"设置（即重复一次上述的第四步骤），在"Movie"属性项内重新输入在当前电脑上 Flash 动画的完整路径地址，否则播放课件时，动画将无法呈现。

③插入对象

采用此种方式，在播放课件时会弹出一个新的播放窗口，可以响应所有的 Flash 鼠标事件，还可以根据需要在播放的过程中调整窗口的大小，控制播放进程。其基本方法是：

第一，确定要运行呈示 Flash 动画的幻灯片页面。

第二，在菜单"插入"的"文本"组项内，左键单击选择"对象"工具，在弹出的"插入对象"对话框中，选择"由文件创建"，单击"浏览"按钮，查找、选中需要插入的 Flash 动画文件，然后单击"确定"返回幻灯片。这时，在幻灯片页面上出现了一个

Flash 文件的图标，可以更改图标的大小或者移动它的位置。

第三，在当前菜单"插入"的"链接"组项内，单击选中"动作设置"，在弹出的"动作设置"窗口中选择"单击鼠标"或"鼠标移动"选项卡，左键单击"对象动作"单选框，在其下方的下拉菜单中选择"激活内容"，然后单击"确定"按钮，即可完成插入 Flash 动画的设置操作。

当进入幻灯片播放状态时，将鼠标移至 Flash 文件图标上，光标会变为手指指示状，单击左键后，会出现风险提示对话框，一律选择"是"后，出现 PowerPoint 演示文稿之外的新窗口，播放呈示 Flash 动画，播放完以后左键单击其右上方"关闭"按钮可关闭动画窗口。

应特别注意，所需调用的 Flash 动画，应当事先存储在 PowerPoint 程序文件所在的目录（文件夹）内，与程序文件呈并列关系。如果拷贝课件到异地使用，则在使用前，应重做一次 Flash 动画的路径地址设置。

（5）调用外部视频

在 PowerPoint 中可以调入多种格式的外部视频文件，一般采用 Wmv 格式的视频文件，常用的方法有以下三种。

①使用超链接

这种方法是利用课件页面上的某个对象如自己绘制的按钮、插入的图片或文本框等，作为链接外部视频文件的响应对象，借助 PowerPoint 的超链接功能来调用外部视频，其方法是：

首先，选择确定实现超链接的响应对象；然后，在响应对象上单击鼠标右键，在出现的快捷菜单中左键选择执行"超链接"命令；随后，在弹出的"插入超链接"对话框中，选择需要链接的视频文件，再单击对话框右下方"确定"按钮即可完成超链接设定。

按照此种方法制作超链接后，当进入幻灯片播放状态时，将鼠标移至响应对象上，光标会变为手指指示状，单击左键后，会出现风险提示对话框，一律选择"是"后，出现 PowerPoint 演示文稿之外的新窗口，播放呈示视频，播放完以后左键单击其右上方"关闭"按钮可关闭动画窗口。

②插入视频

此种方法是直接利用 PowerPoint 菜单中的功能，可以很方便地调用外部视频，其基本方法是：

第一，确定要运行呈示视频的幻灯片页面。

第二，在菜单"插入"的"媒体"组项内，单击选择"视频"工具，在弹出的"插入视频文件"对话框中查找选择需要的视频文件后，单击右下方的"插入"按钮，则带有预览图的视频出现在当前页面上，通过其边角上的句柄可以调整其大小，鼠标移至其范围内呈十字箭头时可以移动其位置。位置与大小确定后，即可完成制作。

当进入幻灯片播放状态时，视频是处于停止待播状态，将鼠标移至视频预览图上，光标会变为手指指示状，并在视频下部出现播放进程控制条，单击左键后即可播放呈示视频，在播放过程中如果再次单击视频可以暂停播放。

此种方法操作简单，使用方便，是最常使用的调用外部视频的方法。但应注意，视频应为 wmv 或 avi 格式。

③使用控件

在 PowerPoint 中也可以通过控件来实现外部视频的调用，基本方法是：

首先，确定要运行呈示视频的幻灯片页面。

其次，在菜单"开发工具"的"控件"组项内，单击选择"其他控件"，在弹出的"其他控件"对话框中，双击左键选择"Windows Media Player"选项，对话框关闭，鼠标光标变为细线十字状。

第三，鼠标光标为细线十字状态下，于当前幻灯片页面内，按下左键并拖动鼠标，画出实线矩形框，松开鼠标后则在页面内出现 Windows Media Player 的播放界面，可以将光标移至播放界面内，当光标呈十字箭头状时，按下左键并移动便可调整矩形框的位置，而播放界面的大小可以利用其边角上的圆形句柄来调整。

第四，在页面上 Windows Media Player 的播放界面内单击右键，于弹出的快捷菜单中左键选择执行"属性"命令，则出现"属性"对话框；在"Windows Media"选项的"按字母序"选项面板内，找到"自定义"属性项，左键单击其右侧的带有省略号的按钮，则弹出"Windows Media Player 属性"对话框；在对话框的"常规"选项卡内，"源"项目的右侧，单击"浏览"按钮，在弹出的"打开"对话框中选择需要播放的视频并"打开"，再回到"Windows Media Player 属性"对话框，其他项目可根据需要来选择；完成后，单击"属性"对话框右上方的红色关闭按钮，即可完成设置。如进入播放状态，则页面上会出现相应的视频，可以通过播放界面下部的按钮等来控制视频的播放。

使用此种方法时要注意，如果是拷贝课件到其他地方的电脑上使用，则需要在播放课件前，重新做一次"属性"设置（即重复一次上述的第四步骤），否则播放课件时，视频将无法呈现。

与调用 Flash 动画一样，对于需要调用的视频文件，也应当事先存储在 PowerPoint 程序文件所在的目录（文件夹）内，与程序文件呈并列关系。

根据教学主题、参考教学流程，对课件页面上所要呈现的主题信息以动态化方式表达，不仅有助于活化难点、突出重点、吸引学生的注意力，而且可以帮助学生更好地获得信息感知、发展思维，同时也能获得较好的整体艺术风格与视觉效果。但应注意灵活选择使用，不能滥用，否则会适得其反。

5.4　课件中的练习题制作

在一个完整的课件结构中，通常都包含有反馈模块。主要是通过呈示课堂练习题的方式，检测教与学的基本成效，既帮助学生及时巩固、强化记忆，也便于教师及时查漏补缺，同时还有助于进一步调动学生的学习积极性，增强学生的学习成就感。因此，应重视课件中课堂练习题的设计与制作。

5.4.1 练习题制作的基本要求

在设计制作课堂练习题时，应注意以下四个方面。

1. 针对重难点，强化基础

除了专门的习题课，一般课堂教学的时间有限，不可能有太多的时间用于练习检测。因此，课件中的练习题不可能面面俱到，而应当尽可能针对教学中的重点、难点部分，对于相对简单的内容则可以不必考虑。

同时，不能把课堂练习设计得太难、太复杂，应当着力于强化基础，从基础知识、基本技能角度来帮助学生获得强化。

2. 讲练穿插，分散练习

应根据小步子原则，不把所有的练习集中在一起，而应当适度分散，采取讲练穿插的方式，一步一练，前后关联，层层推进。

3. 创意独特，富有趣味性

课件中的练习题在设计制作上应尽量发挥多媒体编辑软件的功能，富有创意地设计练习题，题型上可以有适度的变化。一般在课件中，客观题是应用较为广泛的练习题形式，主要有连线题、选择题、填空题、判断题等类型。有时，根据实际需要，也可以设计制作开放式的主观题。

同时，在练习题的信息表达形式上应富有趣味性，能有效吸引学生积极参与。

4. 控制容量，及时反馈

练习题的总量一般不宜安排太多，在每一页幻灯片页面上通常只安排一道练习题，同时要及时通过计算机对学生的练习作答情况做出积极的反馈响应。

5.4.2 连线题制作

以小学一年级数学中数字的认识连线练习为例，在 PowerPoint 中利用自定义动画设置中的触发器，制作连线练习题的基本方法可参考如下。

1. 制作页面题干

在确定制作练习题的页面，以自己绘制几何图形或插入图片的方式，于页面左部从上往下，分别绘制不同数量的水果、蔬菜或卡通人物、动物等。

利用 PowerPoint 菜单"插入"的"插图"面板组项，左键单击选择"形状"项下方的三角形，在出现的下拉选项里，左键选择"圆角矩形"，然后在绘制好图形或插入图片的页面右部，从上往下分别绘制四个同样大小的按钮，再通过在按钮上右键菜单"编辑文字"命令，为四个按钮中间加上 2.3.4.5 这几个数字（可用文本框替代圆角按钮，文本框内输入相应的数字）。

利用 PowerPoint 菜单"插入"的"插图"面板组项，左键单击选择"形状"项下方的三角形，在出现的下拉选项里，左键选择“直线”，分别绘制数字按钮与图形相对应、连接的四条直线连线。

题干绘制好的效果如图 5-4-1 所示。

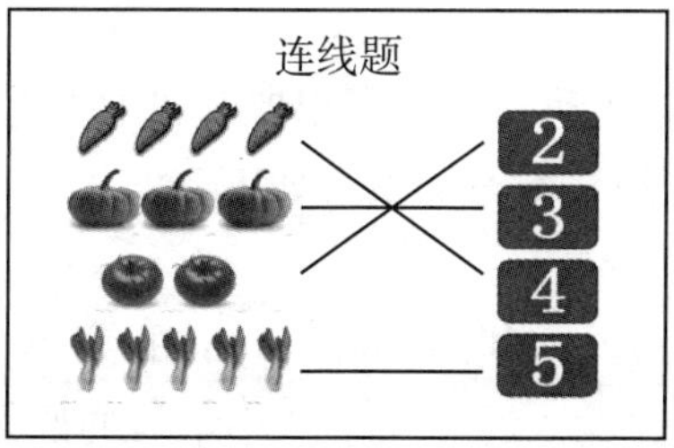

图 5-4-1

2. 设置直线的自定义动画与触发器

选中与“2”按钮相对应的直线连线，在菜单“动画”下“动画”组项内，设置自定义动画为“擦除”，方向为“自左侧”或“自右侧”；再于右侧“高级动画”组项内，左键单击“触发”项后选择“单击”，“单击”右侧展开的选项中，选择按钮“2”所对应的“圆角矩形”项。这样，即是以按钮“2”作为连线以擦除效果出现的触发器，当进入播放时，鼠标移至按钮“2”上，光标呈手指指示状，单击鼠标则激活连线的动画效果，呈现出连线。

以同样的方法，分别将另外三条直线连线设置“擦除”动画，并设定好触发器，即可完成制作。

进入播放状态后，可以根据学生的回答，来选择单击相应的数字按钮，呈现连线。

上例为一一对应的连线形式，参考本例，还可以进一步制作出一对多的连线题。

5.4.3　填空题制作

填空题是课件中较为常用的课堂习题方式，主要有三种制作方法。

1. 简单自定义动画法

利用 PowerPoint 中的自定义动画功能，可以比较方便地制作填空之类的练习题，以小学数学的计算练习题为例，制作方法参考如下。

（1）制作页面题干

在确定制作练习题的页面内，利用 PowerPoint 的菜单“插入”中的“文本”组项，选择“文本框→横排文本框”，输入题干文字“3+2=”。

（2）制作答案

利用 PowerPoint 的菜单“插入”中的“文本”组项，选择“文本框→横排文本框”，在题干文字“3+2=”等号的右侧，输入答案“5”。

（3）设置自定义动画

鼠标左键选中答案“5”所在的文本框，利用菜单“动画”的“动画”组项设置其动画方式为"自左侧""擦除"，其他设置不用更改。

至此，练习题制作完成。

进入课件演播状态后，单击左键，则在题干的等号右侧，出现答案"5"。

2.触发器响应法

使用由触发器控制的自定义动画，也可以制作选择填空题。以小学语文《小蝌蚪找妈妈》的练习题为例，其制作的基本方法参考如下。

（1）制作页面题干

在确定制作练习题的页面内，利用 PowerPoint 的菜单"插入"中的"文本"组项，选择"文本框→横排文本框"，输入题干文字"小蝌蚪的妈妈是（　　）"。在文本框下方，插入三张卡通图片，分别是青蛙、鲤鱼、乌龟，并用菜单"插入"中的"文本"组项，选择"文本框→横排文本框"，分别在三幅图片的下边输入 A、B、C 三个字母的文本框，作为答案的番号代码。制作好后的效果可参考图 5-4-2 所示。

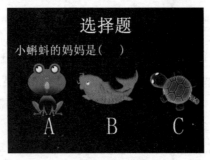

图 5-4-2

（2）制作响应文字

利用 PowerPoint 的菜单"插入"中的"文本"组项，选择"文本框→横排文本框"，在题干文字"小蝌蚪的妈妈是（　　）"的右侧画出文本框，输入文字"A　正确，恭喜你！"，注意字母 A 与后面文字要有一定的间距，然后移动文本框，使字母 A 进入题干文字的括号范围内。

在三幅卡通图片的下方，用文本框输入文字"再仔细想一想！"。制作好后的效果可参考图 5-4-3 所示。

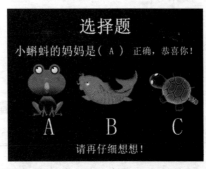

图 5-4-3

（3）设置自定义动画

左键单击选中响应文字"A　正确，恭喜你！"文本框，利用菜单"动画"的"动画"组项设置其动画方式为"自左侧""擦除"，并在"高级动画"组项内设置触发器为字母A 所在的文本框；在"高级动画"组项内选择"动画窗格"，在右侧面打开的"动画窗格"内左键单击文本框所在的项目，在出现的下拉菜单中选择"效果选项"，在弹出的对话框中的"效果"面板内，"动画播放后"项设置由"不变暗"改为"下次单击后隐藏"。

采用同样的方法，对响应文字"再仔细想一想！"进行相应设置。由于有两个错误的选项 B、C，因此在做完 B 项的设置后，重新左键选中"再仔细想一想！"文本框，并通过菜单"动画"的"高级动画"组项内"添加动画"增加新的动画，再做其他的后续设置。

至此，练习题制作完成。

进入课件播放状态后，鼠标移至字母上，光标会变为手指指示状；左键单击 A，则出现响应文字"A　正确，恭喜你！"，再次单击字母 A 则文字消失；如果单击 B 或 C，则出现"再仔细想一想！"，再次单击同一字母，则响应文字消失。

3. 输入响应法

这种方法是在利用控件制作的输入对话框中，通过键盘输入答案选项的番号代码等文字内容，并能通过按钮呈现选项正确或错误响应[①]。下面以小学语文《小蝌蚪找妈妈》的练习题为例，简要介绍其制作的基本方法。

（1）制作页面题干

在确定制作练习题的页面内，利用 PowerPoint 的菜单"插入"中的"文本"组项，选择"文本框→横排文本框"，输入题干文字"小蝌蚪的妈妈是（　　）"。在文本框下方，插入三张卡通图片，分别是青蛙、鲤鱼、乌龟，并用菜单"插入"中的"文本"组项，选择"文本框→横排文本框"，分别在三幅图片的下边输入 A、B、C 三个字母作为答案的番号代码。

在菜单"开发工具"的"控件"组项内，左键单击选择"文本框"，并在前边文本框的括号内画出一个方框，作为答案的输入框。

在菜单"开发工具"的"控件"组项内，左键单击选择"按钮"，并在页面的右下方边角位置，画出一个矩形按钮，用来查看答案；在按钮上单击右键并选择执行"属性"命令，展开"属性"对话框，将其中的"Caption"右侧内容修改为"查看答案"（具体修改内容，请根据需要确定），并关闭属性窗口。

页面题干制作好的效果可参考图 5-4-4 所示。

---

① 马致明 .PPT 课件中交互式练习题的设计与实现 [J].新疆师范大学学报（自然科学版），2012，31（04）：46-49.

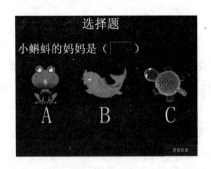

图 5-4-4

（2）编辑控件的 VBA 代码

双击绘制的命令按钮打开 VBA 编辑窗口，在"PrivateSub CommandButton1_Click()"和"EndSub"语句之间输入如下代码：

If TextBox1 = "A" Then

MsgBox "你真棒！"，vbOKOnly，"提示"

Else

MsgBox "错了，再想想！"，vbOKOnly，"提示"

End If

具体输入 VBA 代码的格式可参考图 5-4-5 所示。

```
6-6练习设计.pptm - Slide126 (代码)

CommandButton1

Private Sub CommandButton1_Click()
If TextBox1 = "A" Then
MsgBox "你真棒！"， vbOKOnly， "提示"
Else
MsgBox "错了，再想想！"， vbOKOnly， "提示"
End If
End Sub
```

图 5-4-5

至此，练习题制作完成。

进入课件播放状态后，先用左键单击激活输出入框，有光标闪动，然后通过键盘输入字母 A、B 或 C，再单击右下方的按钮，则可以弹出答案正误的评判。

应用 PowerPoint 的各种功能，可以比较方便地制作出多种类型的课堂练习题。教师在实际制作课件时，要注意紧扣教学的实际需要，根据练习题设计制作的基本要求，精心设计并能灵活运用。

5.5　小学语文课件制作实例

在了解了课件设计与制作的基本方法以后，下面以部编本小学《语文》二年级上册"小蝌蚪找妈妈"一课为例，简要介绍用于课文讲解的课件设计制作过程。

5.5.1　课件模块与结构

本课件主要用于课文的讲解，具体包括等待与引入、课题与导航、课文讲解、练习巩固、影视欣赏、扩展延伸、课堂小结七个模块，采用"直线型 + 分支型"结构，即课件不仅可以按幻灯片页面的自然顺序依次播放，也可以根据实际的需要通过超链接在不同页面之间跳转。具体可参考图 5-5-1 所示流程图。

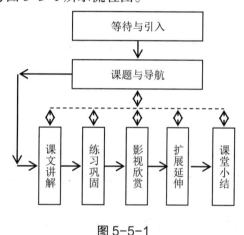

图 5-5-1

等待与引入：由一张幻灯片构成，主要有两个功能，两方面内容。其一是以蓝黑过渡的双色渐变色作为底色，用于正式教学之前即进入播放状态，但不启示具体的教学内容；其二是以一段视频作为教学引入并提出问题"小蝌蚪也和妈妈长得一样吗？"。

课题与导航：由一张幻灯片构成，主要功能一是呈示课题以及授课教师、课件制作者等基本信息，二是能够通过超链接跳转到其他模块的图片组（配有文字）。

课文讲解：按课文的自然段与顺序，文字与图片相结合，用六张幻灯片来分段呈示课文内容；每一页张幻灯片都可以通过右下方的超链接回到课题与导航页。

练习巩固：以帮助学生理解课文为目的，用三张幻灯片分别呈示三个练习题，每一页张幻灯片都可以通过右下方的超链接回到课题与导航页。

影视欣赏：用一张幻灯片，插入国产动画片《小蝌蚪找妈妈》，通过右下方的超链接可以回到课题与导航页。

扩展延伸：用两张幻灯片，一张简要介绍有关青蛙变态发育的科普知识，另一张呈示、安排课后实践活动；每一页张幻灯片都可以通过右下方的超链接回到课题与导航页。

课堂小结：用一张幻灯片，小结本课。

5.5.2　课件风格设计

《小蝌蚪找妈妈》课文本身就是一篇童话，所描述的内容主要是乡野池塘水环境，同时考虑到要充分利用课文的插图，因此确定本课件采用卡通童话风格。

在风格的控制上，首先是整体色彩主要使用淡雅、自然且清新的颜色，尽可能避免大红大紫；所用插图以课文中的插图为参考，全部为构图活泼可爱的卡通式图片；所涉及的项目符号也以卡通式图片来作为数字符号的陪衬图。

为便于课件制作、统一课件风格、提高工作效率，准备采用三页母版式模板，即等待与引入、课题与导航用一个母版，课文讲解、练习巩固、影视欣赏、扩展延伸用一个母版，课堂小结用一个母版。

5.5.3　素材准备

课件制作所需要的素材主要包括图片、音效、视频等。

1. 图片

（1）场景底图

主要是作为课题呈示底图的池塘场景图片。

（2）课文配图

六幅与课文分段内容一致的图片，可直接使用课文插图。也可以用透明背景的 gif 动态图片或 png 格式的图片，结合自定义动画来直观表达。

（3）动物图片

包括小蝌蚪、青蛙、鲤鱼妈妈和小鲤鱼、乌龟妈妈和小乌龟等的图片，可以考虑使用透明背景的 gif 动态图片。

以上所有图片均用 PhotoShop 处理为背景透明的 png 格式图片。

2. 音效

主要是不同模块之间过渡时的转场、提示音效，共六段短小的声音文件，全部采用 Wav 格式。

3. 视频

（1）引入视频

采用多幅动物妈妈带着它们的孩子活动的图片、小蝌蚪的图片，配上文字与音效，用 Adobe Flash CS 3 Professional 制作成影片，存盘格式为 avi，再通过格式工厂转为 wmv 格式。注意影片最后要用文字呈示问题"小蝌蚪也和妈妈长得一样吗？"

（2）影视欣赏影片

国产动画影片《小蝌蚪找妈妈》，可从网上查找、下载，通过格式工厂转为 wmv 格式。

以上各类素材应提前制作好，其中图片素材存入名为"pic"的文件夹，音效素材存入名为"music"的文件夹，这两个文件夹与两段视频素材为并列关系，共同存放到名为

"小蝌蚪找妈妈课件"的文件夹内。具体可参考图 5-5-2 所示。

图 5-5-2

5.5.4　课件编制

素材准备好以后，就可以开始动手制作课件了。

1. 创建课件程序文件

在名为"小蝌蚪找妈妈课件"的文件夹内空白处，单击鼠标右键，在弹出的快捷菜单中选择执行"新建→ Microsoft PowerPoint 演示文稿"，则在文件夹内创建了名为"新建 Microsoft PowerPoint 演示文稿 .pptx"的演示文稿，将文件重命名为"课件 .pptx"。

2. 启动程序，制作课件母版

鼠标左键双击"课件 .pptx"，启动 PowerPoin 程序，鼠标左键单击程序窗口中间灰色工作区"单击此处添加第一张幻灯片"，则出现白底色并有两个文本框占位符的幻灯片，在其页面内单击右键，在弹出的快捷菜单中选择执行"版式→空白"命令，则占位符消失。

在程序窗口左侧幻灯片缩略图区，编号为"1"的缩略图之下，单击右键，在出现的快捷菜单中选择执行"新建幻灯片"命令两次，则得到由三张空白幻灯片构成的演示文稿。

在程序窗口左侧幻灯片缩略图区，左键单击选中第一张幻灯片，通过菜单"设计"之"主题"组项，选择除第一种以外的任意一种版式，在其图标上单击右键，在弹出的快捷菜单中，选择执行"应用于选定幻灯片"，则第一张样式改变。以同样的方法，将另外两张幻灯片分别选择更改为其他两种不同的版式。

在程序窗口左侧幻灯片缩略图区，左键单击选中第一张幻灯片，在菜单"视图"之"母版视图"组项内，选择"幻灯片母版"，则程序窗口左侧的缩略图区呈现出当前演示文稿的所有幻灯片母版。鼠标移至这些幻灯片母版上，将提示为"任何幻灯片都不使用"的母版通过右键快捷菜单"删除版式"删除掉，只留下提示为"幻灯片母版：由幻灯片 * 使用"及"版式：由幻灯片 * 使用"的两类共六张幻灯片母版（* 号为数字序号），并将这些母版上的所有占位符（包括文本框、图形等）全部清除。

依次选中提示为"幻灯片母版：由幻灯片 * 使用"的幻灯片母版，进行编辑处理，可根据课件封面页、主题内容页、小结页的不同需要，插入图片、图形、文本，或者更改背景颜色等。完成后，关闭母版视图，回到普通视图模式。这样，即可得到由三个不同母版构成的课件模板。其样式可参考图5-5-3所示。

图 5-5-3

3. 制作等待与引入页

在程序窗口左侧幻灯片缩略图区，左键单击选中第一张幻灯片，在菜单"插入"之"插图"组项，选择"形状→矩形"，然后在幻灯片编辑区按住鼠标左键并拖动画出一个与页面同大小的矩形；右键单击矩形并在弹出的快捷菜单中选择执行"形状格式"命令，在弹出的"设置形状格式"对话框中，"填充"项选择"渐变填充"，下边的"渐变光圈"项，中间的滑动块删除后，分别选中左右两个滑动块，设置颜色为黑、深蓝，使插入的矩形呈现出由下至上从黑渐变为蓝色，然后"关闭"对话框。

在菜单"插入"之"媒体"组项，左键单击"视频"图标下的下拉箭头，在出现的下拉菜单中选择"文件中的视频"，在弹出的"插入视频文件"对话框中，查找需要的视频后双击左键，即可将视频插入到当前的页面，呈现出视频的预览图，其边角上有句柄可调节大小，也可以移动其位置。

在页面内视频被选中的情况下（有句柄出现），在菜单"动画"之"动画"组项内，选择"进入→擦除"，"效果选项"为"自底部"，"开始"为"单击时"。这样，当播放课件后，只呈现出全屏的蓝黑过渡渐变色，单击左键后，视频才出现在屏幕上，左键移进视频预览图才能通过单击播放视频。

等待与引入页的效果可参考图5-5-4所示。

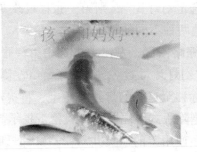

图 5-5-4

4. 制作课题与导航页

在程序窗口左侧幻灯片缩略图区，第一张幻灯片缩略图下边空白处，单击右键，在弹出的快捷菜单中，选择执行"新幻灯片"命令，则出现编号为"2"的第二张幻灯片，其样式与第一张幻灯片母版是一样的。

在菜单"插入"之"文本"组项，选中"艺术字"并从弹出的下拉选项中选择一种需要的样式，则幻灯片页面上出现带有句柄并有"请在此处放置您的文字"字样的艺术字输入编辑框，左键在其中单击激活后，删除掉先前的文字，通过键盘重新输入"34 小蝌蚪找妈妈"，左键拉黑选中文字后会出现文字格式设置工具栏（也可通过右键调出），调整文字的格式直至满意。然后将鼠标移至艺术字边线上，当光标呈十字箭头状时，可按下左键并移动，以调整艺术字的位置至页面的中上部。

在菜单"插入"之"文本"组项，选中"文本框"之"横排文本框"，然后在艺术字之下拉出文本框，输入关于授课教师、课件制作者等信息。同样的，利用文本框功能，分别制作"课文讲解""练习巩固""影视欣赏""扩展延伸""课堂小结"五个用于导航的文本框，分置于页面的下部。

在菜单"切换"之"切换到此幻灯片"组项，选择"擦除"图标，并设置"效果选项"为"自顶部"，"计时"组项内可通过"声音"添加页面切换时的音效。

课题与导航页的效果可参考图 5-5-5 所示。

图 5-5-5

5. 制作课文讲解页

在程序窗口左侧幻灯片缩略图区，第三张幻灯片缩略图下边空白处，单击右键，在弹出的快捷菜单中，选择执行"新幻灯片"命令，则出现了编号为"4"的第四张幻灯片，其样式与第三张幻灯片母版是一样的。继续执行同样的操作，连续新建幻灯片至编号"8"，这样，第三至第八共六张幻灯片完全是一样的母版样式，用于呈示课文内容。

选中第三张幻灯片，在菜单"切换"之"切换到此幻灯片"组项，选择"擦除"图标，并设置"效果选项"为"自左侧"，"计时"组项内可通过"声音"添加页面切换时的音效。

选中第三张幻灯片，在菜单"插入"之"插图"组项，选择"形状→圆角矩形"，然后在页面左上方靠近角的地方，画出一个圆角矩形；左键双击该图形，激活设置面板项，设置其为白底色、深绿色边线；在菜单"插入"之"文本"组项，选中"文本框"之"横排文本框"，然后在页面内拉出文本框并输入文字"课文讲解"，设置好文字格式，设置层次为"置于顶层"后，将其拖至圆角矩形之中放置，注意两者要对齐；然后将两者同时选中，利用菜单"格式"之"排列"组项，选择"组合"，使文本框与圆角矩形合并为一个对象。

在菜单"插入"之"文本"组项，选择"横排文本框"，然后在页面内"课文讲解"之下，按下左键并拉动，拉出大小适宜的文本框，输入课文第一段文字，并设置为宋体、32 号、加粗；在菜单"动画"之"动画"组项内，选择"进入→擦除"，"效果选项"为"自顶部"，"开始"为"单击时"；再于菜单"插入"之"图像"组项，选择"图片"图标，在弹出的"插入图片"对话框中，选择与课文第一段相对应的小蝌蚪 gif 动态图片，"插入"至页面内，调整其位置到课文文字的下部适宜的位置，形成小蝌蚪游动的画面，可以考虑加上相应的自定义路径类的自定义动画；再利用菜单"插入"之"表格"组项，在小蝌蚪图片之下，画出两行三列的表格，输入相应的归纳性文字，并对表格设置相应的自定义动画。

至此，第三页幻灯片制作完成。如图 5-5-6 所示。

图 5-5-6

进入播放状态后，先是以自左向右擦除的方式呈现页面背景、标题，鼠标单击左键或滚轮转动后，才自顶向下以擦除方式呈现文字与插图，再次单击则出现表格内容。

参考上述制作方法，可完成后续第四至第八页幻灯片的制作，将课文以分段配插图的形式分页呈现。但需要注意：一是后续第四至第八页幻灯片不再设置切换效果；二是页面标题"课文讲解"可直接复制粘贴到后续各页；三是后续各页的课文文本框与图片，可分别设置自定义动画时，课文文本框应当在"计时"组项"开始"项内，更改其启动方式为"上一动画之后"。

第三至第八共六张幻灯片的效果可参考图 5-5-7 所示。

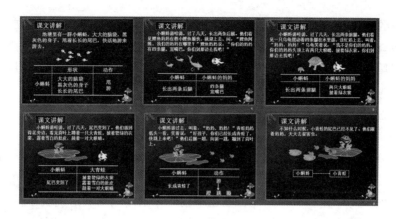

图 5-5-7

6. 制作练习巩固页

在程序窗口左侧幻灯片缩略图区，第八张幻灯片缩略图下边空白处，单击右键，在弹出的快捷菜单中，选择执行"新幻灯片"命令，则出现了编号为"9"的第九张幻灯片，继续执行同样的操作，连续新建幻灯片至编号"11"，这样就得到了用于呈示练习题内容的第九至第十一共三张幻灯片。

选中第九张幻灯片，在菜单"切换"之"切换到此幻灯片"组项，选择"擦除"图标，并设置"效果选项"为"自左侧"，"计时"组项内可通过"声音"添加页面切换时的音效。

将前边的页面标题"课文讲解"复制粘贴到第九页幻灯片，通过菜单"格式"之"排列"组项，"组合"项内选择"取消组合"；再将文本框内文字更改为"课堂练习"，下衬的圆角矩形的边线颜色改为深蓝色；改好以后，重新将文本框与圆角矩形组合，并复制粘贴到第十、十一两张幻灯片内。

（1）制作填空题

在第九张幻灯片内，应用简单自定义动画法，制作填空题。

选中第九张幻灯片，应用横排文本框在页面中上部输出入题干文字"填空题 根据课文的描述，填写完成小蝌蚪与青蛙妈妈的长相。"，然后在其下方继续应用横向文本框输入"1. 小蝌蚪：___的脑袋，___色的身子，___的尾巴。"，"2. 青蛙妈妈：两只___眼睛，__条腿，___嘴巴，___的肚皮，披着___衣裳。"可以为后面两段文字设置有颜色的文本框。

利用文本框，分别输入填空题各个空格上的答案"大大""黑灰""长长""大""四""大""雪白""绿"；注意字体颜色可以与题干有所区别，并将这些答案的文本框移至对应的填空横线上，然后按顺序分别设置自定义动画，"开始"方式均为"单击时"。

（2）制作连线题

在第十张幻灯片内，应用触发器响应法，制作连线题。

选中第十张幻灯片，应用横排文本框在页面中上部输出入题干文字"连线题 根据课文的描述，将下列动物与正确的名称连线。"，然后利用插入图片的功能将青蛙、鲤鱼、乌龟、小蝌蚪的图片插入到页面内题干文字的下方，呈横向对齐排列；用文本框分别将四个动物的名称输入，也呈横向排列于图片的下方；用直线作为连线，将动物与名称连接好；参考本章第 7 节关于使用触发器响应法制作连线题的方法，以动物图片作为触发器、以连线作为响应对象，制作完成连线题。

（3）制作选择填空题

如第十一张幻灯片内，应用输入响应法，制作连线题。

选中第十一张幻灯片，应用横排文本框在页面中上部输出入题干文字"选择题 根据课文的描述，小蝌蚪变成青蛙过程的正确顺序排列是（　　）。"再利用菜单"开发工具"之"控件"组项中的"文本框"控件，在题干括号范围内画出矩形的文本输入框；利用插入图片功能，将打乱顺序的青蛙发育过程图片插入到题干的下方，用文本框加上 1 至 5 的数字编号，再作圆角矩形将图片与编号框为一个整体；用文本框将 ABCD 四个答案选项输入后，置于图片与编号的下方；利用菜单"开发工具"之"控件"组项中的"按钮"控件，在答案选项右下方画出一个按钮，通过"属性"改其名称为"查看答案"。

三个练习题的效果可参考图 5-5-8 所示。

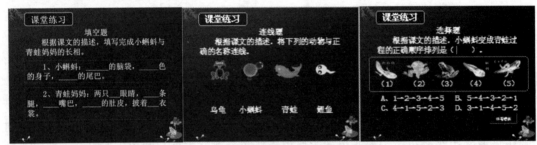

图 5-5-8

7. 制作影视欣赏页

在程序窗口左侧幻灯片缩略图区，第十一张幻灯片缩略图下边空白处，单击右键，在弹出的快捷菜单中，选择执行"新幻灯片"命令，则出现了编号为"12"的第十二张幻灯片；将前一页幻灯片的带圆角矩形框的标题复制粘贴至本页左上部，改其内文字为"影视欣赏"；设置切换页面方式为"自顶部擦除"。

参考本章"5.3.4 课件页面信息的动态化"中关于插入视频的方法，将 wmv 格式的国产动画片"小蝌蚪找妈妈"插入到页面中部，其样式可参考图 5-5-9 所示。

图 5-5-9

8. 制作扩展延伸页

在程序窗口左侧幻灯片缩略图区，第十二张幻灯片缩略图下边空白处，单击右键，在弹出的快捷菜单中，选择执行"新幻灯片"命令，则出现了编号为"13"的第十三张幻灯片；将前一页幻灯片的带圆角矩形框的标题复制粘贴至本页左上部，改其内文字为"扩展延伸"；以同样的方法新建第 14 张幻灯片。

选中第十三张幻灯片，设置切换方式为"自左侧""擦除"；在页面中上部插入文本框并输入"你知道吗？"作为副标题，设置其自定义动画为单击时自左侧擦除；在副标题之下的页面右部插入文本框，输入介绍青蛙生活习性的文字；在副标题之下的页面左部插入青蛙吃害虫的图片；图片与青蛙生活习性的文本框组合后，设置自定义动画为单击时启动，方式为向下擦除。

选中第十四张幻灯片，在页面中上部插入文本框，输入文字"回家试一试"作为页面副标题，设置其自定义动画为自左侧擦除，启动方式为"上一动画之后"；在副标题之下插入横向文本框，输入说明文字"回家后请爸爸妈妈帮助，找一个废旧的玻璃罐或塑料瓶，养几只小蝌蚪，观察记录它们的生长变化情况。"；在说明文字之下，插入喂养蝌蚪与观察的图片；图片与说明文字文本框组合后，设置自定义动画为单击时启动，方式为向下擦除。至此，扩展延伸部分制作完成。可参考图 5-5-10 所示。

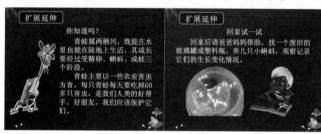

图 5-5-10

9. 制作课堂小结页

选中第十五张幻灯片，将前一页幻灯片的带圆角矩形框的标题复制粘贴至本页顶部居中位置，改其内文字为"课堂小结"，设置页面切换方式为自顶部向下擦除；在页面标题的下方，用横向文本框输入总结性的文字，设置其自定义动画为单击时向下擦除。本页幻灯片效果可参考图 5-5-11 所示。

图 5-5-11

10.设置超链接

选中第二张幻灯片，在页面下部的"课文讲解"文本框边线上（光标呈十字箭头状时）单击右键，在弹出的快捷菜单中，选择执行"超链接"命令，弹出对话框"插入超链接"，其中的"链接到"项选择"本文档中的位置"，在"请选择文档中的位置"下边的选项框内，选择"3.幻灯片3"，然后单击右下方的按钮"确定"。对话框具体的操作可参考图5-5-12所示。

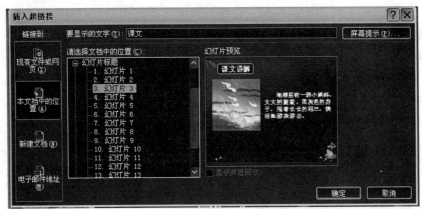

图 5-5-12

参照上述方法，将第二页幻灯片中的其他几个导航文本框"练习巩固"超链接到第九页幻灯片、"影视欣赏"超链接到第十二页幻灯片、"扩展延伸"超链接到第十三页幻灯片、"课堂小结"超链接到第十五页幻灯片。

选中第三张幻灯片，在页面右下角有补白插图处插入文本框，输入文字"返回"，并为此文本框设置超链接到幻灯片第二页；然后，将此文本框复制粘贴至第四至十四页幻灯片同一位置。

至此，课件制作完成。经仔细检查后试用播放，如无问题则可以存盘、退出程序。

5.6 小学数学课件制作实例

通过前述语文课件的实例制作，了解了PowerPoint在课件设计与制作中的基本应用方法以后，下面以人民教育出版社出版的小学《数学》一年级上册"认识钟表"一课为例，简要介绍数学教学课件设计制作的常用方法。

5.6.1 课件模块与结构

本课件主要用于数学教学，具体包括等待与引入、课题呈现、教学与练习、实践巩固、扩展延伸、课堂小结七个模块，采用直线型结构。具体可参考图5-6-1所示流程图。

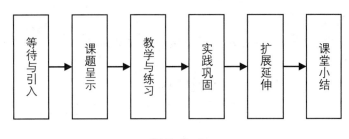

图 5-6-1

等待与引入：由一张幻灯片构成，主要有两个功能、两方面内容。其一是以蓝黑过渡的双色渐变色作为底色，用于正式教学之前即进入播放状态，但不启示具体的教学内容；其二是以一则谜语作为教学引入、以钟表图片提出问题"你能从钟表中识别出时间吗？"。

课题呈示：由一张幻灯片构成，主要功能是呈示课题以及授课教师、课件制作者等基本信息。

教学与练习：按课文的内容顺序，以文字与图片相结合的方式，用六张幻灯片来分别呈示认识钟面、识别整点、识别半点三个内容的教学与课堂练习，教学与练习穿插进行。

实践巩固：用一张幻灯片，以实际时间将三个教学内容进行综合，强化练习。

扩展延伸：用一张幻灯片，播放 MTV 视频，引导学生要珍惜时间。

课堂小结：用一张幻灯片，小结本课。

5.6.2　课件风格设计

"认识钟表"一课属于生活中的数学内容，考虑到要充分利用课文的插图，因此，确定课件采用现代科技简约风格。

在风格的控制上，首先是以代表科技的蓝色作为基调，页面背景色彩主要使用淡雅、清新的浅蓝色作为基色；所用插图尽可能与课文中的插图相对应；所涉及的项目符号主要是自己绘制的数字符号。

为便于课件制作、统一课件风格、提高工作效率，准备采用三页母版式模板，即等待与引入、课题呈示用一个母版，教学与练习、实践巩固、扩展延伸用一个母版，课堂小结用一个母版。

5.6.3　素材准备

课件制作所需要的素材主要包括图片、音效、视频等。

1. 图片

（1）场景底图

主要是作为课题呈示底图的时钟图片，可多准备各种样式的钟表图片。

（2）主题配图

主要是与教材内容相一致的图片，可直接使用课文插图。

（3）卡通图片

主要是小孩子不同活动场景、喜羊羊的图片。

以上所有图片均用 PhotoShop 处理为背景透明的 png 格式图片。

2. 音效

主要是不同模块之间过渡时的转场、提示音效，以及钟表的嘀嗒声，全部采用 wav 格式。

3. 视频

MTV《珍惜时间》视频，可从网上查找下载，通过格式工厂转为 wmv 格式。

以上各类素材应提前制作好，其中图片素材存入名为"pic"的文件夹，音效素材存入名为"music"的文件夹，这两个文件夹与 MTV 视频素材为并列关系，共同存放到名为"认识钟表课件"的文件夹内。

5.6.4 课件编制

1. 创建课件程序文件

在名为"认识钟表课件"的文件夹内空白处，单击鼠标右键，在弹出的快捷菜单中选择执行"新建→ Microsoft PowerPoint 演示文稿"，则在文件夹内创建了名为"新建 Microsoft PowerPoint 演示文稿 .pptx"的演示文稿，将文件重命名为"课件 .pptx"。

2. 启动程序，制作课件母版

参照前述关于母版设计制作的方法，制作由三个不同母版构成的课件模板。其样式可参考图 5-6-2 所示。

图 5-6-2

3. 制作等待与引入页

在程序窗口左侧幻灯片缩略图区，左键单击选中第一张幻灯片，在菜单"插入"之"插图"组项，选择"形状→矩形"，然后在幻灯片编辑区按住鼠标左键并拖动画出一个与页面同大小的矩形；右键单击矩形并在弹出的快捷菜单中选择执行"形状格式"命令，在弹出的"设置形状格式"对话框中，"填充"项选择"渐变填充"，下边的"渐变光圈"

项，中间的滑动块删除后，分别选中左右两个滑动块，设置颜色为白、浅蓝色，使插入的矩形呈现出由下至上从白变为浅蓝色，然后"关闭"对话框。

利用文本框，在页面左上部，分行输入文本"猜谜语 一匹马儿3条腿，日夜转圈不怕累，马蹄哒哒提醒你，时间一定要珍惜。"；设置文本框自定义动画为向右擦除方式，单击时出现。

在谜语文本框的右边，用文本框输入文字"谜底："，再插入一张时钟的图片；将"谜底："文本框与时钟图片组合后，设置自定义动画为向右擦除方式，单击时出现。

在谜语文本框的下方，插入一个带指示意义的卡通小孩图片，在其右侧插入文本框并输入文字"你能从钟表中识别出时间吗？"；两者组合后，设置自定义动画为向下擦除方式，单击时出现。

等待与引入页的播放效果可参考图 5-6-3 所示。

图 5-6-3

图 5-6-4

4. 制作课题呈示页

在程序窗口左侧幻灯片缩略图区，第一张幻灯片缩略图下边空白处，单击右键，在弹出的快捷菜单中，选择执行"新幻灯片"命令，则出现了编号为"2"的第二张幻灯片，其样式与第一张幻灯片母版是一样的；设置幻灯片切换方式为向下擦除。

在页面中上部的空白处添加艺术字，内容为课题"7 认识钟表"。

课题呈示页的播放效果可参考图 5-6-4 所示。

5. 制作教学与练习页

在程序窗口左侧幻灯片缩略图区，第三张幻灯片缩略图下边空白处，单击右键，在弹出的快捷菜单中，选择执行"新幻灯片"命令，则出现了编号为"4"的第四张幻灯片，其样式与第三张幻灯片母版是一样的。继续执行同样的操作，连续新建幻灯片至编号"8"，这样，第三至第八共六张幻灯片完全是一样的母版样式，用于呈示教学与练习内容。

①制作第一部分"认识钟面"

选中第三张幻灯片，设置切换方式为自左侧向右擦除；在其顶部左侧用文本框输入页面标题"认识钟面"；在页面中部插入一张稍大的时钟图片（图片上除了数字与刻度外，只有分针与时针，不要秒针），设置其自定义动画为向下擦除，单击时出现；在时钟图片左侧，用边线有颜色的文本框输入文字"时针—短、粗"，然后插入由文本框指向时针的实线箭头，将两者组合后，设置自定义动画为自左侧向右擦除，单击时出现；在图片右侧，用边线有颜色的文本框输入文字"分针 长、细"，然后插入由文本框指向时针的实线箭头，将两者组合后，设置自定义动画为自右侧向左擦除，单击时出现。

选中第四张幻灯片，设置切换方式为自左侧向右擦除；将前一页的页面标题"认识钟面"复制粘贴于本页同样的位置；在中上部用文本框输入页面副标题"练一练"；在页面副标题的左下方，插入与前一页一样的时钟图片，但要缩小；用文本框分别输入大写字母 A、B，并分别移动至钟面上靠近时钟的时针、分针；在时钟图片的右侧方，用文本框输出入题干文字"右图内的 A、B 两根指针，时针的是（　　）"；在题干文字的括号范围内，画出"文本框"控件；题干的右下方，画出"按钮"控件并改名为"查看答案"；参考前述利用输入响应法制作选择题的方法，设置控件的属性。

此部分的播放效果可参考图 5-6-5 所示。

图 5-6-5

②制作第二部分"认识整点"

选中第五张幻灯片，设置切换方式为自左侧向右擦除；在其顶部左侧用文本框输入页面标题"认识整点"；在标题文字下边页面中部位置，用文本框输入"分针长长指 12，时针指几就几时"，设置自定义动画为自左侧向右擦除，单击时出现；在文本框之下，插入四幅表示不同整点时间的图片，呈左右水平排列；在四幅图片下边，用文本框分别以分行形式输入时间如"10 时 10：00"；将表示整点时间的图片与其下边对应的文本框分别组合，分别设置自定义动画为向下擦除，单击时出现。

选中第六张幻灯片，设置切换方式为自左侧向右擦除；将前一页的页面标题"认识整点"复制粘贴于本页同样的位置；在标题文字下边页面中部位置，用文本框输入页面副标题"练一练"；在页面副标题之下，呈田字排列，插入四幅不同生活场景与时钟的图片，每幅图下边用文本框输入"＿＿＿时"；再分别利用文本框，在横线上输入相应的答案，并应用简单自定义动画法，分别设置好四个答案。

此部分的播放效果可参考图 5-6-6 所示。

图 5-6-6

③制作第三部分"认识半点"

选中第七张幻灯片，设置切换方式为自左侧擦除；在顶部左侧用文本框输入页面标题"认识半点"；标题文字下边页面中部位置，用文本框输入"分针长长指 6，时针指向两数间；时针走过数字几，时间就是几点半"，设置自定义动画为自顶部擦除，单击时出现；在文本框之下，插入四幅表示不同半点时间的图片，呈左右水平排列；在四幅图片下边，用文本框分别以分行形式输入时间如"2 时半 2 ∶ 30"；将表示半点时间的图片与其下边对应的文本框分别组合，分别设置自定义动画为自顶部向下擦除，单击时出现。

选中第八张幻灯片，设置切换方式为自左侧向右擦除；将前一页的页面标题"认识半点"复制粘贴于本页同样的位置；在标题文字下边页面中部位置，用文本框输入页面副标题"练一练"；在页面副标题之下，呈田字排列，插入四幅不同生活场景与时钟的图片，每幅图下边用文本框输入"?＿＿＿"；再分别利用文本框，在横线上输入相应的答案，并应用简单自定义动画法，分别设置好四个答案。

此部分的播放效果可参考图 5-6-7 所示。

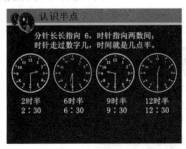

图 5-6-7

6. 制作实践巩固页

在程序窗口左侧幻灯片缩略图区，第八张幻灯片缩略图下边空白处，单击右键，在弹出的快捷菜单中，选择执行"新幻灯片"命令，则出现了编号为"9"的第九张幻灯片，在此页制作实践巩固页。

选中第九张幻灯片，设置切换方式为自左侧向右擦除；在其顶部左侧用文本框输入页面标题"实践巩固"；在标题文字下边页面中部位置，用文本框输入页面副标题"喜羊羊的快乐周末"；在副标题下边的左方，插入三幅喜羊羊不同的活动图片，呈上下排列对齐；在图片的右边，插入三幅时钟的图片，指示不同的时间；在时钟图片右侧，用文本框输入加下划线的问号，共三个；再分别利用文本框，在横线上输入相应的答案，并应用简单自定义动画法，分别设置好三个答案。

此页的播放效果可参考图 5-6-8 所示。

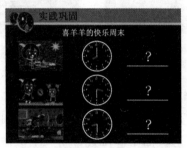

图 5-6-8

7. 制作扩展延伸页

在程序窗口左侧幻灯片缩略图区，第九张幻灯片缩略图下边空白处，单击右键，在弹出的快捷菜单中，选择执行"新幻灯片"命令，则出现了编号为"10"的第十张幻灯片，在此页制作扩展延伸页。

选中第十张幻灯片，设置切换方式为自顶部向下擦除；在其顶部左侧用文本框输入页面标题"扩展延伸"；在标题文字下边页面中部位置，用文本框输入页面副标题"珍惜时间"；参照前边介绍过的插入视频的操作方法，将预先保存的 MTV《珍惜时间》视频插入到页面中部。

本页播放效果可参考图 5-6-9 所示。

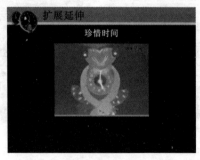

图 5-6-9

8. 制作课堂小结页

在程序窗口左侧幻灯片缩略图区，第十张幻灯片缩略图下边空白处，单击右键，在弹出的快捷菜单中，选择执行"新幻灯片"命令，则出现了编号为"11"的第十一张幻灯片，在此页制作课堂小结页。

选中第十一张幻灯片，设置切换方式为自顶部向下擦除；在其顶部居中位置，用文本框输入页面标题"课堂小结"；在标题文字下边页面中部位置，插入一个白色底、蓝色边线的圆角矩形，然后在圆角矩形内，用文本框输入课堂小结的文字。

本页播放效果可参考图 5-6-10 所示。

图 5-6-10

至此，课件制作完成。仔细检查并试播放后，如无问题，则存盘、退出程序。

PowerPoint 的操作应用较为简单，编制课件方便快捷，深受一线教师的青睐。不过，课件的设计制作不仅仅是计算机软件的应用问题。作为教师，应当从教学的实际需求出发，以优秀的教学设计作为前提，并根据教学设计来整体规划、设计课件，优选表达教育信息的多媒体素材，同时要注意充分发挥多媒体编辑软件的功能，做出优秀的课件。

5.7 小学多媒体课件评价与使用

承载并表达、传递教育信息的课件制作好以后，首先需要进行教学适宜性评价与判断，并遵循相应的原则要求，按正确的方法使用，才能实现其应有的功效。

5.7.1 小学多媒体课件的评价

对课件进行教学适宜性评价，在评价的功能价值、评价的基本原则、评价的基本要素、评价方式等方面，与教具评价大同小异，主要差别在于评价的要求与标准不同。

目前，有多种课件评价的标准，表 5-7-1 为 K12 信息技术研究中心提出的"全国多媒体教育软件大奖赛评比标准"。

表 5-7-1　K12全国多媒体教育软件大奖赛评比标准

评审指标	评 价 标 准
教育性	符合教育方针、政策，紧扣教学大纲
	选题恰当，适应教学对象需要
	突出重点，分散难点，深入浅出，易于接受
	注意启发，促进思维，培养能力
	作业典型，例题、练习量适当，善于引导
科学性	内容正确，逻辑严谨，层次清楚
	模拟仿真形象，举例合情合理、准确真实
	场景设置、素材选取、名词术语、操作示范符合有关规定
技术性	图像、动画、声音、文字设计合理
	画面清晰，动画连续，色彩逼真，文字醒目
	配音标准，音量适当，快慢适度
	交互设计合理，智能性好
艺术性	媒体多样，选材适度，设置恰当，创意新颖，构思巧妙，节奏合理
	画面简洁，声音悦耳
使用性	界面友好，操作简单、灵活
	容错能力强
	文档齐备

来源：http://jxwywwx.blog.163.com/blog/static/35698952200844 30291115

　　此后在 2013 年举办的第十三届全国多媒体课件大赛提出了更加详尽的评分标准，具体见表 5-7-2。

表 5-7-2　第十三届全国多媒体课件大赛评分标准

一级指标（分值）	二级指标（分值）	三级指标（分值）	指标说明
教学内容（20）	科学性规范性（10）	科学性（5）	教学内容正确，具有时效性、前瞻性；无科学性错误、政治性错误；无错误导向（注：出现严重科学错误取消参赛资格）
		规范性（5）	文字、符号、单位和公式符合国家标准，符合出版规范，无侵犯著作权行为

一级指标 （分值）	二级指标 （分值）	三级指标 （分值）	指标说明
教学内容 （20）	知识体系（10）	知识覆盖 （5）	在课件标定范围内，知识内容范围完整，知识体系结构合理
		逻辑结构 （5）	逻辑结构清晰，层次性强，具有内聚性
教学设计 （40）	教学理念及设计 （20）	教育理念 （10）	充分发挥教师主导、学生主体的作用，注重培养学生解决问题、创新和批判能力
		目标设计 （5）	教学目标清晰、定位准确、表述规范，适应于相应认知水平的学生
		内容设计 （5）	重点难点突出，启发引导性强，符合认知规律，有利于激发学生主动学习的兴趣
	教学策略与评价 （20）	教学交互 （5）	较好地人机交互，有教师和学生、学生和学生的交互、讨论
		活动设计 （5）	根据学习内容设计研究性或探究性实践问题，培养学生创新精神与实践能力
		资源形式与引用（5）	有和教学内容配合的各种资料、学习辅助材料或资源链接，引用的资源形式新颖
		学习评价 （5）	有对习题的评判或学生自主学习效果的评价
技术性 （25）	运行状况（10）	运行环境 （5）	运行可靠，没有"死机"现象，没有导航、链接错误，容错性好，尽可能兼容各种运行平台
		操作情况 （5）	操作方便、灵活，交互性强，启动时间、链接转换时间短
	设计效果（15）	软件使用 （5）	采用了和教学内容及设计相适应的软件，或自行设计了适合于课件制作的软件
		设计水平 （5）	设计工作量大，软件应用有较高的技术水准，用户环境友好，使用可靠、安全，素材资源符合相关技术规范
		媒体应用 （5）	合理使用多媒体技术，技术表现符合多媒体认知的基本原理
艺术性 （15）	界面设计（7）	界面效果 （3）	界面布局合理、新颖、活泼、有创意，整体风格统一，导航清晰简捷
		美工效果 （4）	色彩搭配协调，视觉效果好，符合视觉心理

续 表

一级指标（分值）	二级指标（分值）	三级指标（分值）	指标说明
艺术性（15）	媒体效果（8）	媒体选择（4）	文字、图片、音频、视频、动画切合教学主题，和谐协调，配合适当
		媒体设计（4）	各种媒体制作精细，吸引力强，激发学习兴趣
加分（2）	应用效果（1）		已经得到广泛应用，取得了良好的应用效果，有较大推广价值
	现场答辩（1）		表述清晰、语言规范、材料充实、重点突出；快速准确回答问题，熟练演示课件

来源：http://www.gxtznn.com/jyjsb/ShowArticle.asp?ArticleID=4588

由于上述评价标准相对复杂，为便于操作，有部分学校在 K12 等的评价标准基础上，重新设定了百分制的量化评价标准。如表 5-7-3 所示。

表 5-7-3 某高校课件制作评分标准

项目	评价标准	等级				得分
		A	B	C	D	
科学性 25 分	1. 课件的取材适宜，内容科学、正确、规范					
	2. 课件演示符合现代教育理念					
教育性 30 分	课件的设计新颖，在课堂教学中具有较大的启发性，能调动学生的学习热情					
技术性 30 分	1. 课件的制作和使用上是否恰当运用了多媒体效果					
	2. 操作简便、快捷。交流方便、适用于教学					
艺术性 15 分	画面设计具有较高艺术性，整体风格相对统一					

来源：http://www.docin.com/p-687867938.html

其实，不论以何种标准体系来进行评价，在对教师自制的课件进行评价中，都必须紧扣科学性、教育性、技术性、艺术性这四个方面，并以科学性为基础，以教育性作为评价的重点。

5.7.2　小学多媒体课件的应用

使用课件实施计算机辅助教学，主要是依托成套的多媒体教学系统来进行。

1. 课件使用的基本步骤

（1）启动设备

条件较好的学校，一般都购买、配置有带操作面板的中控台，启动多媒体教学系统设备主要是通过中控台操作面板上的按钮来实现。启动设备的操作步骤是：在打开中控台盖板后，首先开启电源，然后在操作面板上打开投影仪、降下屏幕，再启动计算机、音响等其他设备。

有的学校条件相对比较简陋，是以一台多媒体电脑、视频投影仪（或大屏幕彩色电视机）组成的多媒体教学系统，启动设备的操作步骤是：首先开启电源，然后打开投影仪、降下屏幕（或打开彩色电视机），再启动计算机。

（2）拷贝课件

通过 U 盘、光盘等存储设备将课件拷贝到计算机内存储。

有的学校建立了校园网络，课件是集中存放在学校的教学专用服务器内，教师则需要通过网络下载相应的教学课件后才能使用，或者是通过点播系统来选择、启动课件。

（3）启动待播

教师在正式授课之前，于计算机中启动课件程序，进入首页，使课件处于播放等待状态。

（4）实施教学

在需要的时候，教师控制课件进入播放演示状态，通过键盘、鼠标操作课件演播呈示信息教育信息，按照预先准备的教学设计来实施教学。

（5）退出关闭

在教学结束之后，教师应退出课件，并及时关闭设备。基本的操作步骤是：退出课件，关闭操作系统，待电脑自动关机后，再关闭投影仪、升起屏幕，最后关闭电源。

2. 课件使用的注意事项

（1）提前做好准备工作

通常，教师是在自己家里或办公室的计算机上制作好课件，然后再用移动存储设备如 U 盘等将课件拷贝到教室内的计算机上使用，应注意要保证将课件拷贝完整，如有条件则最好用其他移动存储设备多拷贝一份，以防万一。

教师使用课件来教学，应当提前对所用的设备有全面的了解，并能熟练地操作。

（2）合理站位，准确指示

在使用课件进行教学时，教师应注意站位要合理，千万不能站到视频投影仪投射光线的光路上，以免遮挡了投影屏幕上的内容。

在需要强调指示投影屏幕上所显示的内容要点时，教师不能站到屏幕前去指示，而应当在所用的计算机上，借助鼠标或电子教鞭来圈画指示，而且在使用过程中最好不要转身回头去观看自己身体侧后方的投影大屏幕。

（3）注意主体性与辅助性的关系

在课堂教学中，要充分发挥"双主体性"作用，认清课件只是起辅助教学作用，是用来激发学生学习兴趣、调动学生学习积极性、帮助学生更好地理解教学内容的工具和手段。在具体的教学过程中，多媒体辅助教学不能脱离教师的主导作用与学生的主体性，教师应根据学生的表现，适当及时地调整教学内容、方法和手段，适时运用课件启发学生不断思考、不断探索，引导学生向学习目标不断前进，使得每一位学生都成为课堂学习的主体。

（4）注意与传统教学手段相结合

使用课件进行教学，不能排斥传统教学手段，而应当把传统教学手段有机地结合起来，灵活地交替使用。

（5）做好应急对策

在课件使用中，要注意预防可能出现的各种意外情况，如停电、设备故障、课件出错等，应在课前做好缜密的计划与准备，以防意外出现的不利情况影响教学。

总之，教无定法，但教亦有法，课件的使用同样如此。为此，我们必须遵循课件使用的基本原则，注意灵活、合理的应用，尽可能防范可能出现的不利情况，让课件能够在教学中真正发挥作用。

练习与思考5

1. 常用的课件结构有哪些类型？

2. 如何设计制作课件，才能体现出应有的风格？

3. 课件页面版式设计的基本要求是什么？

4. 在课件中如何实现结构化表达教育信息？

5. 在课件中将教育信息视觉化的常用方法有哪些？

6. 在课件中如何合理应用 PowerPoint 的自定义动画？

7. 在 PowerPoint 中，如何实现 swf 动画与 wmv 的播放？

8. 在 PowerPoint 中，如何应用自定义动画的触发器响应法来实现练习题的制作？

9. 在 PowerPoint 中，如何应用控件以输入响应法来实现练习题的制作？

10. 自选课题，自制一个小学学科教学所用的课件。

第6章　微课设计与制作技术

随着翻转课堂、可汗学院的逐步兴起，特别是因 2020 年新冠疫情导致的全国性在线教学实践[①]，微课在我国教育领域得以迅速推广，设计与制作微课已经成为信息化时代小学教师必备的专业技能之一。

6.1　微课概述

近年来，得到迅速而大面积推广与应用的微课，是随着现代信息技术的不断发展、教育教学的不断探索与实践，逐步演化而来。作为一种新型信息化教育资源，微课具有独特的特点与功能价值，有着特殊的制作技术要求。

6.1.1　何为微课

微课并不是单纯的微型教学，也并非简单意义上的微内容课程。

1. 定义

对于如何定义微课，不同的研究者基于不同的研究背景与目的指向，已经有数十种不同的论述[②]。综合诸多的论述，本书所讨论的微课是指：以解惑释疑为目的，只针对一个知识点的数字化教育信息，其主要的信息载体形式是以便于网络传输、利于多种信息终端接收呈现的各种格式数字化短视频文件。

对于上述定义，应从三方面来理解。

其一，微课是以解惑释疑为目的。因此，微课需有"课"之形、有其教学属性，但却不同于传统意义上课堂教学中的教学内容传授，而是在已有课堂教学基础上，或者是学生

---

① 教育部办公厅，工业和信息化部办公厅. 关于中小学延期开学期间"停课不停学"有关工作安排的通知 [EB].http://www.gov.cn/zhengce/zhengceku/2020-02/18/content_5480345.htm.

② 胡铁生，黄明燕，李民. 我国微课发展的三个阶段及其启示 [J]. 远程教育杂志，2013（04）：36-42.

已经通过教材、参考书等预习的基础上，针对学生在已有学习中可能出现的识记、理解、掌握或应用等障碍，进行针对性的具体指导、解答。因此，微课的重心放在帮助学生解决学习中存在的具体问题，其教学目标应当不同于传统课堂的教学目标。

其二，微课是针对一个知识点。单个知识点是构成知识面、知识体系的最小单位，不能再分解的最具体内容。而一节课或者传统意义上完整的一课时课堂教学，按照教材内容，通常是由多个知识点，根据学科或教学逻辑而串接构成。学生在正常的学习中，往往会在某一个知识点上，出现不同程度的学习掌握障碍。因此，为有效实现问题聚焦，一节或一个微课的教学容量有限，只针对一个知识点，实施微小内容的教学。

其三，微课是一种数字化的教育信息。微课是通过现代信息技术，记录存储教师实施微内容教学的过程，虽然有多种格式，但都是以二进制数字化编码作为教育信息存储、传递、表达的基础。因此，微课是高度数字化集成的教育信息，便于通过数字化通信网络传输，并利于多种数字化信息终端接收呈现。

概而言之，微课是一种特殊的课程形态。

6.1.2　微课的基本结构

常见的微课通常主要包括导学、主题、小结三个基本环节。

1. 导学环节

此环节是针对学生可能的学习障碍，明确提出学习中的问题，引导学习目标定向与注意力聚焦，并激发学生的学习动机。重点是，一开始就要能够吸引住学生，抓住学生在学习中的痛点，才有可能让学生产生持续观看学习的可能性。

2. 主题环节

此环节重在针对如何解决学习中存在的问题，分步呈现教学主题内容，有效启发学生思考，引导解决问题的方法概况，帮助学生理顺解决问题的思路，促进学生思维提升。

3. 小结环节

此环节是针对导学环节中提出的问题，前后呼应，指导学生回顾整理、举一反三，并进一步引导后续学习或扩展延伸。此外，也包含有对学生完成学习的鼓励激励的内容。

6.1.3　微课的基本特点

从总体上看，微课具有短、小、精、悍四大基本特点[①]。

1. 教学活动时间较短

一个微课，具体表现为短视频形态，其所包含的教学活动时间较短，通常 $3 \sim 5$ min 或者 $5 \sim 8$ min，一般不会超过 10 min。

2. 教学目标与内容微小

一个微课因只针对一个知识点，因此，其教学目标与教学内容微小，信息量有限，

---

① 胡铁生.微课 一种新的课堂表现形式[J].小学教学设计，2014(16)：4-5.

教学负荷小，作为计算机文件所占的存储空间也比较小，通常不会超过 100MB。

3. 教学紧凑而精炼

由于时长的限制，微课中的教学并非是对教材内容的简单重复，而是力求设计精细而富有创意，教学结构紧凑而过程精炼，教学语言简洁，主题教育信息直观活化，并富有启发性与指导性。

4. 教学功能强悍

微课能在较短时间内帮助学生解惑释疑，具有强大的教育信息有效传递功能，教学效果显著。

同时，微课的应用面广，适合不同对象、场景使用。从教师教学角度看，微课可用于传统课堂、翻转课堂、在线教学；从学生角度看，微课可用于学生课前预习、课中学习、课后复习。此外，微课在提升教师专业水平、扩展学校教育资源建设等方面，都有极其重要的作用。

6.1.4　微课的主要类型

具备短、小、精、悍四大基本特点的微课，按不同的分类标准，可以有多种分类。

1. 按教学应用

根据教师在教学中不同的应用环节，可以将微课分为课前预习类、新课导入类、知识传授类、练习测试类、拓展延伸类等类型。

2. 按教学方法

按照教师在微课中使用教学方法的不同，可以将微课分为讲授讲解类、示范操作类、批改纠错类、探究引导类等类型。

3. 按应用技术

按照微课应用技术的不同，可以将微课分为单向播放式微课、互动交互式微课等类型。

6.1.5　微课的理论基础

微课的产生与发展，有着相应的理论基础。

1. 斯金纳行为主义学习理论

美国心理学家斯金纳（Burrhus Frederic Skinner，1904—1990）提出的操作行为主义学习理论以及其程序教学思想，是微课重要的理论基础。他提出的积极反应、小步子、即时反馈、自定步调、低错误率五大原则，对微课的设计制作具有直接的指导意义[①]。

2. 皮亚杰建构主义学习理论

瑞士心理学家皮亚杰（Jean Piaget，1896—1980）等认为，知识不是依靠教师的教学传授而获得，而是由学习者在一定情境即某种社会文化背景之下，借助教师、学习伙伴等

---

① 郭红霞. 行为主义学习理论对早期教育技术发展的影响 [J]. 中国教育技术装备，2006(08)：73-76.

的帮助，并利用必要的学习资源，通过意义的建构方式才能获得[①]。

3. 黎加厚注意力法则

我国上海师范大学的黎加厚教授通过研究指出：学习者的注意力不会一直持续在较高水平，而在学习最开始的十分钟是最集中的，也是学习效率最高的。如果超过了十分钟，那么学习者会出现精神怠倦，注意力会大幅下降，学习效率也随之而降低[②]。

4. 碎片化学习

所谓碎片化学习，有两层基本含义：一是碎片化的时间，二是碎片化的学习内容。因此，碎片化学习主要是以对学习内容进行细化分割为前提，使学习者能对微小范围与目标的学习内容，使用较短的零碎时间来进行有效学习的方式，这样可以积少成多、积小成大[③]。

5. 非正式学习

所谓非正式学习是相对于通常意义上的课堂学习而言，是指基于某种特定的需求，在不经意或不知不觉中，于任何地方、借助任何事物，由学习者自主启动、自我调节、自负其责的学习方式。如果有可能，非正式学习是无处不在的，在生活中随时随地都可能发生[④]。

6. 移动学习

移动学习是指在现代信息技术的支持下，借助各种智能移动信息设备，实现在任何时间、任何地点或场景下的学习。移动学习可以有效地扩展学习的时空，具有极强的自主性[⑤]。

6.1.6 微课制作的基本要求

微课要能实现其功能，必须符合相应的要求。关于微课的标准，目前有多种评价方案。

1. 教育部首届"微课"评选活动评审标准

教育部教育管理信息中心于2012年9月10日发布的"关于举办第四届全国中小学'教学中的互联网应用'优秀教学案例评选活动的通知"，于附件中提出了"微型教学视频课例评选指标"。具体内容参见表6-6-1所示。

① 王旅，余杨奎．建构主义学习理论剖析[J]．当代教育论坛（教学研究），2010(04)：13-15.
② 孟祥增，刘瑞梅，王广新．微课设计与制作的理论与实践[J]．远程教育杂志，2014，32(06)：24-32.
③ 周婧怡，何济玲．"互联网+"时代碎片化学习的特征、问题与优化策略[J]．中国医学教育技术，2021，35(03)：322-325.
④ 高原，李为刚．非正式学习与泛在学习关系辨析[J]．当代继续教育，2020，38(06)：50-56.
⑤ 王辞晓，吴峰．国际移动学习研究的认识取向与主题演化[J]．现代远程教育研究，2018(04)：22-33.

表 6-6-1　微型教学视频课例评选指标

一级指标	二级指标	指标说明
选题设计 （10 分）	选题简明（5）	主要针对知识点、例题／习题、实验活动等环节进行讲授、演算、分析、推理、答疑等教学选题。尽量"小（微）而精"，建议围绕某个具体的点，而不是抽象、宽泛的面
	设计合理（5）	应围绕教学或学习中常见、典型、有代表的问题或内容进行针对性设计，要能够有效解决教与学过程中的重点、难点、疑点、考点等问题
教学内容 （20 分）	科学正确（10）	教学内容严谨，不出现任何科学性错误
	逻辑清晰（10）	教学内容的组织与编排，要符合学生的认知逻辑规律，过程主线清晰，重点突出，逻辑性强，明了易懂
作品规范 （15 分）	结构完整（5）	具有一定的独立性和完整性，作品必须包含微课视频，还应该包括在微课录制过程中使用到的辅助扩展资料（可选）:微教案、微习题、微课件、微反思等，以便于其他用户借鉴与使用
	技术规范（5）	微课视频时长一般不超过 10 min，视频画质清晰、图像稳定、声音清楚（无杂音）、声音与画面同步；微教案要围绕所选主题进行设计，要突出重点，注重实效；微习题设计要有针对性与层次性，设计合理难度等级的主观、客观习题;微课件设计要形象直观、层次分明、简单明了，教学辅助效果好；微反思应在微课拍摄制作完毕后进行观摩和分析，力求客观真实、有理有据、富有启发性
	语言规范（5）	语言标注，声音洪亮、有节奏感，语言富有感染力
教学效果 （40 分）	形式新颖（10）	构思新颖，教学方法富有创意，不拘泥于传统的课堂教学模式，类型包括但不限于：教授类、解题类、答疑类、实验类、活动类、其他类;录制方法与工具可以自由组合，如用手写板、电子白板、黑板、白纸、ppt、Pad、录屏软件、手机、DV 摄像机、数码相机等制作
	趣味性强（10）	教学过程深入浅出，形象生动，精彩有趣，启发引导性强，有利于提升学生学习的积极主动性
	目标达成（20）	完成设定的教学目标，有效解决实际教学问题，促进学生思维的提升、能力的提高
网络评价 （15 分）	网上评审（15）	参赛作品发布后受到欢迎，点击率高、人气旺，用户评价好，作者能积极与用户互动。根据线上的点击量、投票数量、收藏数量、分享数量、讨论热度等综合评价
总计		

来源：http://jyt.fujian.gov.cn/xxgk/zywj/201210/t20121010_3175430.htm

2. "全国第四届微课大赛作品征集活动网征集活动"评审标准

表6-6-2　　"全国第四届微课大赛作品征集活动网征集活动"评审标准

一级指标	二级指标	指标说明
教学选题 （10分）	选题简明	利于教学，选题设计必须紧扣教学大纲，围绕某个知识点、教学环节、实验活动等展开，选题简洁，目标明确
	选题典型	解疑定位精准，有个性和特色，应围绕日常教学或学习中常见、典型、有代表性的问题或内容进行设计，能够有效解决教与学过程中的重点、难点、疑点等问题
教学内容 （30分）	科学正确	概念描述科学严谨，文字、符号、单位和公式等符合国家标准，符合出版规范；作品无著作权侵权行为，无敏感性内容导向
	结构完整	所提交的作品必须是微课视频，还可以提供与选题相关的辅助扩展资料（可选）：微教案、微习题、微课件、微反思等，便于评审。 微教案的设计要素齐全，内容要精确，注重实效。 微习题要有针对性与层次性，主观、客观习题的设计难度等级要合理。 微课件的设计要形象直观、层次分明、重点和难点突出，力求简单明了。 微反思应该真实细致，落到实处，拒绝宽泛、套话
	逻辑清晰	教学内容的组织与编排要符合当前中小学生的认知逻辑规律，设置合理，逻辑性强，明了易懂
视频规范 （20分）	技术规范	微课视频录制方法与设备灵活多样（可采用DV摄像机、数码摄像头、录屏软件等均可）。 微课视频一般不超过10 min；视频画面清晰、图像稳定、构图合理、声画同步，能全面真实反映教学情景
	语言规范	使用规范语言，普通话或英语需标准，声音清晰，语言富有感染力
教学活动 （30分）	目标达成	达成符合学生自主学习、方便教师教学使用的目标，通用性好，交互性强，能够有效解决实际学习及教学问题，高效完成设定的教学目标，促进学习者思维的提升、能力的提高
	精彩有趣	符合创新教育理念，体现新教材教学方法，教学过程深入浅出，形象生动，精彩有趣，启发引导性强，有利于学生的学习积极性和主动性的提升
	形式新颖	微课构思新颖，富有创意，类型丰富（讲授类、解题类、答疑类、实验类、其他类）
网上评价 （10分）	网上评价	作品提交后，将在网上进行展示并提供给学生学习和教师教学应用，根据线上的观看点击率及投票率等产生综合评价分值
总计得分		

来源：http://dasai.cnweike.cn/standard.html

3. 首届 "首届成渝地区小学教育联盟微课竞赛" 评审标准

表 6-6-3 "首届成渝地区小学教育联盟微课竞赛" 评审标准

一级指标	二级指标	指标说明
选题价值（20 分）	选题简明（10 分）	选择教学环节中某一知识点、例题 / 习题、实验活动等作为选题，类型包括但不限于：教授类、解题类、答疑类、实验类、活动类。尽量做到 "小而精"
	主题突出（10 分）	设计的教学内容紧贴微课主题，重点突出，不跑题
教学内容（50 分）	内容科学（10 分）	内容严谨充实，课件和讲解均无科学性、政策性错误
	逻辑清晰（10 分）	教学过程主线清晰、逻辑性强，明了易懂
	目标达成（10 分）	微课必须服务教学，完成设定的教学目标，有效解决实际教学问题，促进学生思维的提升、能力的提高
	教学特色（10 分）	教学形式新颖，教学过程深入浅出，形象生动，趣味性和启发性强，教学氛围的营造有利于提升学生学习的积极主动性
	创意新颖（10 分）	构思新颖，教学方法富有创意，不拘泥于传统的课堂教学模式，类型包括但不限于：教授类、解题类、答疑类、实验类、活动类、其他类；录制方法与工具可以自由组合，如用手写析、电子白板、黑板、白纸、ppt、Pad、DV 摄像机、数码相机等制作
作品规范（30 分）	结构完整（5 分）	具有独立性和完整性，包含微课视频、教学方案设计和课件等
	教师风采（5 分）	普通话标准，声音清晰，如教师出镜，则需仪表得体且自然，能展现良好的教学风貌和个人魅力
	技术要求（10 分）	1. 时长一般不超过 10 min，视频图像清晰稳定； 2. 视频片头应显示标题、作者、单位； 3. 保证外部环境安静无噪音
	审美要求（10 分）	1. 使用的文字尽量少，主要教学环节有字幕提示； 2. 配色美观，图文并茂； 3. 字号适中，颜色突出，符合正常的预览习惯

从上述三个代表性的评价标准可以发现，微课制作的基本要求，主要还是科学性、教育性、技术性与艺术性四个方面，只是在具体内容上，体现了微课相应的特殊性要求。

6.1.7　微课制作的基本工作步骤

通常，微课的制作，主要包括选题、设计、制作、修改等工作步骤。

1. 微课选题

首先根据实际教学需求，针对学生可能出现的学习障碍，确定微课的教学目标，明确微课的主题。

2. 微课设计

依据设定的教学目标，拟定教学策略，选择教学内容，做好教学设计，撰写制作脚本，并拟定制作工作计划。

3. 微课制作

准备微课制作所需要的器材、教学设备等，收集好资源素材，按计划实施具体的制作工作。

4. 修改完善

模拟试用制作好的微课，针对预设的教学目标，结合微课制作的基本要求，从科学性、教育性、技术性、艺术性等方面进行教学适宜性、易用性判断，并对发现的问题进行修改完善，即可投入实际的应用。

6.2　微课的选题

选题是微课设计与制作的起点和首要环节，是微课成功的前提和基础。只有精准的微课选题，才能够有效地吸引小学生，有利于引导学习定向。因此，小学教师必须在全面吃透教材、精准把握学情的基础上，做好微课的选题工作。

6.2.1　微课的选题策略

对于小学微课的课题选择，有以下思路可供参考。

1. 从课程标准中确定选题

在小学各学科的课程标准中，对于教学内容的主要知识点、重难点、关键点以及可能出现的学习障碍等，都有一定程度的分析、陈述。因此，教师可以在研读学科的课程标准过程中，按照课程标准的提示，确定微课的选题。

2. 在网络资源中发现选题

在互联网上，有许多在职小学教师公开分享的教学经验，其中有不少涉及有关教学难点、学生学习障碍点等内容，可作为微课选题的方向。同时，还有不少类似百度作业吧等网站上，有小学生提出的学习问题、作业求助等，也可供教师作为微课的选题参考。此外，还有海量的教师微课作品，其课题也可以作为微课的选题参考。

3.研读分析教材确定选题

教师在备课前，需要通过研读教材，理清教学内容的内在逻辑，分解知识要点，把握知识体系结构。在这项工作中，分解出来的各个知识点，本身有可能成为微课的选题。特别要注意教材每一课之后的练习题，是微课选题的重要范畴。

4.结合热点话题确定选题

针对教学内容，结合当前与教学内容紧密关联的各类热点话题，如重大新闻事件、重要节庆节日等，来考虑微课的选题，这既是体现课堂内外有效结合的重要手段，也能有效地吸引学生的注意力。

此外，教师还可以结合自身在知识、技能等方面的特长，来考虑微课的选题。

6.2.2 微课的选题参考

教材中的以下知识点，是比较适宜的微课选题。

1.有理解障碍的知识点

教材中有的教学内容可能远离学生的生活实际，或者没有相应足够的准备知识，也有可能过于复杂、抽象等，这些内容通常是教学中的难点，学生不容易迅速全面而透彻地理解，这都是教师在进行微课选题时需要重点考虑的。

2.不易掌握的知识点

有些教学内容，小学生在学习过程中，有可能与其他知识内容发生混淆，或者容易出现识记困难等障碍，不能很好地真正掌握，这些内容也是微课选题的重要对象。

3.需要综合应用的知识点

有部分教学内容需要综合运用较多的已有知识，往往是小学生产生学习障碍的难点，这也是微课选题的重点内容。

4.涉及拓展延伸的知识点

学以致用、举一反三，教材中的有些内容，需要小学生能有效迁移运用来解决同类或相似问题，或者是由理论向现实生活中的实际问题进一步拓展延伸，这些内容同样可以成为微课选题的范畴。

5.教材中的隐性知识点

在小学各学科的教材中，有部分隐性知识点对于小学生全面真正地掌握教学内容、开阔视野等，具有重要的价值，也是微课选题时值得考虑的。

6.当前社会热点类知识点

与当前社会热点相对应的知识点，可以直接作为微课的选题。

6.2.3 微课课题的表达

微课课题的表达，应简洁明了、通俗易懂、富有趣味性与吸引力。

以小学数学中"分数的基本性质"为例，微课课题的常见表达方式主要有以下四种。

1. 直接提问式

直接提出需要学习解决的问题作为课题，如：如何比较分数大小？

2. 目标引领式

明确提出学习的主要目标，如：图示法判断分数大小。

3. 激趣陈述式

结合小学生感兴趣的内容方式来表达课题，如：猪八戒分西瓜。

4. 迁移借用式

灵活地借用名人名言、成语、流行广告用语等，来表达课题，如：这样比大小，你也行。

此外，有时在课题之后，可以加上相应的副标题，以更加明确表达微课的针对性。

万事开头难，微课选题也是如此。精准的选题，对学生、对教师都有重要意义。因此，小学教师要重视微课的选题工作，结合实际，灵活运用技巧，选好课题，才能为后续工作做好铺垫。

6.3 微课的设计

确定了微课的课题之后，即可实施微课的设计工作，主要包括教学设计与脚本设计两个方面。

6.3.1 微课设计的基本原则

要做好微课设计，必须按教育性、目的性、趣味性、易用性等原则，来合理地实施设计工作。

1. 教育性原则

与网络上的各种大众娱乐性、新闻性短视频相比，微课具有显著的教育指向性。因此，在进行微课设计时，不能只单纯强调视觉效果，而必须严格遵循教育科学理论的指导，针对明确的教学目标，选择科学的教学策略，严谨规划微课中的教学内容，确保微课的教育成效。

2. 目的性原则

微课不同于常规的课堂教学，是用于帮助小学生解惑释疑、突破学习障碍的，具有明确的问题求解指向性。因此，在设计微课时，必须以具体帮助小学生解决某个问题为基本导向，明确小学生通过使用微课所能达成的目标，并针对目标来考虑微课的具体设计。

3. 趣味性原则

微课的设计，应注意针对小学生的兴趣倾向，在微课内容、表达方式等方面，尽可能考虑到能有效吸引小学生的注意力，让小学生像喜欢动画片那样喜欢观看微课，实现寓教于乐。

4. 易用性原则

设计制作微课时，应注意在微课的使用方法上，应当简单易用，保证微课能够在当前多种信息终端设备上实现正常运行[①]。

6.3.2　微课的教学设计

微课的教学设计，主要从教学目标、教学内容、教学结构等方面来进行[②]。

1. 确定教学目标

微课的教学目标应当符合学生实际的学习需求，针对教学中的重点、难点与关键点，表达具体而准确，能体现义务教育课程标准提出的三维目标要求。

2. 选择教学内容

在微课教学内容的选择上，应当注意与教学目标的对应性，控制好信息容量，确保无科学性、政策性错误，尽可能源于教材而又不照搬教材，并能联系生活实际、富有趣味性。

3. 拟定教学策略

微课的教学设计，应尽量考虑以问题为导向，灵活选用教学策略，能有效启发与点拨学生。

4. 确定教学环节

按照起始导入方式、主题内容教学、小结归纳整理、练习巩固拓展等部分，分别进行各教学环节的设计。

在起始导入方式上，注重激活动机、明确主题。如可以直接提问、错题引问、实例引导、故事先导等方式，来实现微课的导入。

在主题内容教学设计时，常采用过程陈述解释、范例应用讲解等方式。如可以讲述释疑、分析纠错、示范演示、应用强化等。

在设计小结归纳整理时，应注意进行总结规律、系统归纳与方法指导，促进思维升华，并注意与前边的导入问题做到前后呼应。

在设计练习巩固拓展环节时，可适度考虑安排习题测试，引导迁移，并注意给予正向的评价以及鼓励。

教学设计的成果，可用表格方式来表达，具体可参考表 6-3-1 所示。

---

① 　郑小军 . "学习者中心"微课设计与创作原则探析 [J]. 广西职业技术学院学报，2019，12(04)：58-66，86.

② 　周乐，张青 . 基于情境认知学习理论的微课教学设计 [J]. 黄山学院学报，2020，22(01)：110-114.

表6-3-1　微课教学设计模板

微课名称		
知识点描述		
知识点来源	学科：　　年级：　　教材：　　章节：　　页码：	
基础知识		
设计思路		
教学目标		
教学过程		
教学环节	内容进程	时间
教学导入		
教学主题		
小结整理		
练习拓展		

在实际进行微课的教学设计时，建议考虑以叙事性、故事性来实现系统谋划与构架，在内容、方法与思维上考虑可视化表达，同时导入应指向明确、富有吸引力、教学过程完备，并富有创新性。

6.3.3　微课的脚本设计

做好了微课的教学设计之后，还需要进行脚本设计。

与第 5 章所述的课件脚本类似，微课脚本也称为微课制作脚本，是对微课教学设计的操作具体化表达陈述，是具体制作微课时所参照的工作计划大纲、工作细节方案，是微课教学设计的后续工作产物。

1. 脚本类型

常见的微课脚本包括文字脚本、分镜头脚本、故事脚本三类。对于普通的小学非专业教师来说，通常采用简化、综合的方式，来具体表达脚本，可参考表 6-3-2 所示脚本设计模板。

表6-3-2　微课脚本设计模板

课题名称			
课题来源			
制作方法			
结构	画面内容	解说配音	时间
一、片头			
二、导入			
三、主题			
四、小结			
五、片尾			

2. 脚本设计建议

要做好微课的脚本设计，应注意以下几个方面的工作。

（1）系统谋划，详尽表达

在实施微课的脚本设计工作时，应注意按照教学设计的意图，系统性地考虑各个教学环节安排，合理构思具体的教育信息表达技术，选用适宜的教学器材器具与教学场景，在时间分配上应突出重点，文字表达应准确且清晰易懂，尽可能图文并茂。

（2）构思画面，视觉设计

在具体设计微课的画面内容时，应注意参考影视拍摄的相关技巧，所选用的定、移、摇、推、拉等镜头语言以及切换方式要说明准确，对微课将要呈现的画面应描写具体、形象而生动，画面的视觉重点要突出，并富有视觉牵引效果，能有效吸引小学生的视觉注意力，并能具有拍摄制作的可能性。

（3）解说准确，合理配音

微课中与画面内容相匹配的解说词应当详尽、完备而准确，注意用语简洁、规范，无科学性、政策性错误，与镜头和画面内容配合适宜。同时，根据需要，在不影响解说配音的前提下，可考虑加上合适的片头、过渡、背景音乐以及片尾音乐。

做好脚本设计工作，可以为后续微课的实际制作提供切实可行的工作方案，有利于减少制作工作中出现失误或出错的可能，保证微课制作工作的顺利完成[①]。

6.4 微课制作方法

做好了设计，即可按设计实施具体的微课制作。常见的微课制作方法，主要有 PPT 录制、屏幕录像、拍摄制作、专用软件制作、综合技术制作等多种技术。

6.4.1 PPT 录制微课

PowerPoint 2010 自带有将演示文档的播放内容转换成 WMV 格式视频的功能，而不需另外下载其他插件，还可以同步录制旁白配音与背景音乐，其转换时间短、清晰度高，不带有去不掉的 Logo，操作极为简单方便、易于掌握，是普通教师制作微课的首选方式。

PPT 录制微课的基本操作步骤如下[②]：

1. 制作好微课件

根据已有的教学设计与脚本设计，参考第五章介绍的课件制作技术，使用 PowerPoint 2010 软件，制作好 PPT 微课件。

具体制作 PPT 微课件时应当注意：页面风格前后相统一，背景尽可能简洁素雅，注

---

① 于庆国，刘平. 微课的设计与制作 [J]. 中国现代教育装备，2016(16)：62-63.

② 李燕. 浅谈 PPT 型微课设计制作步骤与常用技术 [J]. 电脑知识与技术，2021，17(12)：202-203.

意灵活选用动态方式表达主题内容，文字精练且字号不小于 28 号并加粗呈示，合理选用同一风格的页面切换过渡效果，并缩短其时长。

2. 演练播放讲解

使用 PPT，模拟进行教学演示，并同步配合 PPT 进行教学讲解，反复演练至熟悉。

需注意的是，在 PPT 播放翻页切换时，不要有语音讲解，应等待翻页完成后，再加入讲解，否则可能会出现语音不全的情况。

3. 正式录制微课

（1）录制幻灯片演示

打开 PPT 微课件，执行 PowerPoint 2010 菜单命令"幻灯片放映→录制幻灯片演示→从头开始录制"，在弹出的"录制幻灯片演示"对话框中，根据需要将"幻灯片和动画计时""旁白和激光笔"两个选项前的复选框选中、打勾，然后鼠标点击该对话框下的"开始录制"按钮，即可进行教学过程的播放录制，屏幕左上角将出现录制播放控制面板。

播放教学完成后，直接按键盘左上角的 ESC 键即可退出录制，此时所有录制了旁白的 PPT 页面左下角，就会出现一个小喇叭符号。

（2）创建微课视频

执行 PowerPoint 2010 菜单命令"文件→保存并发送→创建视频"，在右侧选项栏内，进行相应选项设置，再点击选项下边的"创建视频"按钮，会弹出保存窗口，选择好保存类型的视频格式，即可制作出微课视频。

（3）播放检查，修改完善

从先前存放录制视频的位置，找到并播放微课视频，对照教学设计进行仔细审看检查，并根据实际进行修改完善。

如有可能，还可以使用视频编辑处理软件，进行进一步的编辑处理。

6.4.2　屏幕录像制作微课

使用 PowerPoint2010 录制微课，本质上是一种实时屏幕录像的方式，虽然操作技术非常简便，但因软件的局限性，可能会导致微课件中插入的部分视频、动画等不能够同步正确地录制显示。因此，如有必要，可选用其他专用的屏幕录像软件，如 Camtasia Studio、Screencast-O-Matic、Cyberlink YouCam、SnagIt、Mirillis Action、屏幕录像专家等来录制微课。

以 Camtasia studio 9 为例，其录制微课的操作方法如下[1]：

1. 准备工作

根据教学设计，做好 PPT 微课件。

2. 启动录制

通过桌面图标等方式，启动 Camtasia studio 9 软件，在其窗口右上角，找到红色的

---

① 王伟成 .Camtasia Studio 9 制作微课的流程与技巧 [J]. 中小学信息技术教育，2018(11)：78-80.

"录制"按钮，启动录制。

3.选择录制区域

在弹出来的小窗口中，选择全屏录制或自定义区域录制。如关闭锁定，可以任意选择录制屏幕的区域比例大小。此外，还可以设置摄像头和调整声音大小，设置好以后，直接点击"rec"，会弹出提示，如果需要停止录制就按 F10 键。

4.启动课件进行播放录制

启动播放制作好的微课件，在课件窗口四周，绿色部分代表录制的区域，超出部分将不能被录制到。随后，开始使用微课件进行教学。

5.停止录制

教学完成后，按下键盘上的 F10 键即可停止录制，录制的视频会出现在程序窗口中下面的轨道上，此时可以播放审看。

6.导出微课视频

若无问题，可点击"分享"→"本地文件"，在弹出的对话框中选择"自定义生成设置"，选择 mp4 格式输出，再点击"下一步"按钮，将弹出"渲染项目"，稍作等待，就可以完成微课的录制。

不少屏幕录像软件，还自带有视频编辑处理功能，可进一步进行编辑处理。

其他的屏幕录像软件使用方法大同小异。

6.4.3　视频拍摄制作微课

小学各学科中，带有操作技能性、过程性、计算或实验演示性等教学内容，可根据实际需要，借助各种视频拍摄设备及辅助设备，来拍摄、制作微课。[①]

1.准备工作

除了做好教学设计等工作外，主要还需要准备相应的拍摄设备与教学设备。

拍摄器材可选用数码摄像机、数码相机、手机、平板电脑等。

教学设备则可以选择电脑与多媒体彩投、电子白板系统、白板、黑板、教具、笔加上白纸等。

2.拍摄制作

按照设计，实施微课教学，同步拍摄教学过程。

在实际制作时，可采用"手机＋纸笔书写＋纸片""手机＋简易教具""手机＋白板或黑板书写"等方式来进行。

3.后期处理

拍摄好视频以后，如有需要，可进一步进行编辑处理。

---

① 黄传金.浅谈拍摄型微课的制作方法——以师范生信息化教学应用大赛为例 [J].电子世界,2019(19):58-59.

4. 注意事项

拍摄中，如果教师隐身（不出现在视频画面内），则应注意固定拍摄范围，控制好光源的来向，书写时应醒目清晰，并能灵活运用教具、纸片。

如果教师要出现在画面内，则应注意着装整洁大方，合理选择好站位，控制好体态，并合理运用课件、教具或纸片。

5. 常见问题

如果拍出的微课视频出现图像模糊，主要是因为拍摄设备镜头没有清洁、拍摄设备没有稳固放置、拍摄时没有准确地对焦、拍摄设备设置选项有误等，解决的方法是提前清洁拍摄设备镜头、使用辅助器材固定设备、准确选择对焦点、正确设置拍摄选项参数。

如果微课视频文件过大，主要是因为选题过大而未能使问题聚焦、无关紧要的内容太多、微课视频格式不正确、视频分辨率设置太高等，解决的方法是正确地选择微课题、减少不必要的内容、合理选择视频格式、控制视频的分辨率。

这种方法技术要求不高，易于实现，非常适合一线普通教师使用。

此外，也可在专用的微课录制室内，借助专业化的设备，进行微课的录制。

6.4.4　专用平台制作微课

随着微课的不断普及，不少软件公司或微课专业网站还推出了专门用于微课制作的专用平台软件，如重庆蒙以教育科技有限公司开发的"在线课程制作软件"Coursemaker（又称"课程创作工具"，原名为"微讲台"），便是比较易于一线教师掌握的一种网络型微课制作专用软件。

Coursemaker 的安装使用方法可参考如下。

1. 下载

在 Coursemaker 官网首页，即可找到下载地址：http://www.coursemaker.cn，按提示操作可下载安装文件包。

2. 安装

下载后是压缩文件，应先行解压缩，解压后有两个文件，安装前建议先阅读《安装必读》，然后再运行安装。

双击解压出来的 setup.exe 文件，按提示进行操作，即可完成安装。安装完成后，会在电脑桌面出现 CourseMaker（课程创作工具）、CourseMaker 云盘（资源存储和共享工具）、知识圈（私域学习工具）、CoursePlayer（在线课程播放器）四个图标。

3. 注册

安装后，首次运行 CourseMaker 软件，需要输入账号和密码，没有账号的用户可以点击"注册账号"免费注册。该软件目前需要对账号做实名制验证，可通过手机号注册来进行实名制验证。

4. 使用

CourseMaker 的使用操作较为简便易学，可使用已做好的 PPT 微课件来直接录制微课，也可以分片段制作微课，然后进行视频编辑等。

该软件的官网还提供了详细的使用说明，可供用户下载参考。

如有兴趣，可以在网上下载试用其他如"万彩动画大师""FOCUSKY 动画演示大师""来画视频""101 教育 PPT""汗微·微课宝""边写边讲"等微课制作专用软件。

目前，制作微课的技术方法层出不穷。但无论使用哪一种方法，都必须以帮助小学生解惑释疑为根本目标，按照微课制作的基本要求，根据实际情况，以优秀的教学设计为前提，合理选择并综合应用各种制作技术，才能保证微课制作成功。

练习与思考6

1. 简述微课的定义与特点。

2. 简要阐明微课制作的基本要求。

3. 在小学教育范畴内，自选课题，设计制作一个微课。

第 7 章　小学"互联网 +"教学技术

随着 5G 时代的到来，以及 2020 年春全国性网络在线教学所引发的需求推动，"互联网 +"教学技术已经渗透到各级各类教学环境中，人人皆学、处处能学、时时可学，以学生为中心的教育理念促使着小学教育教学不断发生新的变革。对于小学教师而言，如何充分利用互联网等信息技术及其附加效能来有效传递教育信息，提高小学生的学习成效，是极富探索性与挑战性的专业技术工作。

7.1　"互联网 +"教学概述

"互联网 +"教学是在现代信息技术发展、教育需求变化、教学实践与理论探索等前提下，从早期基于互联网的网络在线教学逐步发展而来的。

7.1.1　基于互联网的网络在线教学

网络在线教学（E-learning）又称网络化学习、线上教学，是随着计算机网络的不断发展，产生的新型远程教学模式。

1. 网络在线教学的发展

（1）在线教学的起源

在线教学是现代信息技术与教学活动相结合的产物，最早由美国教育学家威尔史密斯在 1988 年提出。具体而言，在线教学是远程教育在互联网环境中开展的具体的新型教学形态，即以互联网为主要媒介开展的现代远距离教学，也被称为现代远程教学或第三代远程教学[①]。本文以信息技术的迭代及融合下的教学形态为依据，从宏观层面对在线教学的发展历程进行梳理。在线教学大致经历了以印刷术和通信技术为载体的传统函授教学、

---

① 李森,高静.在线教学的发展历程、内涵特征及质量监测[J].课程.教材.教法,2020,40(11):50-58.

以视听和大众传播技术为媒介的多媒体教学、以互联网和在线平台为依托的在线教学三个发展阶段①。

（2）在线教学的实践探索

现有的网络教学实践模式丰富多样，根据不同维度，潘万龙等人将其分为讲授模式和协作学习模式②。汪方斌等人将其分为在线同步直播教学、在线课堂异步教学、在线双师协同教学和在线混合多元教学③。除此以外，还有反馈互动式在线教学模式、即时互动教学等等。李志尊等人将其分为自学＋讨论答疑模式、全程直播模式和录播视频＋讨论答疑模式④。

（3）在线教学的理论探索

基于传统的学习理论：在线教育发展的初期，行为主义的指导对在线教育基础平台的搭建起到了至关重要的作用。行为主义强调学习结果的可观察和可评估性，促使早期在线教育平台的搭建，注重于教学目标的完善和在线教学评估工具的开发。并且行为主义还突出了环境给学生带来反馈的重要性，促进了在线教育信息交流工具的不断完善和研发。认知主义学派有利于启发如何有效地处理网络上的教学内容，以便于学生记忆和思考。在认知主义原则的指导下，在线教育利用其优势，有效地吸引了学生的注意力，帮助不同类型的学生将教学内容进行编码，从而转变为学生头脑中长期记忆的知识，促进学生的有意义学习。建构主义主张以学生为中心，强调社会协商和相互作用，这与网络技术本身的社交属性非常契合，建构主义把协作式学习的教学理论带入了在线环境，促进了知识学习过程中，学生与学生、教师之间沟通交流工具的开发。人本主义突出学习者在教学过程中的突出地位，强调学生的全面发展。人本主义理论在教育观念上的更新，促使在线学习不断提供更多类型的学习资源，以满足学生不同方面的学习，增加了在线学习在对学生全面综合发展方面的贡献⑤。

联通主义学习理论：西蒙斯在2004年提出了联通主义的概念，其认为在目前的时代，网络内容质量参差不齐，网络的复杂性易使学习者处于模糊不清的环境中。联通主义认为，知识不一定非要存储于学习者自身，也可以通过电子技术储存于网络的各个角落。联通主义进一步提出教育的关键环节是分享和交流，而非记忆和储存。学生自主的分享和交流的意识是无法代替的。它使在线教育的学习者意识到联通对于学生来说至关重要，教育者不仅要帮助学生联通各个网络数据库，还要不断尝试，让学生之间互相联通⑥。

协作式学习理论：其理论框架来自维果茨基提出的"最近发展区"。维果茨基认为，

① 曾骊.高校在线教学的历史演进与中国经验[J].现代远距离教育,2021(02):54-61.
② 潘万龙,冯亚岚,张晓英.医学免疫学实验课程网络在线教学模式探索与研究[J].中国免疫学杂志,202036(19):2353-2356.ISTIC PKU CSCD CA,2020.
③ 汪方斌,张彦福,刘艳丽,程秀芝.网络在线教学发展与挑战[J].无线互联科技,2021,18(09):125-126.
④ 李志尊,刘美全,李志宁,安树.在线教学模式探讨与实践[J].中国现代教育装备,2021(09):130-132.
⑤ 杨天啸,雷静.在线教育的理论基础与发展趋势[J].教育研究,2020(8):30-35.
⑥ 付晓春,王晖.联通主义学习理论述评[J].广东职业技术教育与研究,2017(05):46-49.

学生在独立掌握某种知识或技能之前，需要一个过渡阶段，在这个阶段需要其他学生或者教育者对其进行各种形式的辅助。因此，协作式学习的教学方法，主要强调对各种辅助工具的开发。在线教育利用网络技术的功能，实现了以技术为依托的教学辅助。从而有利于学生达到更高的水平[①]。

2. 网络在线教学的特点

（1）开放性

在线教学中开放性资源面向大众群体，有利于教育公平，促进终身教育的发展。在线学习的开放性打破了高校资源封闭，使普通学生也能享受高质量的学习资源。同时成人教育也得到发展，为已毕业的学习者提供再学习平台，响应了教育救助理念。

（2）自主性

在线教学充分体现了以学习者为中心，学习者可以根据自己的需求选择适合的课程进行自主学习。在这种情况下，在线学习给予学习者极大的自控权。因此，在线学习对学习者的自主学习能力和自我控制能力提出了更高的要求。

（3）灵活性

在线教学可以使教师和学生灵活地选择上课时间与地点，不受时间和空间的限制，但是在这个过程中学生与教师、同伴在时间与空间上是分离的，导致学生在学习过程中容易孤独，产生倦怠感。

3. 网络在线教学的意义

（1）在线学习促进教育公平，实现了教育资源共享

传统的课堂教学限制了学生对教学资源的获取。通过在线学习，教师推送优质的教学资源，不仅尊重家长和学生对优质教育资源的追求，满足优质教育资源共享，还可以使农村和偏远地区的师生能够享受优质教育资源，逐步缩小区域、城乡教育差距，大力促进教育公平，让亿万孩子同在蓝天下共享优质教育。

（2）在线学习为终身学习提供了方便的大门

在线教学丰富了教学方式的种类，改变了传统的教学方式。在线学习可以充分利用现代信息技术所提供的、具有全新沟通机制与丰富资源的学习环境。技术支持下的在线学习情境中，学生可以获得更加丰富的信息，基于大数据和算法的智能技术能为学生提供更精准的个性化支持服务，促进学生个性化学习。学生在线学习的时间地点更加灵活，可以充分利用课余时间进行学习，满足学生个性化需求，同时也为终身学习提供了方便的大门。其次，能够很好地提高学习者的批判性思维、协作学习能力、问题解决能力，符合智慧教育的核心理念。

（3）为课堂教学改革提供了新的可能性

在线教学也让教师传递教育信息的能力得到了极大的拓展，教学可以不再局限于课

---

① 乔爱玲，托娅.计算机多媒体网络环境下协作式学习理论探索与模式构建[J].外语界，2005(01)：24-27.

堂有限的时空之内，也有了因材施教、分层施教的可能，这就为课堂教学的改革探索提供了新的可能性与空间。

因此，作为一线小学教师，应在了解在线教学技术原理基础上，努力掌握在线教学的基本理论，清楚在线教学与传统课堂教学的本质区别，并以此为出发点不断改进调整自己的教学方式方法。

7.1.2 "互联网 +"教学

随着网络技术的迅速更新、网络功能的不断增强、网络教育资料的日益丰富，网络在线教学在原有的基础上，出现了新的变化，产生了"互联网 +"教学。

1. "互联网 +"教学的定义

目前，学界还没有"互联网 +"教学统一的定义，李爽和林君芬等人认为，互联网 +教学"不只是教学的网络化与数字化，而是基于教学本质和育人目标，将互联网思维、环境与技术等创新成果与教学思维、教学各要素、教学关系、教学结构与过程互相渗透、深度融合与双向超越，进而转变教学观念、创新教学理论、增加教学元素、开放教学系统、整合教学资源、构造开放和谐的教学生态环境、形成新型教学形态[①]。有的学者认为，"互联网 +"教学是高等学校为提高专门人才培养质量，通过将互联网创新成果与传统教学深度融合，形成的以互联网为基础设施和创新要素的教学新形态。张广君等人指出，"互联网 +"条件下的教学，是一个具有无中心、无边缘、超时空、去个性化和虚拟化特征的世界[②]。显然，"互联网 +"教学是信息化教学发展的必然趋势，是"互联网 +"在教育领域的重要呈现形式。

2. "互联网 +"教学的特点

（1）灵活性

网络在线教学打破了传统的教学方式，师生之间可以不受时空的限制，随时随地的通过互联网进行网络学习，获取在线教育资源。

（2）交互性

在线教育的交互性体现在对传统单向交流授课模式的颠覆。互联网通过在线社区或网络留言交流，可以在任何地点、任何时间进行。网络的屏障也使得师生之间少了交流的拘谨，可以更为真实自由地表达自己的看法。大数据的辅助更让互联网时代的沟通变得如虎添翼，通过对学生学习行为、学习能力的分析，教师对学生有了更科学全面的了解，可以更有针对性地进行沟通交流。

（3）以教为中心转变为以学为中心

传统的教学方式都是以教师单方面的讲课为主，学生被动地接受知识。"互联网 +"教学逐渐转变为以学生的学为中心。大多数的网络在线教学都是学生自主学习知识，这更

---

① 李爽，林君芬."互联网 + 教学"：教学范式的结构化变革 [J]. 中国电化教育,2018(10):31-39.
② 张广君."互联网 + 教学"的融合与超越 [J]. 教育研究,2016,37(06):12-14.

有利于学生的个性化发展，实现个性化教学。

3. "互联网 +"教学的功能价值

（1）有利于学生个性化发展

教师根据互联网精确及时的反馈信息，将形成性评价和总结性评价相结合，能够对学生进行更有效的评价，从而在一定程度上克服了"少数服从多数"的观念。教师可以根据反馈的教育数据信息，掌握学生的学习情况，及时调整教学方式和教学设计，因材施教，针对性地进行辅导教学，促进学生的个性化发展。

（2）有利于形成性评价的开展

在"互联网 +"教学的过程中，能够形成以学生为中心的教学效果动态评价。相比传统的课堂教学，大量的历史记录数据、学习过程数据被记录下来，为老师对学生的学习结果评价和学习过程评价提供了更及时有效的反馈和依据。能够更加及时地帮助教师进行教学方案的调整和修改，保证教学高度契合学生本身的学习情况，而不是教师预设的学习情况。

（3）有利于教育资源共享

"互联网 +"教学突破了传统获取教育资源的方式，打破了通过书本获取知识的唯一途径。学习者可以通过互联网轻松快捷地找到自己所需的资源，同时也意味着优秀的教育资源向更广泛的群体扩散，实现优质教育资源共享。

（4）促进终生学习理念的树立

学习不再只局限于学生，每个人都可以通过互联网学习所需要的知识，在长期的主动搜寻和探索中形成主动学习的习惯，成为知识的构建者，从而不断拓宽知识视野，更新知识结构。

（5）使得学生体验更加立体

"互联网 +"教学突破了时空的限制，配置不同的教学辅助工具，较传统的讲授来说，能够为学生提供更加具有体验感的教学效果，使教学过程更加具有情境性。

7.2 "互联网 +"教学模式

随着教学实践探索的不断深入，出现了多种"互联网 +"教学模式，较有代表性的主要有以下几种。

7.2.1 "雨课堂"线上线下融合模式

"雨课堂"是清华大学和学堂在线共同推出的新型智慧教学解决方案，是教育部在线教育研究中心的最新研究成果，致力于快捷免费地为所有教学过程提供数据化、智能化的信息支持。"雨课堂"将复杂的信息技术手段融入 PowerPoint 和微信中，在课外预习与课堂教学间建立沟通桥梁，让课堂互动永不下线。使用"雨课堂"，教师可以将带有 MOOC

视频、习题、语音的课前预习课件推送到学生手机，师生沟通及时反馈。课堂上实时答题、弹幕互动，为传统课堂教学师生互动提供了完美解决方案。"雨课堂"科学地覆盖了"课前—课中—课后"的每一个教学环节，为师生提供了完整立体的数据支持、个性化报表、自动任务提醒，让教与学更明了。

1. 基本内涵

如果说 MOOC 是一本完整的书，那么"雨课堂"就可以让教师把书一页一页撕着发给学生。"雨课堂"将 PPT、MOOC 和手机微信融为一体，利用师生使用率极高的手机，以微信公众号的形式，整合课前推送课件、课堂幻灯片同步、课堂习题应答系统、弹幕式课堂讨论、数据采集和分析等多个功能，将传统学习活动与移动学习活动结合起来，让手机在课堂上从"低头的工具"变成"抬头的利器"，让学生最大限度地投入和参与学习。"雨课堂"的诞生，预示着高校教学信息化进入了一个新的发展阶段[①]。

2. 应用流程

在实施互动教学的过程中，首先，教师需要根据"课前—课中—课后"三个不同的阶段进行调整和配置教学内容，引导学生对学习内容进行有意义的建构，产生自己的理解和思维，促进学生自主学习。其次，教师需要准备在线微视频、图文等网络资源，使学生能够利用现代教育技术和手段主动学习，在教师的引导干预下，学生自主建构自身的知识体系，系统而有效地获取知识。最后，教师需要精心设计课上教学环节，从课前预习要点与提出的问题，到课上随堂小测验的考察重点与课后拓展领域，都要有详细而周密的计划安排，将课前预习、课堂精讲与课后拓展有机结合，强调学生在学习过程中对知识的理解，举一反三。

第一阶段：使用"雨课堂"进行教学，首先需要在"雨课堂"官网下载并按照提示安装"雨课堂"，安装完成后双击快捷方式打开"雨课堂"，开启教与学之旅。教师还可以打开任意 PPT 文件，导航栏中出现"雨课堂"即为安装成功。师生初次进入"雨课堂"均需要注册，教师注册完成后创建新的课程、班级与上课名称，点击开启授课即可，学生可点击输入课堂暗号、扫描该课程二维码或直接从我的课程中进入课程学习。

第二阶段：制作并上传教学材料。由于课堂授课需要用到投影，因此建议使用横版幻灯片制作教学 ppt。

第三阶段：使用"雨课堂"上课。在"雨课堂"教学过程中，教师可以与学生进行课堂互动，比如：上课提醒、互动直播、发送弹幕和随机点名，可通过缩略图了解学生的学习情况、签到情况。对于单页习题，教师可通过"发送此题目"按钮发送至学生端，可计时作答，整套试卷教师可通过"试卷"按钮发送至学生端，并可随时收卷。同时，学生能够同步接收教师授课的 PPT，如果遇到不懂的问题，可以点击不懂，以便课后巩固，或点击收藏，以便复习。

---

① 杨春梅,章娴,孙孟思,陶金悦.基于雨课堂的研究生大班翻转课堂案例研究[J].学位与研究生教育,2020(07):45-50.

目前，只有 windows 系统支持"雨课堂"应用于 ppt 中，mac 系统暂不支持。"雨课堂"可以作为非常重要的翻转课堂学习工具，可以利用微信实现手机和电脑的互通。教师提前将不同资源整合在一次"雨课堂"授课文件中，这些资源包括教师同门课程的 MOOC 视频和 PPT 等内容。课前、课中、课后教师都可以在"雨课堂"上传并发布学习内容，学生在观看该内容后完成作业和练习。同时，"雨课堂"能够监督学生的完成情况，为开展形成性评价提供证据的支持。

7.2.2　基于"翻转课堂"的线上线下混合式教学模式

翻转课堂是"互联网 +"教育背景下的一种新型教学模式，教学借助于信息技术实现了对传统课堂教学、教师知识传授和学生知识内化在时间和空间上的颠倒。学生主要是在课外利用网络平台通过"视频"完成知识点的学习，并可自主选择学习内容和安排学习进度。随着信息化建设及国内外课程改革的推进，翻转课堂体现了信息化时代的要求，与培养高素质、创新能力的实践应用人才相符合。[①]

1. 基本内涵

翻转课堂（Flipping Classroom）最早于 2007 年起源于美国，当时主要集中在中小学课堂，是近年来基础教育领域的一股清泉，为学校教育和课堂教学的改革带来了极大的启发和鼓舞。何克抗教授认为，翻转课堂体现着"混合式学习"的优势，符合人类的认知规律，有助于构建新型师生关系，能促进教学资源的有效利用与研发，是"生成课程"这一全新理念的充分体现。很多学校和教师在翻转课堂思路的基础上，根据实际情况开展了进一步的实践和探索[②]。

2. 应用流程

依据"翻转课堂"的线上线下混合式教学模式的内涵，将整个课程教学过程划分三个阶段：

第一阶段：课前线上自主学习阶段。授课教师精心录制课堂预习微视频（教学视频），每个视频的时间严格控制在 10 min 以内，然后在上课前 5 ~ 7 天将课堂知识导学、PPT 课件和微视频发布到学校网络教学平台，并在课程前一次课上给学生布置下一次课的预习任务，要求学生利用平时碎片时间，在上课前自由选择学习方式（网络教学平台或课程伴侣 APP）完成学习内容。

第二阶段：线下课堂教学阶段。细分为两个环节，首先是教师花费时间对本节课知识（也是学生课前自学知识）进行串讲，加深学生对自学知识的印象和理解；同时针对学生课前学习的知识点设置客观题，课堂上通过"雨课堂"或其他软件（如：网络学堂）授课，给学生发送试题，检测学生课前学习知识的实际效果，并且依据学生作答情况主导课

① 于艳美，蒋亚南，陈杨. 基于线上线下的翻转课堂教学模式研究——以《工程设计概论》为例 [J]. 中国教育信息化，2020(16):38-41.

② 何克抗. 从"翻转课堂"的本质看"翻转课堂"在我国的未来发展 [J]. 电化教育研究,2014,35(07):5-16.

堂，实时调整重、难点讲授内容。对于正确率普遍较低的知识点和学生课前自学阶段难以理解的疑惑多次重复强调，尽量让每一个学生都能理解和掌握知识。然后，就是运用所学知识解决实际问题环节，要求学生独立思考的同时，也鼓励学生邻座互相讨论，给学生预留充足的时间来完成。在每完成 2～3 个主观题后，教师集中核对并讲解一次答案，以此来拉近和学生之间的互动。通过尝试，发现学生带着问题听课时，积极性和主动性普遍会提高，课堂气氛也活跃了不少。而且，通过学生课前自学，课堂上教师讲解的时间会大大缩短，不仅可以留更多的时间给学生进行知识内化，促进学生更好地理解知识、掌握知识和应用知识，同时也可以保证教学按进度完成。

第三阶段：课后知识巩固阶段。每节课后针对本堂课中学生容易出错的知识点，通过线上雨课堂或其他软件布置课后习题作业，并要求学生在规定的时间内上传作业，同时把作业中普遍存在的错误问题集中在课堂上进行再次讲解，帮助学生及时纠错，以此来进一步强化学生对难点、易错点知识的理解和掌握。与传统的教学模式相比，采用基于翻转课堂的线上线下混合式教学模式时，学生在实验环节更能积极主动地向教师提出疑问，提交的实践作业报告互相抄袭情况也相应减少。

翻转课堂的核心内容之一就是教学视频，教学视频决定着教学质量。在越来越多的学校开始实施翻转课堂教学之际，一些教育工作者对其提出了质疑，认为翻转课堂教学模式使得教师的作用明显下降，教师在课堂中仅仅是看着学生做作业或解答疑问；不能掌控学生是否观看了教学视频，学生不喜欢看视频感觉枯燥乏味，此方法调动不起学习兴趣，学习效果。因此，慕课在制作过程中将知识点进行碎片化处理，一个独立的知识点作为一个知识单元，每个视频约十分钟左右，便于学生学习并掌握知识点。且录制视频时模拟上课，有互动引导，给学生留有思考时间。为保证教学效果，视频针对本节课各小知识点设置测验小题目插入视频中，如测验问题回答错误，视频将会强制跳回该知识点重新学习。学生初次学习时，视频无法拖动，但具有暂停功能。复习时，视频增设回放功能，便于学生根据掌握情况调整观看内容。此项措施，可以让学生端正学习态度，培养良好的学习习惯，善于思考，及时总结[1]。

基于翻转课堂的线上线下混合式教学模式，相比传统课堂，该教学模式的优势在于：更有助于激发学生主动学习的积极性，从而形成师生之间良好的教学氛围；更有助于加深学生对课程知识的理解、掌握、内化和巩固，从而脱离死记硬背的学习现状；更有助于培养学生的自主学习能力、独立思考问题能力和运用所学知识解决实际问题的能力。因此，在今后的课程教学过程中，应继续推进基于翻转课堂的线上线下混合式教学模式研究与探索，最终实现"翻转 + 线上线下"混合式教学模式改革，以此来真正实现课程教学目标[2]。

---

① 于艳美,蒋亚南,陈杨.基于线上线下的翻转课堂教学模式研究——以《工程设计概论》为例 [J].中国教育信息化,2020(16):38-41.

② 王丽霞,王喜明,殷建明.基于翻转课堂的线上线下混合式教学模式探索——以数据库原理课程为例 [J].内蒙古农业大学学报 2021:1-8.

7.2.3　基于人工智能（AI）技术的混合教学模式

人工智能，英文全称是（Arifcial Inelligence），简称 AI，是研究如何用机器模拟人的意识和思维。主要研究方向包括：机器视觉、语音识别、自然语言处理、机器学习等。人工智能的核心技术包括神经网络技术、大数据技术、云计算技术等。《国务院关于印发新一代人工智能发展规划的通知》文件提出，要"构建智能学习、交互式学习的新型教育体系，开发基于大数据的智能在线教育平台，开发智能教育助理，建立智能教学环境等。"因此，未来教育的基本特征之一就是——智能教育、智慧教育。基于人工智能的混合教学模式将在未来课堂教学中占据重要地位中。丁红和陈波指出，人工智能技术被称为"第四次工业革命"，将引起各个行业的变革和发展。人工智能技术将会带动各级各类学校教学手段和教学模式的变革，课堂教学模式将由"互联网 + 教学"的混合教学模式向"人工智能 + 教学"的混合教学模式转变[①]。

1. 基本内涵

以人工智能为核心的智能技术正在推动整个社会转型，人类社会将迎来以人机协同、跨界融合、共创分享为特征的智能时代，人们期待教育发生系统变革，向"智能教育"转型和演进[②]。在"人工智能 + 教学"的混合教学模式中，强大的人工智能技术不但会替代教师完成一些琐碎重复性的工作，还可以做一些深层次的数据分析统计，有利于教师做更有针对性的教学设计，有利于分层教学、因材施教。

2. 人工智能时代混合教学模式发展探索

（1）虚拟智能教学助理协助教师工作

虚拟智能教学助理是基于人工智能技术的辅助教学软件系统，也可称为教学机器人。可以帮助教师完成一些教学日常事务，可智能出题、智能组卷、智能批阅、智能问答等等，从而将教师从繁杂的日常事务中解放出来，将精力投入到教学内容的组织和设计、和学生的交流和谈论、对学生更多的关心和爱护等更重要的事情上。虚拟智能教学助理还可以做一些教师很难完成的事情，比如给学生"画像"，绘制学生学习计划和轨迹、长处和弱点、学习偏好和活动等，对学生的学习状况进行全方位的汇总，让教师更加了解每个学生的学习兴趣和学习状况，实行更有针对性的个性化指导，可有效地提升教学效果。虚拟智能教学助理还可以对学生学习情况进行查漏补缺，提出建议和计划，提供更有针对性的学习材料和练习材料[③]。

（2）人工智能技术促进教育公平

人工智能技术的基础是大数据技术，人工智能最擅长数据的分析、统计、判断、预

---

① 丁红，陈波.人工智能时代混合教学模式发展方向探索 [J].电脑知识与技术,2020,16(34):72-73，76.

② 黄荣怀，周伟，杜静，孙飞鹏，王欢欢，曾海军，刘德建.面向智能教育的三个基本计算问题 [J].开放教育研究,2019,25(05):11-22.

③ 王佑镁，宛平，赵文竹，柳晨晨.科技向善：国际"人工智能 + 教育"发展新路向——解读《教育中的人工智能：可持续发展的机遇和挑战》[J].开放教育研究,2019,25(05):23-32.

测。在以往的课程教学过程中，和学生有关的数据（包括平时成绩、成绩统计、试卷批改等）大都由教师人工完成，过程烦琐，容易出错，影响了教学公平。在人工智能时代，通过人工智能技术和互联网技术，能够全面自动地获取学生学习各个环节中的数据，包括学习时间、作业完成情况、平时成绩统计、试卷批改和统计等，并能够对这些数据做更客观公平的记录、分析和统计，没有人为干扰因素，对学生的评价更加公平公正。人工智能技术可以从全网搜索出最适合学生的教学资源，实现优质教学资源共享，打破了学校之间的壁垒，实现了教育公平。

（3）虚拟现实助力课堂教学

"互联网＋"时代，各种虚拟与真实学习场景和空间、资源和工具间彼此联通、相互融合，学生的学习不再局限于课堂上，而发生在线下线上、课内课外、正式与非正式的多种学习空间与场景中，学习范围正从基于单一空间与媒体的个体建构向基于多元空间与多个媒体的分布式认知转变。虚拟现实（简称 VR），就是利用现实生活中的数据，通过计算机技术进行模拟输出，将现实中的物体或肉眼所看不到的物质，通过三维模型表现出来。因为这些现象是通过计算机技术模拟出来的，所以称为虚拟现实。人工智能时代，课堂教学依托于 VR 技术，可以将虚拟场景带入真实教学场所，将真实场景融入虚拟世界，让学生有更多的机会通过 VR 技术观察和感知抽象概念，进行模拟实验，使学习变成一种丰富情境下的亲身体验。未来的课堂可以将虚拟现实、机器视觉等诸多人工智能技术与教学相结合，激发学生学习兴趣，提升学生学习效果[①]。

（4）智慧教室为教与学提供便捷

智慧教室是借助智能技术、物联网技术、云计算技术等构建起来的新型教室，包括有形的物理空间教室和无形的数字空间教室，可以通过各类智能装备辅助教学内容呈现，便利学习资源获取，促进课堂交互开展，实现情境感知和环境控制和管理功能。

在智慧教室中，不再需要纸质教材，每个学习者都有一台智能移动设备，也就是电子教材，环保方便。电子教材内容多媒体化，重点难点内容链接图片、视频、虚拟现实，学习者根据需要调出多媒体内容学习。电子教材能和学习者的学习进度绑定，能够记录学习过程、智能分析学习成果、给出合理化建议，教师可以根据需要查看每个人的学习进度和学习效果，根据需要提供学习指导和帮助。同时家长也可以随时查看孩子的学习状况，掌握学习进度。

（5）人工智能构建了"因材施教"的智慧成像模式

因材施教，是指教师在教学过程中应该根据学生的学习基础和学习能力选择合适的教学内容、制定合适的教学进度、选择合适的教学方法，才能达到理想的教学效果。在传统教学中，学生的学习基础和学习能力是通过作业、测验、考试、课堂表现判断的。但在人工智能时代，学生在学习过程中会产生大量的数据，大数据挖掘与智能分析技术通过分析学生课业成绩的参数变化、答题记录、学习轨迹等精准描摹不同群体甚至个体的学习状

---

① 钟海燕 . 人工智能时代的课堂教学 [J]. 科教文汇（下旬刊），2019(09):58-59.

况、学习习惯、爱好和兴趣点、特长和薄弱环节，通过大数据为每一位学生"画像"。通过对学生的精确画像，人工智能实现了精准学习诊断、定制内容推送、个性化辅导等功能，从而让学生享受与其个体认知结构、接受能力、知识缺陷、身心特点等更加匹配的教育教学内容，提升人才培养质量。每个学生学习的课程、科目、内容都和自身特点匹配，教育将更加补短和扬长。

7.2.4　基于协同探究的混合教学模式

2001 年，《基础教育课程改革纲要（试行）》中首次明确提出"要转变学生的学习方式，促进学生在教师指导下更加主动地、富有个性地学习"；倡导以（自主、探究、合作）为特征的学习方式，从而改变传统以教师为中心、以书本为中心的局面"。由此，探究性学习作为一种新兴的学习方式受到重视。随着智慧教育、在线学习的兴起，如何充分发挥智慧课堂的技术赋能优势，设计协同探究性教学模式，支持学生开展探究性学习，是教师在开展智慧课堂教学时应思考的问题之一。

1. 探究性教学

探究性教学就是将科学领域的探究引入课堂，使学生通过类似科学家的探究过程理解科学概念和科学探究的本质，并培养探究能力的一种特殊的教学方法。探究性教学过程一般包括：提出问题、猜想假设、设计实验、检验假设和得出结论。

2. 基于协同探究的混合教学模式

（1）创设问题情境：教师利用丰富的在线媒体资源，创设与学生经验相关的真实问题情境，激发学生探究的兴趣。

（2）可视化探究思维：教师组织学生利用概念图、思维导图等可视化工具进行猜想假设，具象化思维过程，为学生建立起概念建构的支架。

（3）支持探究操作：学生可以利用虚拟仿真实验平台、学科教学 APP、模拟实验型多媒体课件等进行实验操作，观察实验现象，完成自主探究，利用智慧云平台记录探究过程。

（4）记录分析探究数据：在智慧课堂中，学生可以利用各种数据统计与分析工具记录在探究过程中收集的数据，加工形成各种数据图表，帮助论证实验结果。

（5）支持深度互动：在探究性教学中，交流讨论是必不可少的。智慧课堂可以为学生提供各种跨时空的同步或者异步的交流工具（如：论坛、视频会议、WIKI 等），方便学生在探究过程中及时寻求教师或者专家的帮助，支持学生与同伴围绕共同的探究问题进行协商讨论、协同建构与创造知识，从而促进深度学习。

（6）支持多元评价：教师可以借助展示工具组织学生共享探究成果，进行自评与互评；也可以利用在线测试工具对学生探究知识的掌握程度进行即时诊断与反馈。

7.3　基于"互联网＋"的教学应用

针对小学教育教学的特点与实际需求，可以在教学中灵活运用"互联网＋"教学技术。

7.3.1　基本原则

在小学教学中应用"互联网＋"教学技术，不能盲目随意进行，更不能只重形式而不顾教学成效。因此，必须在实际应用中遵循以下基本原则。

1. 科学性原则

教育本身是门科学，应用"互联网＋"教学技术要以科学的理念为指导，以科学的程序和方式方法，传授科学的教学内容，传递的教育教学知识必须要准确完整，不能有科学性的错误。

2. 系统性原则

任何一套"互联网＋"教学技术都应该遵循系统性的教学原则，教学环节应该完整、流畅、环环相扣、循序渐进。为了处理好教学活动的顺序、学科课程的体系、科学理论的体系、学生发展规律之间错综复杂的关系，教学活动应当持续、连贯、系统地进行。

3. 适宜性原则

采用"互联网＋"教学技术进行教学，需要因地制宜、因时制宜。采用现代教育技术进行教育教学，一定是根据具体的教学内容、学生特点、结合学校的教学条件开展的，能够激发学生的学习兴趣。

4. 有效性原则

采用"互联网＋"教学技术进行教学，不能只注重技术而忽略了使用技术的初衷，更不能成为教师炫技进行教学的工具。采用"互联网＋"教学技术进行教学一定是根据教学内容、学情特点而制定的，目的是为了帮助教师有效地传递教育信息，帮助学生有效地吸收教学知识。

7.3.2　基本条件

在小学教学中应用"互联网＋"教学技术，应当具备以下基本条件。

1. 硬件环境

"互联网＋教学"的硬件环境应具备智能手机、平板等通信设备和电脑、投影仪、音响、VR 等多媒体教学设备，可供教师正常播放音频、视频或者 PPT 等教学资源。

2. 软件环境

满足日常小学教学的软件环境应有适宜的操作系统、应用软件，如 windows 操作系统、学习管理系统、Office 办公软件、音视频播放软件，"雨课堂"教学软件，图形处理软件等。

3. 师资水平

从事信息化教学的教师必须掌握夯实的现代教育技术理论知识，拥有丰富的现代教育技术实践经验，具有过硬的信息技术整合与课程教学的本领。"互联网＋"教学技术会随着信息化的不断推进而进步成熟。当代的信息化教学教师必须紧跟时代发展的潮流，不断学习与掌握相应的信息化教学技术，在理论上有见地，实践中有经验，不断学习与探索适合小学教育教学的信息技术。

7.3.3　应用参考

1. 小学语文"互联网＋"教学应用

以部编版教材五年级下册第二单元《草船借箭》为例，可如下应用"互联网＋"教学技术。

第一步：课前预习。在上课之前，教师使用"雨课堂"布置预习作业并要求学生按时完成，学生观看教师发布的预习课件，学习生词并思考课后问题，进行解答后提交答案，还可在"雨课堂""报告老师"板块中提出自己的疑问。老师可在"雨课堂"后台看到学生的学习情况，包括查看预习课件和学习生词，便于及时调整教学设计。

第二步：新课导入。教师使用"雨课堂"进行课堂教学，在 PPT 中出示课文题目《草船借箭》后，播放电视剧《三国演义》中草船借箭的视频，观看过程中学生可发送弹幕说出自己的观后感。

第三步：解读课文。教师使用"雨课堂"随机点名的功能抽人朗读课文和生字，并及时进行纠音。教师屏幕出示学生提出的比较有意义和代表性的问题，让学生思考后结合课文和自己的理解作出回答。

第四步：深读课文。学生分角色朗读课文对话部分（第二自然段），了解事情起因，体会人物性格特点。之后，教师通过"雨课堂"随机点名抽取学生进行回答，其他同学有不同意见的可发布弹幕，学生回答后在 PPT 中出示答案。

第五步：课后巩固。学生通过"雨课堂"发布作业指南完成课后作业，包括了解《三国演义》中的其他主要人物的性格特点和诸葛亮的其他故事，其次，抄写本课生词，以照片的形式提交到"雨课堂"。教师可通过"雨课堂"了解学生在课前、课中和课后学生的学习情况，进而有针对性地调整教学方式和教学策略。

2. 小学数学"互联网＋"教学应用

以西师版五年级上册第五单元《平行四边形的面积》为例，可如下应用"互联网＋"教学技术。

第一阶段：教师在课前通过"雨课堂"发布微课并告知学生自主观看，同时为学生提供学具，以方便其回家进行实践操作；学生通过微课视频基本清楚平行四边形的面积公式的推导过程，积极思考微课中的思考题并在第二天上课时发言。

第二阶段：教师在课中随机抽取同学回答昨天微课中留下的思考题，并且引导学生集体复述，随后，老师带领学生用割补法进行现场演示并归纳整理相关关系，之后，利用书本上课后习题进行课堂测试。

第三阶段：通过"雨课堂"发布课后习题，教师收集线上测验的数据，通过学习数据掌握学生的学习情况，以便做下一步的教学设计。

3. 小学科学"互联网+"教学应用

以小学科学部级优课《种子变成了幼苗》为例，可如下应用"互联网+"教学技术。

第一步：创设情境、提出问题。在这一环节中，教师可以利用智慧云平台为学生呈现微视频、动画、图片、文本等丰富的媒体资源，创设真实的问题情境，激发学生探究兴趣。

第二步：大胆猜想、建立假设。教师可以利用概念图、思维导图等可视化工具，通过提问、讨论、头脑风暴等方式，引导学生大胆猜想，教师可以利用智慧云平台推送相关的资源，帮助学生分析猜想的合理性，建立假设。

第三步：设计方案、实验探究。教师引导学生提出验证猜想的探究思路，制定实验设计方案。学生可以利用虚拟仿真实验平台、学科教学APP、模拟实验型多媒体课件等进行自主探究，并利用智慧云平台记录探究过程。在此过程中，教师可以提供学习任务单，为学生建立探究支架。

第四步：分析数据、解释现象。在这一环节中，教师可以提供多样化的数据统计分析工具，帮助学生将实验数据制作成可视化的图表，引导学生根据数据分析实验设计，解释实验现象，验证实验猜想，形成探究结果。

第五步：知识检测、拓展迁移。在这一环节中，教师利用在线测试工具对学生的探究学习效果进行即时检测，了解学生对知识的掌握情况，及时引导与点拨。同时，利用智慧云平台为学生提供与知识探究相关的资源，拓展学生的思维，促进学生的知识迁移。

第六步：归纳总结、反思收获。在这一环节中，教师引导学生进行归纳总结，组织学生分享所学知识与收获，培养学生自我反思的意识。

概而言之，"互联网+"时代是教育系统升级与变革发展阶段的拐点，互联网教育应用从融合阶段进入了创新阶段。新冠肺炎疫情期间，全国范围内开展的超大规模在线教育，使在线学习从个别化参与走向全员全程。后疫情时代，线上线下相融合的全新教育秩序正在逐渐形成，在线学习从应急手段成为一种教育教学新常态。在线学习不是简单地将线下课堂照搬到线上，而是要在理解其本质和内涵的基础上，通过精心设计和组织，形成一种面向每个人、适合每个人且能应对多种社会突发状况的与线下课堂有机融合的未来教育新形态[①]。可以看出，"互联网+教学"已经从以教师教学为主转变为以学生学习为主。作为小学教师，不仅要与时俱进地学习现代教育技术，更应该根据小学生身心发展的特点、合理有效地运用"互联网+"教学技术，激发学生的学生兴趣，提高教学效率。

---

① 黄荣怀,虎莹,刘梦彧,王欢欢,吐尔逊艾力·巴孜力江.在线学习的七个事实——基于超大规模在线教育的启示[J].现代远程教育研究,2021,33(03):3-11.

练习与思考 7

1. 什么是"互联网 +"教学?

2. "互联网 +"教学的定义、理论基础是什么?

3. 简述"互联网 +"教学常用的模式和基本方法?

第 8 章　小学教师教育技术应用能力标准

随着以现代信息技术为核心的教育技术在小学教育教学工作中的迅速普及，国家对小学教师的教育技术应用能力提出了新的要求，并在教育部颁布的《中小学教师教育技术能力标准（试行）》《中小学教师信息技术应用能力标准（试行）》等文件中，对小学教师应当具备的教育技术能力提出了系统性的基本标准。各地各学校也根据实际，制定了相应的达标标准。小学教师只有达到了相应的标准要求，才能获得上岗执教的专业资格。

8.1　能力标准构建的依据

立足于现实，结合小学教育教学的发展，制定适合于小学教师培养，特别是面向乡村小学的《小学教师教育技术应用能力标准》，主要依据以下方面的要求。

8.1.1　国家颁布的相关文件

国家颁布的相关文件，是制定《小学教师教育技术应用能力标准》的基本指导性依据。

1.《教师教育课程标准（试行）》

国家教育部于2011年10月8日印发《教师教育课程标准（试行）》（教师〔2011〕6号），对小学教师的教育课程目标与基本要求进行了进一步的细化，在信息技术模块中，对教师信息技术的知识与能力作了要求。在"（二）小学职前教师教育课程目标与课程设置"中明确提出，小学教育专业师范生应当"掌握教师所必需的语言技能、沟通与合作技能、运用现代教育技术的技能。"、必须要学习"现代教育技术应用"模块的课程[①]。

---

① http://www.moe.gov.cn/srcsite/A10/s6991/201110/t20111008_145604.html

2.《小学教师专业标准（试行）》

国家教育部于 2011 年 12 月 12 日印发《小学教师专业标准（试行）》（教师〔2012〕1 号），明确要求，小学教师必须"具有适应教育内容、教学手段和方法现代化的信息技术知识"，"将现代教育技术手段整合应用到教学中"，提出小学教师要具备将现代教育技术手段渗透运用到教学中的能力，要合理利用教学资源，科学编写教学方案，具有适应教育内容、教学手段和方法现代化的信息技术知识①。

3.《中小学教师信息技术应用能力标准（试行）》

国家教育部于 2014 年 5 月 27 日印发《中小学教师信息技术应用能力标准（试行）》（教师厅〔2014〕3 号），明确提出，"信息技术应用能力是信息化社会教师必备专业能力"，要求小学教师能将信息技术融于教学和师生交流等各个环节，优化课堂教学，转变教育教学方式，促进学生有效学习和个性化发展；要能善于利用信息技术，拓宽成长路径，实现专业自主发展，做终身学习的典范；教师要主动适应信息化社会的挑战，充分利用各种学习机会，更新观念、补充知识、提升技能，不断增强信息技术应用能力②。

由文件可以看出，随着时代的发展，国家小学教师的教育技术能力要求发生了显著变化，从意识与态度、知识与技能、应用与创新和社会责任四个方面变成了现在的技术素养、计划与准备、组织与管理、评估与创新和学习发展。但是，掌握并合理地应用教育信息化技术于教学中，提高教学效率，促进教学改革的整体方向是不变的。所以，小学教师应根据相应的标准发展自己，不断提高自身的信息素养，探索与实践教育信息技术与课程整合的教学模式，帮助小学生充分应用信息技术进行学习，让小学生适应信息时代的学习方式。在此过程之中，小学教师就应具备教育信息化专业知识与技术、教学方法和技术应用能力，从而提高自身的施教能力。

4.《中国教育现代化 2035》

中共中央、国务院于 2019 年 2 月印发了《中国教育现代化 2035》。在《中国教育现代化 2035》的第一大版块中提出，要致力于"建成服务全民终身学习的现代教育体系"，发挥统领作用。要求"实现各级各类教育纵向衔接、横向沟通，基础教育、职业教育、高等教育和继续教育协调发展，学历教育和非学历教育、职前教育和职后教育、线上学习和线下学习相互融合，学校教育与社会教育、家庭教育密切配合、良性互动，形成网络化、数字化、个性化、终身化的教育体系。教育体系结构和人才培养结构更加合理。建成人人皆学、处处能学、时时可学的学习型社会"③。

5.《教育信息化 2.0 行动计划》

国家教育部于 2018 年 4 月 13 日印发了《教育信息化 2.0 行动计划》，明确提出要办好网络教育，推进"互联网 +"教育的发展，加快教育现代化和教育强国建设，推进新时代教育信息化发展。《教育信息化 2.0 行动计划》中心思想是跨越，从信息化 1.0 时代跨

---

① http://www.moe.gov.cn/srcsite/A10/s6991/201209/t20120913_145603.html

② http://www.moe.gov.cn/srcsite/A10/s6991/201405/t20140528_170123.html

③ http://www.gov.cn/zhengce/2019-02/23/content_5367987.htm

越到信息化 2.0 时代；核心理念是融合，坚持信息技术与教育教学深度融合。"教育信息化 2.0"的新征程已经开启，智能化将与数字化、网络化、个性化、泛在化同行并进一步领跑。教育信息化生态系统的所有利益相关者，都会是创新者和受益者。所以，从以数字化、网络化技术主要领跑的 1.0 转换升级为以大数据、智能化领跑的 2.0，不仅是技术的跃升，更是人类学习更深刻的革命①。

作为信息时代的小学教师，更应该主动学习基于信息化的教育技术，更新教学方式，探索信息化教育技术与课程整合的新途径，将传统教育技术和现代教育技术整合在一起，探究如何高效、直观、正确的传递教育信息。

8.1.2　相关的实践探索

1. 教师基本功训练与考核

自 1991 年在原国家教委的指导下，各地开始实施小学教师基本功训练与考核以来，就有了对于小学教师教育技术能力考核的尝试，并逐步推出了包括简易自制教具与电教的"教具使用与制作"、"多媒体课件制作"等项目考核标准，各师范类大中专院校结合自身实际，也制定了相应的考核评价标准。

2. 教师职业技能训练与考核

1994 年，原国家教委曾制定《高等师范学校学生的教师职业技能训练大纲（试行）》，并以正式文件的形式下发给了各高校。其中，第三大部分对教学设计与技能的训练与考核评价作出了详细的阐述，包括教学设计技能、使用教学媒体技能、课堂教学技能、组织和指导学科课外活动技能以及教学研究技能训练等②。

3. 教师资格证认定的相关考核

根据《教师资格条例》，在 1995 年 12 月 12 日开始实行教师资格证制度以后，各地制定的考核认定办法中，也有关于教育技术能力考核的内容，并有相应的考核标准。

为提高中小学教师教育技术能力水平，促进教师专业能力发展，根据《中华人民共和国教师法》和《中小学教师继续教育规定》有关精神，教育部于 2004 年 12 月 15 日制定并印发了《中小学教师教育技术能力标准（试行）》，该标准内容分为三大部分，包括教学人员教育技术能力标准、管理人员教育技术能力标准和技术人员教育技术能力标准。其中，每个部分包含四个版块，分别为：意识与态度、知识与技能、应用与创新、社会责任③。

4. 各级各类教师教育技术能力竞赛

自 1995 年举办首届"全国中小学优秀自制教具展评"、2000 年举办首届"全国多媒体课件大赛"、2012 年 9 月第四届"全国中小学教学中的互联网应用优秀教学案例评选活

---

① http://www.moe.gov.cn/srcsite/A16/s3342/201804/t20180425_334188.html

② 魏饴. 高等师范学生教师职业技能训练及培养模式新论 [J]. 湖南文理学院学报（社会科学版）,2007(02):84-88.

③ http://www.moe.gov.cn/srcsite/A10/s6991/200412/t20041215_145623.html

动"等开展以来，各级各类各地的小学教师教育技术能力竞赛活动的开展，逐渐构建、完善了竞赛评价标准，既评选出了优秀作品，又对小学教师教育技术 能力发展起到了引领与导向作用。

上述有关教师教育技术应用能力培训、考核与竞赛的评价实践，为后续《小学教师教育技术应用能力标准》的制定提供了坚实的实践基础。

8.1.3　相关的理论研究

与实践探索同步，诸多研究者也从各自关注的角度，进行了理论上的研究。

1. 关于教师传统教具制作与应用能力考评标准的研究

原国家教育委员会在 1995 年 9 月 8 日印发了《关于开展小学教师基本功训练的意见》（教师〔1995〕4 号）之后，各地开始实施小学教师的传统教具与电化教学技术能力的培训与考核，并制定了相应的考评标准，随后也有了相应的关于小学教师传统教具制作与应用能力考评标准的研究。比较有代表性的是刘济昌以"教具评价"为主题的研究[1]，杨随军主编的《教学技能培训测试教程》中提出了有关教具制作与使用的评分标准[2]，牟洁在《自制教具设计与制作》中也论述了有关自制简易教具的考评标准[3]。

2. 关于教师现代教育技术应用能力考评标准的研究

关于教师现代教育技术应用能力考评标准，主要有陈晓慧在参考了美国、英国等国教师教育技术标准的基础上，论述了教师教育技术能力标准的体系与主要内容[4]；尹俊华等则论述并提出了教育技术专业人员标准以及教学人员教育技术能力标准[5]；此外，还有不少针对《中小学教师教育技术能力标准》解读与应用的研究，在此不一一列举。

3. 关于教师信息技术应用能力考评标准的研究

2014 年 5 月 27 日，教育部颁布了《中小学教师信息技术应用能力标准（试行）》，学界诸多研究者也对此进行了讨论研究，如华东师范大学祝智庭[6]、西北师范大学郭绍青[7]以及袁磊和侯晓丹[8] 等都有较深入详细的研究。

有关教师教育技术应用能力的理论探索与研究，为后续《小学教师教育技术应用能力标准》的制定提供了丰富的理论参考。

---

① 刘济昌.教具理论研究导论 [M].北京：教育科学出版社，2011：232-265.

② 杨随军.教学技能培训测试教程 [M].西安：电子科技大学出版社，2007：218-219.

③ 牟洁.自制教具设计与制作 [M].成都：四川科学技术出版社，2012：174-180.

④ 陈晓慧.现代教育技术 [M].北京：北京邮电大学出版社，2009：234-241.

⑤ 尹俊华.教育技术学导论 [M].北京：高等教育出版社，2011：63-75.

⑥ 祝智庭,闫寒冰.《中小学教师信息技术应用能力标准（试行）》解读 [J].电化教育研究,2015,36(09):5-10.

⑦ 郭绍青.《中小学教师信息技术应用能力培训课程标准（试行）》解读 [J].电化教育研究,2015,36(09):11-15.

⑧ 袁磊,侯晓丹.美国《AECT标准（2012版）》与我国《中小学教师信息技术应用能力标准（试行）》的比较研究 [J].中国电化教育,2015(05):20-24.

8.2 小学教师教育技术应用能力标准

根据实际情况，结合小学教育教学的发展需求，本书以小学教育信息的设计、获取、处理、应用技术为主线，在融合传统教育技术与现代教育技术的基础上，尝试构建了《小学教师教育技术应用能力标准》。

8.2.1 《小学教师教育技术应用能力标准（草案）》

表8-2-1 小学教师教育技术应用能力标准（草案）

一级指标	二级指标	具体内容
教育信息与技术意识	信息技术意识	了解信息时代对人才培养的新要求，具有主动运用信息技术优化改进教育教学的意识
	信息道德意识	具备信息道德意识，尊重知识产权，能够以身示范
	信息安全意识	具备信息安全意识，能够以身示范
教育信息选择与设计	教学媒体选择	能够科学合理选择教学媒体
	简易教具设计	能构思设计简易教具，撰写设计文稿
	课件设计	能进行课件设计，撰写设计文稿
	微课设计	能进行微课设计，撰写设计文稿
教育信息获取与处理	简易教具制作	能制作完成简易教具
	网络资源获取	能通过合理、有效途径与技术，获取网络资源
	课件素材制作	能加工处理、制作课件素材
	课件	能制作教学用多媒体课件
	微课制作	能制作微课
教育信息应用	简易教具应用	能在教学中科学合理地使用简易教具
	课件应用	能在教学中科学合理地使用课件
	在线教学应用	能有效实施在线教学与线上线下融合教学

此标准主要是针对小学教育与小学教育专业师范生培养的实际情况，综合考量而制定，具体的细化指标，可参考前述章节的相关内容。

8.2.2　《小学教师教育技术应用能力标准》的应用

《小学教师教育技术应用能力标准》是培养小学教师教育技术能力的基本指南，可用于培养目标制定、课程设置、教学活动安排、专业技能测试考核、专业性竞赛活动等方面。

1. 培养目标制定

《小学教师教育技术应用能力标准》是以国家相关文件精神为指导，结合小学教育专业人才培养的需要来制定，可以作为小学教育专业制定培养目标的参考。

2. 课程设置

小学教师职前培养工作中，高等院校的小学教育专业是重要的培养渠道，课程的设置、教学内容的设计，可以参考此标准来进行。

3. 教学活动安排

在高等院校的小学教育专业的相关课程教学活动中，可参考此标准来进行教学设计与教学运行。

4. 专业技能测试考核

在对高等院校的小学教育专业师范生进行专业技术达标检测、在职教师专业技术能力检测评估等测试考核工作中，可参考此标准进行。

5. 专业性竞赛活动

在有关小学教师教育技术能力专业性竞赛活动中，也可以使用此标准作为竞赛评价评优的参考。

8.3　达成标准的途径

从教师专业可持续发展角度，提出小学教师形成、提升教育技术应用能力的有效对策建议。

8.3.1　持续学习

标准是相对的，也是暂时的，会随着时代的发展而不断更新。因此，小学教育专业师范生及在职小学教师，可以将《小学教师教育技术应用能力标准》作为自身教育技术专业能力成长的参照标杆，通过相关专业课程的学习，坚持关注教育技术的新发展，不断学习教育技术的新理论、新技术，逐步达成并不断提升自己的教育技术应用素养与能力。

8.3.2　实践历练

理论需要与实践相结合。小学教育专业师范生及在职小学教师，也需要在实际的教学实践运用过程中，不断探索尝试，勇于创新，通过实践来提高自身教育技术应用能力。

8.3.3 参加竞赛

参加各级各类的专业竞赛活动，在竞赛活动中了解小学教育技术应用发展的最新动态，检验自身的不足，也是有助于小学教育专业师范生及在职小学教师提高小学教育技术应用能力、达到小学教师教育技术应用能力标准要求的有效渠道。

练习与思考 8

1. 如何正确认识《小学教师教育技术应用能力标准》？
2. 简述《小学教师教育技术应用能力标准》的主要内容。
3. 达成《小学教师教育技术应用能力标准》要求的途径有哪些？

参考文献

[1] 辞海编辑委员会.辞海（1989年版）缩印本[M].上海：上海辞书出版社，1990.

[2] 中国大百科全书总编辑委员会《教育》编辑委员会.中国大百科全书·教育[M].北京：中国大百科全书出版社，1985.

[3] 中国社会科学院语言研究所词典编辑室.现代汉语词典（第五版）[M].北京：商务印书馆，2005.

[4] 张念宏.中国教育百科全书[M].北京：海洋出版社，1991.

[5] 肖川，李艳.义务教育语文课程标准（2011年版）解读[M].武汉：湖北教育出版社，2012.

[6] 肖川，欧阳新龙.义务教育数学课程标准（2011年版）解读[M].武汉：湖北教育出版社，2012.

[7] 肖川，黄长泰，陈娟，胡晓梅，宋文.义务教育英语课程标准（2011年版）解读[M].武汉：湖北教育出版社，2012.

[8] 教育部基础教育司科学（3-6年级）课程标准研制组.科学（3-6年级）课程标准（实验稿）解读[M].武汉：湖北教育出版社，2002.

[9] 肖川，薛晖.义务教育音乐课程标准（2011年版）解读[M].武汉：湖北教育出版社，2012.

[10] 肖川，朱小林，邓宏.义务教育美术课程标准（2011年版）解读[M].武汉：湖北教育出版社，2012.

[11] 肖川，张正中.义务教育体育与健康课程标准（2011年版）解读[M].武汉：湖北教育出版社，2012.

[12] 南国农，李运林.教育传播学（第二版）[M].北京：高等教育出版社，1995.

[13] 奚晓霞.教育传播学教程[M].重庆：西南师范大学出版社，2009.

[14] 国家教委师范教育司.教具制作与使用[M].长春：东北师范大学出版社，1996.

[15] 四川省教育委员会师范，四川省小学教师培训中心.教具使用与制作[M].成都：四川大学出版社，1996.

[16] 何建刚，胡敏．简易教具制作与运用研究 [M].西安：西北大学出版社，2000.

[17] 徐福荫，李运林，胡小勇．教学媒体的理论与实践 [M].北京：北京师范大学出版社，2003.

[18] 杨随军．教学技能培训测试教程 [M].成都：电子科技大学出版社，2007.

[19] 野本宪一，著.NOMOKEN 模型制作者的技术指南 [M].许嘉祥，译．台北：尖端出版 城邦文化事业股份有限公司，2007.

[20] 刘济昌．自制教具的理论与实践 [M].北京：人民教育出版社，1994.

[21] ［日］大隅纪和，著．教具的活用技术 [M].刘济昌，译．北京：人民教育出版社，1989.

[22] 刘济昌．教具理论研究导论 [M].北京：教育科学出版社，2011.

[23] 刘济昌．教具的历史与启示 [J].教学仪器与实验，2011（1）：5-8.

[24] 刘济昌．从教具现象到教具理论 [J].中国教育技术装备，2011（17）：5-5.

[25] 牟洁．自制教具设计与制作 [M].成都：四川科学技术出版社，2012.

[26] 牟洁.MCAI 的信源性识记干扰产生原因及其控制 [J].中国教育技术装备，2012（24）：4-6.

[27] 牟洁．论课件素材的选用 [J].宜宾学院学报，2005（6）：77-79.

[28] 牟洁．Web 教学网页的视觉牵引初探 [J].兵工自动化，2010（1）：94-96.

[29] 王彦琴，王爱生．优秀自制教具的十大特征 [J].实验教学与仪器，2012（1）：47-47.

[30] 南国农．从视听教育到信息化教育——我国电化教育 25 年 [J].中国电化教育，2003（9）：22-25.

[31] 任璞玉．传统教具与数学教学 [J].雅安职业技术学院学报，2011（4）:52-52.

[32] 王道俊，郭文安．教育学 [M].北京：人民教育出版社，2009.

[33] 冯忠良，伍新春，姚梅林，王健敏．教育心理学（第二版）[M].北京：人民教育出版社，2010.

[34] 任友群，胡航，顾小清．教师教育信息化的理论与实践 [M].上海：华东师范大学出版社，2009.

[35] 王继新．信息化教育概论 [M].武汉：华中师范大学出版社，2006.

[36] 陈晓慧．现代教育技术 [M].北京：北京邮电大学出版社，2003.

[37] 张卫红，张卫建．多媒体技术特性与课件编制 [J].教育科学，2003，19（4）：24-25.

[38] 陈琳．课堂演示型多媒体课件的优化制作 [J].中国电化教育，2003(1)：57-59.

[39] 郭玉军．网络课件的设计与制作 [J].中国电化教育，2002（9）：53-55.

[40] 华国盛．关于多媒体教学应用探讨 [J].电化教育研究，2001（11）：55-57.

[41] 方其桂．多媒体 CAI 课件素材获取与制作技术 [M].北京：人民邮电出版社，2001.

[42] 王志敏，朱施南．多媒体课件素材的设计与制作 [M].武汉：华中理工大学出版社，2000.

[43] 雷波．中文版 PhotoShop CS 标准培训教程 [M].北京：中国电力出版社，2002.

[44] 程风娟．中文版 Flash 8 实用教程 [M].北京：清华大学出版社，2006.

[45] 刘劲鸥．Flash CS3 中文版实用教程 [M].上海：上海科学普及出版社，2009.

[46]　游泽清.多媒体画面艺术基础[M].北京：高等教育出版社，2003.

[47]　游泽清.多媒体技术及应用[M].北京：高等教育出版社，2003.

[48]　张际平.多媒体与网络技术的学习应用[M].上海：上海教育出版社，2007.

[49]　王建华，盛琳阳，李晓东.计算机辅助教学实用教程[M].北京：高等教育出版社，2006.

[50]　张军征.多媒体课件设计与制作基础[M].北京：高等教育出版社，2005.

[51]　[美]Richard Harrington, Scott Rekdal, 著.PPT演示之道[M].陈秋萍，译.北京：人民邮电出版社，2003.

[52]　方其桂.中文版PowerPoint 2003课件制作百例[M].北京：清华大学出版社，2004.

[53]　张应奎，施传柱.多媒体课件制作与上机实训[M].昆明：云南大学出版社：2007.

[54]　李治.别告诉我你懂PPT[M].北京：北京大学出版社，2010.

[55]　陈魁.PPT演义 –100%幻灯片设计密码[M].北京：电子工业出版社，2009.

[56]　孙方.PowerPoint！让教学更精彩：PPT课件高效制作[M].北京：电子工业出版社，2011.

[57]　涂艳国.教育评价[M].北京：高等教育出版社，2007.

[58]　王秋海.数学课堂教学技能训练[M].上海：华东师范大学出版社，2008.

[59]　张孔义.语文课堂教学技能与微格训练[M].杭州：浙江大学出版社，2011.

[60]　郑金洲.新编教学工作技能训练[M].上海：华东师范大学出版社，2007.

[61]　苏小兵，管珏琪，钱冬明，祝智庭.微课概念辨析及其教学应用研究[J].中国电化教育，2014(07)：94-9.

[62]　胡铁生.微课：区域教育信息资源发展的新趋势[J].电化教育研究，2011(10)：61-65.

[63]　黎加厚.微课的含义与发展[J].中小学信息技术教育，2013(04)：10-12.

[64]　周丹红，武徽，王芮.基于课程与教学论视角看微课与微课程[J].遵义师范学院学报，2020，22(06)：123-126.

[65]　刘万辉.微课开发与制作技术[M].北京：高等教育出版社，2015.

[66]　郑小军.例谈微课选题的误区、原则与方法[J].中国教育信息化，2017(04)：43-46.

[67]　文继奎.论微课的选题策略[J].中国信息技术教育，2016(09)：69-71.

[68]　田玲，孙多鹏.小学数学微课选题五注意[J].中国教育技术装备，2020(09)：108-109，116.

[69]　孙子建，田海青.小学数学微课教学设计研究——以"11—20各数的认识"为例[J].黑龙江教育学院学报，2019,38(09)：86-89.

[70]　吴冬冬，谢少菲，陈思，黄甫全.AI全科教师小学语文微课教学设计开发研究——以《迷人的张家界》为例[J].广东第二师范学院学报，2019,39(06)：12-20.

[71]　崔玲."停课不停学"期间线上微课教学设计有效性策略研究——以统编小学语文二年级下册教材为例[J].长春教育学院学报，2020,36(05)：75-80.

[72]　林雯.微课教学设计的原则与三个关键问题探讨[J].中国教育信息化，2016(06)：26-30.

[73] 朱艳文.微课教学方法的使用及效果[J].教学月刊小学版(综合),2014(06):13-14.

[74] 唐国雄,李丹阳.浅谈微课制作的脚本撰写[J].教育现代化,2020,7(42):77-79.

[75] 姜峻.微课分镜头脚本的设计与开发——以音乐欣赏微课为例[J].湖南广播电视大学学报,2019,(03):23-32.

[76] 甘有洪,杨上影.微课脚本设计质量提升策略研究[J].广西职业技术学院学报,2019,12(04):78-81.

[77] 徐奋奋,张文娟.认知视角下的微课程教学语言[J].太原城市职业技术学院学报,2019(04):137-139.

[78] 吴军其,齐利利,胡文鹏,袁永波.微课件的学习活动设计[J].中国电化教育,2012(09):106-109.

[79] 刘蕾,戴心来.基于认知负荷理论的微课件设计探究[J].中国教育信息化,2017(23):29-32.

[80] 张绪栋.小学数学教学中教具应用探索[J].中国教育技术装备,2018(09):96-97.

[81] 杨仕青.基于PPT课件的微课设计与制作[J].电脑知识与技术,2020,16(14):230-231.

[82] 王大慧.Camtasia Studio在微课制作中的应用[J].南昌师范学院学报,2014,35(03):31-33.

[83] 孟祥增,刘瑞梅,王广新.微课设计与制作的理论与实践[J].远程教育杂志,2014,32(06):24-32.